本著作获西安财经大学学术著作出版资助

中国战略性新兴产业的历史演化与创新驱动

李勃昕　韩先锋　著

中国财经出版传媒集团
中国财政经济出版社

图书在版编目（CIP）数据

中国战略性新兴产业的历史演化与创新驱动／李勃昕，韩先锋著. --北京：中国财政经济出版社，2020.11

ISBN 978-7-5223-0144-0

Ⅰ.①中… Ⅱ.①李… ②韩… Ⅲ.①新兴产业-产业发展-研究-中国 Ⅳ.①F269.24

中国版本图书馆 CIP 数据核字（2020）第 214295 号

责任编辑：蔡 宾　　　　责任校对：张 凡

封面设计：陈宇琰

中国财政经济出版社 出版

URL：http：//www.cfeph.cn

E-mail：cfeph@cfeph.cn

社址：北京市海淀区阜成路甲 28 号　邮政编码：100142

营销中心电话：010-88191522　编辑部门电话：010-88190666

天猫网店：中国财政经济出版社旗舰店

网址：https：//zgczjjcbs.tmall.com

北京财经印刷厂印刷　各地新华书店经销

成品尺寸：170mm×240mm　16 开　15.25 印张　210 000 字

2020 年 12 月第 1 版　2020 年 12 月北京第 1 次印刷

定价：50.00 元

ISBN 978-7-5223-0144-0

（图书出现印装问题，本社负责调换，电话：010-88190548）

本社质量投诉电话：010-88190744

打击盗版举报热线：010-88191661　QQ：2242791300

前 言

单边保护主义盛行、中美贸易摩擦和新冠病毒疫情蔓延，对世界经济和中国发展造成了较为复杂的不利影响，理论界与经济界呼吁凯恩斯主义回归，美联储大概率将开启新一轮量化宽松货币政策，通过“放水”对冲经济下滑，增长乏力与疫情影响的双重挤压将进一步恶化欧洲国家的债务困境。国内各方提倡积极的干预政策，缓解经济下滑风险。然而，从周期性的拓扑结构来看，节点式干预可能有助于降低阶段性不利影响，但也可能拉长涟漪周期，弱化内生驱动力。对中国而言，“世界处于百年未有之大变局”，加剧了经济增长到经济发展质量提升的转型难度，供给侧改革和产业升级依然面临诸多瓶颈。

战略性新兴产业的提出具有跨时代意义，战略性是建立在重大前沿科技突破基础上，代表国家未来科技创新和产业升级方向，体现了当今世界经济拓扑结构和创新迭代的新趋势。战略性新兴产业依然处于成长培育初期，未来发展空间巨大，能够改变产业结构和技术替代的产业，对新时代经济社会具有全局带动影响。“战略性”一词决定了战略性新兴产业其对于中国经济发展的特殊意义，体现的是一个国家或地区发展的核心根本性问题。战略性新兴产业的影响具有普遍全局性，七大产业自身具有很强的技术创新优势，而且上下游产业链关联性极大，直接影响社会经济整体运行情况，对带动技术创新、产业升级和供给侧改革具有显著的驱动效应。而长远性是战略性新兴产业发展的外延特征，不同行业为市场经济运行效率的提高、技术研发创新、资源配置优化带来深远影响，形成良性循环机制。导向性是指战略性新兴产业的选择和发展具有一定的国家意志主导，代表国家的政策导向。产业培育方向和未来经济发展方式转变的核心支撑，是制定金融政策、财税政策、人才政策、创新政策、产业政策的重要导向依据。因此，战略性新兴产业是我国产业结构升级和实现经济增长内生化的必然选择，研究战略性新兴产业发展有着重要的理论意义和现实价值。

本书通过文献研究总结战略性新兴产业的内涵、特征及分类，从国家视角、地方视角以及产业演进视角梳理战略性新兴产业发展的相关理论；理论结合实际，分析我国战略性新兴产业发展现状，指出我国战略性新兴产业发展中存在评价不清、选择盲目、经验欠缺和路径不明等问题；将战略性新兴产业发展系统作为研究对象，以国家、地方与战略性新兴产业发展之间的逻辑关系为线索搭建研究理论分析框架；运用主观分析与客观评价、系统集成与分解、比较分析、归纳与仿真、计量分析等方法，建立战略性新兴产业的评价体系，研究战略性新兴产业的选择与布局，分析战略性新兴产业发展的创新驱动逻辑；从企业的微观经济主体视角出发，根据2008—2013年中国大数据产业上市公司面板数据，运用DEA方法测度和剖析战略性新兴产业技术创新效率及其分解项纯技术效率和规模效率；实证检验研发投入对战略性新兴产业的创新溢出影响；最后提出政策建议，为促进战略性新兴产业健康发展提供理论参考和实践指导。

通过剖析战略性新兴产业评价的国家意志，战略性新兴产业选择的地方主导性以及战略性新兴产业发展的系统性，揭示了战略性新兴产业发展是国家、地方、产业三者联动的系统行为，由此构建了以国家层级的战略性新兴产业评价体系、地方层级的战略性新兴产业选择与布局、产业层级的战略性新兴产业发展系统分析为主体的研究逻辑框架。首先，从战略性新兴产业发展的国家意志出发，解析战略性新兴产业的“空间战略性”和“时间新兴性”，构建基于AHP的时空双维度战略性新兴产业评价体系，并以纺织产业、电子信息产业、新能源汽车产业做例证分析。其次，从地方视角出发，认为战略性新兴产业选择和布局要充分考虑地方产业发展条件和地区间的竞争优势对比，由此构建战略性新兴产业选择测度的灰度关联模型，以新能源汽车产业为例，实证分析战略性新兴产业的科学选择与合理布局。再次，从产业层面分析战略性新兴产业发展的系统集成与分解，建立战略性新兴产业发展的系统动力学模型，以电子信息产业为例，实证研究战略性新兴产业发展的影响因素及系统运行逻辑，政策实验结果显示，战略性新兴产业发展是一个多因素影响的动态系统，企业创新投入作为内在要素对系统发展的影响最为明显，OLS 估计和 VAR 模型进一步验证了这一结论，由此提出，坚持自主创新是促进战略性新兴产业长期健康发展的有效路径。基于中国大数据产业上市公司的面板数据，采用 DEA 方法测度并分析战略性新兴产业技术创新效率及其分解指标的变动趋势。在测算战略性新兴企业绩效水平的基础上，采用面板门槛回归技术，重点探讨研发投入与企业绩效之间的非线性关系及其门槛特征，探讨研发投入的创新溢出轨迹。最后，提出基于非线性生命周期的战略性新兴产业发展政策建议：产业孕育期注重刺激创新和鼓励保护；产业成长期要逐步提高战略性新兴产业的自主发展能力；产业成熟期则以推动产业结构升级和经济增长方式转变为主要目的。

本书研究的主要结论包括：第一，战略性新兴产业发展充分反映了国家、地方与产业之间的逻辑关系，是一个多主体、多要素相互影响的系统融合过程，研究战略性新兴产业发展要注重系统性和动态性；第二，战略性新兴产业发展具有鲜明的国家意志，战略性新兴产业评价要以国家产业发展战略意图为基础，突出战略性新兴产业的“战略性”和“新兴性”的双重特质；第三，战略性新兴产业选择布局要兼顾地方产业发展基础和区域间产业竞争优势对比，在选择耦合度较高、发展优势较为明显的地区发挥战略性新兴产业的带头作用；选择耦合度适中的地区可作为战略性新兴产业发展的储备力量；选择耦合度较低、现实基础较为薄弱的地区要谨慎践行；第四，战略性新兴产业发展是一个多因素影响下的系统运行过程，加快战略性新兴产业发展要遵循其内在逻辑，以促进系统协调发展为主，外部影响为辅，政策溺爱和大赶快上容易造成虚假繁荣，不利于战略性新兴产业长期发展；第五，技术引进和技术模仿是战略性新兴产业创新发展的短期有效因素，自主创新投入是推动战略性新兴产业长期健康发展的显著因素，由此认为，坚持自主创新，提高产业技术水平是加快战略性新兴产业发展的有效路径；第六，战略性新兴产业创新发展过程中，大数据产业技术效率较为低下，其主要原因在于纯技术效率增长拖累；东部地区技术效率和纯技术效率均高于中西部地区，但规模效率水平低于中西部地区；从变动趋势看，考察期内中国大数据产业技术效率及其构成总体均呈现波动下降的“U”型动态演变趋势，但不同区域的变动存在一定差异；第七，研发投入强度对不同所有制的新兴企业绩效的门槛效应不同，反映了不同所有制企业研发投入强度的优化标准不一致，对于国有战略性新兴企业，只有适度的研发投入水平才会促进其绩效水平提升，而过度的研发投入并不利于其绩效水平提升，对于民营战略性新兴企业，研发投入强度对其绩效的影响呈现复杂的正向非线性效应，且这种效应存在明显的边际效率递减规律；第八，战略性新兴产业发展有着特殊的内在逻辑和外部特征，设计战略性新兴产业发展政策支撑体系要充分考虑其非线性生命周期特征，以差异性的政策影响支撑战略性新兴产业健康持续发展。

研究创新之处首先在于构建了从国家层级的战略性新兴产业评价体系，到地方层级的战略性新兴产业选择与布局，再到产业层级的战略性新兴产业发展系统运行分析的研究逻辑框架，体现出国家、地方、产业三者联动的研究视角。其次，在这一框架下，提出时空双维度的战略性新兴产业评价思路，建立了基于 AHP 的时空双维度评价体系，为战略性新兴产业评价与界定提供依据；基于灰度关联理论构建了战略性新兴产业地方选择耦合度测度模型，为战略性新兴产业的科学选择和合理布局提供参考，突破了地方单一视角的局限；将战略性新兴产业发展置于一个多主体、多因素影响的动态系统中，在动态视角下研究战略性新兴产业发展轨迹及系统运行逻辑。再次，研究公开上市的战略性新兴产业企业，以大数据信息产业为例，建立计量经济模型对大数据产业纯技术效率和规模效率的影响因素进行分析发现：盈利水平对纯技术效率起到了显著的促进作用，但阻碍了规模效率的提高；资本结构显著抑制了纯技术效率提升，却不利于规模效率改善；资金运用能力对纯技术效率和规模效率均有促进作用；成长能力不足和收益质量不高均在一定程度上抑制了纯技术效率和规模效率的提升。并从微观层面发现研发投入强度对其绩效的影响表现出显著的倒“U”型非线性效应，在所有制差异视角下，企业规模、金融支持、资本结构等因素均对战略性新兴企业绩效产生了显著的异质影响。最后，基于战略性新兴产业的非线性生命周期特征，结合差异性的多样化政策，构建战略性新兴产业发展的政策支撑体系，突出了产业发展和政策结合的立体性和动态性。

目　录

第1章　导论

1.1　研究背景与研究意义

党的十九大提出建设创新型国家，加快动能转换，强调发展质量提升。经历了改革开放初期的高速经济增长，简单的OEM模式和中低端技术产业难以为继，技术进步和创新提升是当前新时代中国高质量发展的核心诉求，战略性新兴产业（Strategic Emerging Industries）的提出具有鲜明的中国特色。不可否认的是，西方发达国家在科技革命中积累了丰富的创新经验，而中国自大航海时代以来在科技领域长期滞后。改革开放过程中，我们依靠逆向学习和创新模仿不断提升产业技术水平，但技术提升更多用于提高生产效率，加速经济增长，对产业创新和迭代升级的驱动依然有限，大量核心关键技术由西方发达国家掌握，国内产业创新水平差距明显，技术封锁和抑制竞争对中国产业升级和创新发展造成了不利影响，动能转换依然存在诸多瓶颈，这一背景下，研究战略性新兴产业的演化规律，找出战略性新兴产业的创新驱动路径，对新时代中国特色社会主义建设有着特殊的理论价值和现实意义。

1.1.1　研究背景

1. 国际经济环境：百年未有之大变革的机遇与挑战

国际金融危机、单边贸易主义盛行在全球范围造成了实体经济衰退，通过外汇买卖、期货交易和全球贸易三个渠道对我国工业发展和经济增长造成一定影响（Joyce 和 Nabar，2009；李向阳，2009），加剧了我国产业升级和经济增长方式转变的压力。从历史经验来看，每一次经济危机都是科技创新的温床，经济危机激发了科技革命，推动产业革新、升级，成为经济增长新的动力（Caballero 等，2008）。传统产业在金融危机影响下减缓了发展速度，逐渐被新兴技术产业所替代；而以通信技术、生物技术、新材料和现代加工制造技术为基础的 IT 产业、航空航天产业、生物产业等战略性新兴产业迎来了前所未有的发展机遇，成为未来经济增长的重要主导力量（Carlota，2009；肖兴志，2011）。在这一背景下，西方发达国家纷纷摒弃过度依赖服务业和金融业的发展模式，重拾优势工业，鼓励科技创新，加速战略性新兴产业培育，寻找新的经济增长动力（Bleaney，2009；United States Congress，2009；Leo，2008；Jai，2007）。部分发达国家战略性新兴产业选择及扶持政策如表 1 - 1 所示。

表 1 - 1　部分发达国家战略性新兴产业选择及扶持政策

国家	产业选择	扶持政策
德国	新能源汽车产业 新能源产业 生物制药产业	电力汽车鼓励政策 新能源安全法案
英国	新能源汽车产业 新能源发电产业 数字信息技术	绿色振兴计划 建设英国的未来
法国	新能源产业 航空航天产业	航空产业刺激方案 战略产业投资基金
美国	新能源产业 航空航天产业 信息网络产业 生物制药产业	新能源法案 解禁干细胞研究法案 太空发展计划 经济复苏与再投资法案
日本	电子信息产业 新能源产业 生物生命产业 新能源汽车产业	“技术创新 25” 发展战略方针 面向光辉日本的新成长战略
韩国	电子信息产业 新能源汽车产业	新增长动力规划及发展战略规划

资料来源：作者根据文献整理。

2. 国内经济环境：产业结构升级和经济增长方式转变

从国内经济环境来看，产业结构调整和经济增长方式转变加剧了经济发展的复杂性。首先，随着人口红利的逐渐褪去，过去以低成本劳动力为发展动力的“中国制造”难以延续（蔡昉，2010）；其次，金融危机后，世界范围内的贸易保护主义日趋严重，以往以出口带动经济增长的产业发展模式受到严重影响（中国经济增长与宏观稳定课题组，2009）；再次，能源与环境双重约束下，粗放式的产业发展难以延续，一些传统主导产业困境重重（涂正革和肖耿，2009）。与此同时，一些科技性创新型战略性产业发展迅速，新能源产业、电子信息产业、生物制药产业、装备制造产业和节能减排产业等战略性新兴产业方兴未艾，技术创新不断涌现，成为我国产业结构升级和经济增长的新动力（孙早等，2010）。

3. 战略性新兴产业备受关注

近年来，国家多次召开战略性新兴产业相关会议，编制战略性新兴产业发展规划，制定战略性新兴产业发展目录，将节能环保产业、新兴信息技术产业、生物产业、高端装备制造业、新能源产业、新材料产业和新能源汽车产业列为国家鼓励的战略性新兴产业。短短几年，从国家到地方颁布的战略性新兴产业培育政策和鼓励措施举目皆是，战略性新兴产业受到极大关注，各地在“十二五”规划中纷纷将战略性新兴产业作为发展重点。战略性新兴产业迎来了前所未有的发展机遇，吸引了大量投资。但战略性新兴产业毕竟是新生事物，在“大干快上”过程中难免遇到一些问题：首先，忽视战略性新兴产业基本特征，混淆了战略性新兴产业与主导产业、高新产业，造成了培育对象偏失；其次，各地在战略性新兴产业的选择培育过程中存在盲目发展和重复选择现象，造成战略性新兴产业布局失衡；再次，缺乏战略性新兴产业发展经验，不了解战略性新兴产业特点及发展特征，以传统产业发展模式培育战略性新兴产业，造成资源浪费，事倍功半。由此引发了学界对战略性新兴产业的关注，诸多学者从不同角度研究了战略性新兴产业的界定、选择依据、发展模式、发展政策等问题，但研究较为分散。

本书认为，战略性新兴产业发展研究涉及国家、地方、产业、企业四个层级，有必要进一步梳理战略性新兴产业发展研究的理论基础，理论结合实际，找出战略性新兴产业发展面临的问题，构建战略性新兴产业评价体系，研究战略性新兴产业的科学选择与合理布局，分析战略性新兴产业发展的影响因素及运行逻辑，找出加快战略性新兴产业发展的有效路径。

1.1.2 研究意义

发展战略性新兴产业对我国产业结构升级和经济增长方式转变意义重大，是经济增长内生化的必然选择，深入研究战略性新兴产业的历史演化与创新驱动能够为加快战略性新兴产业发展提供重要的理论参考和实践指导。

1. 理论意义

第一，以相关理论研究为基础，分析战略性新兴产业发展的国家意志，战略性新兴产业选择的地方主导力，以及战略性新兴产业发展的系统运行影响，以此为基础厘清国家、地方与战略性新兴产业发展的关系，从而构建以国家层级的战略性新兴产业评价体系、地方层级的战略性新兴产业选择与布局、产业层级的战略性新兴产业发展轨迹为主体的战略性新兴产业发展研究逻辑框架。这一逻辑框架一方面反映了从发展对象到发展主体，再到发展内容的产业研究一般范式；另一方面反映了从国家层级到地方层级，再到产业层级的战略性新兴产业发展关联主体层级递进关系。

第二，构建战略性新兴产业评价体系有助于科学界定战略性新兴产业。学界对战略性新兴产业界定多以比较优势理论作为评价基础，主流的观点认为，战略性新兴产业就是产业发展潜力大，掌握核心技术，高产低耗的产业集合。本书从战略性新兴产业特征出发，以科技创新作为战略性新兴产业的核心属性，基于 AHP 层次分析法建立时空双维度的战略性新兴产业界定评价体系，为战略性新兴产业评价提供理论参考。

第三，立足地方层级，以区域产业发展理论为基础，结合地方产业发展竞争优势，研究战略性新兴产业选择与布局。已有战略性新兴产业选择研究多站在单一选择主体立场，忽视了地方选择基础和区域间的竞争环境，本书以地方战略性新兴产业地方发展条件和区域间产业发展竞争优势对比为基础，构建战略性新兴产业地方选择测评指标，建立灰度关联测度模型，为战略性新兴产业科学选择与合理布局提供依据。

第四，以系统动力学理论为基础，研究战略性新兴产业发展轨迹和发展特征，为战略性新兴产业发展政策设计和制度安排提供理论参考。战略性新兴产业发展是一个多因素影响系统行为，本书将战略性新兴产业发展置于一个多因素共同影响、协调演进的动态系统中，从系统因果关系出发，研究各要素对系统发展的影响，刻画战略性新兴产业发展轨迹，确定系统发展的核心影响因素，并进行有效性检验，寻找加快战略性新兴产业发展的有效路径。

第五，基于中国战略性新兴产业上市企业的面板数据，在测算战略性新兴企业绩效水平的基础上，采用面板门槛回归技术，重点探讨研发投入与企业绩效之间的非线性关系及其门槛特征，以期从创新活动的所有制差异视角为战略性新兴产业研发投入和创新发展提供理论参考。

2. 现实意义

第一，研究战略性新兴产业发展现状有助于发现战略性新兴产业发展瓶颈。我国战略性新兴产业发展时间不长，各个产业发展发展参差不齐，所面临的问题也不尽相同，因而有必要分析战略性新兴产业发展整体现状，摸清我国战略性新兴产业发展的现阶段特征，找出发展问题，为战略性新兴产业发展提供实践指导。

第二，研究战略性新兴产业轨迹有利于科学选择发展路径。战略性新兴产业具有显著技术创新特性，从产业孕育到产业发展，再到产业主导是一个非线性发展轨迹。本书从战略性新兴产业内涵出发，总结战略性新兴产业发展特征，深入研究战略性新兴产业发展影响因素，寻找战略性新兴产业发展规律，为战略性新兴产业发展路径决策提供重要参考。

第三，提出合理的政策建议有助于推动战略性新兴产业健康发展。从中央到地方出台了名目繁多的战略性新兴产业扶持政策，但必须认识到，战略性新兴产业的发展没有现成的模式和经验可以照搬，通过研究战略性新兴产业发展内在逻辑和外部特征，提出有针对性的政策建议，有助于推动战略性新兴产业有序发展。

第四，战略性新兴企业科技活动要充分注重研发资源的优化配置，应重点在核心技术和关键技术上进行资源聚焦投入，同时适当减少对通用技术和一般技术等非核心技术的研发资源投入；政府应根据所有制差异视角下战略性新兴企业研发投入强度的异质门槛水平，实施差异化的研发补贴政策和税收优惠政策，科学合理地引导和支持企业开展科技创新活动。

1.2 研究思路与研究方法

1.2.1 研究思路

研究战略性新兴产业发展首先要辨析战略性新兴产业的概念，厘清战略性新兴产业发展特征，由此本书首先从已有文献和相关理论研究出发，总结战略性新兴产业的内涵、特征及行业划分；从国家视角、地方视角和产业演进视角梳理战略性新兴产业发展的相关理论；归纳战略性新兴产业发展的政策影响研究。理论结合实际，分析我国战略性新兴产业现状，指出我国战略性新兴产业的整体特征和发展面临问题。

遵循从发展对象到发展主体，再到发展内容的产业研究一般范式，结合相关理论，分析战略性新兴产业评价的国家意志，战略性新兴产业选择的地方主导性，以及战略性新兴产业发展的内在运行规律，剖析国家、地方与战略性新兴产业之间的逻辑关系，构建以战略性新兴产业评价体系（国家层级）、战略性新兴产业选择与布局（地方层级）、战略性新兴产业发展轨迹（产业层级）为主体的研究理论分析框架。首先，立足国家层面，以战略性新兴产业发展的国家意志为出发点，结合战略性新兴产业的战略性和新兴性双重特质，构建时空双维度战略性新兴产业评价体系，并以例证研究战略性新兴产业的科学评价。其次，立足地方层面，结合战略性新兴产业发展的地方选择条件和区域间产业发展竞争优势对比，构建地方战略性新兴产业选择耦合度测度模型，分析战略性新兴产业的科学选择与合理布局。再次，以产业发展系统分析与集成为切入点，构建战略性新兴产业发展的系统动力学模型，研究战略性新兴产业发展轨迹，寻找系统发展的关键影响因素，研究加快战略性新兴产业发展的创新驱动路径。同时，从企业的微观经济主体视角出发，根据中国大数据产业上市公司面板数据，运用DEA方法测度和剖析战略性新兴产业技术创新效率及其分解项纯技术效率和规模效率，并对影响纯技术效率和规模效率变动的影响因素进行了剖析，进一步揭示现象背后的深层次原因，以期为提高战略性新兴产业创新驱动提供依据。最后，利用中国155家战略性新兴上市企业的面板数据，基于所有制差异的视角，运用面板门槛回归模型实证探究了研发投入强度对战略性新兴企业绩效影响的异质门槛效应及其门槛特征。基于上述研究，结合战略性新兴产业发展的非线性生命周期特征，提出战略性新兴产业发展政策建议。

1.2.2 研究方法

（1）主观分析和客观评价相结合的研究方法。在战略性新兴产业评价体系中，以专家主观评价计算评价指标权重；在例证分析中以各产业发展情况的实际数据计算各产业的战略性和新兴性评价值；综合计算战略性新兴产业评价结果。运用主观分析和客观评价相结合的研究方法，有助于科学构建战略性新兴产业评价体系。

（2）比较分析法。在战略性新兴产业选择布局研究中，根据战略性新兴产业的地方选择条件，建立地方选择评价指标体系，通过地方发展战略性新兴产业耦合度分析，比较分析区域间战略性新兴产业发展竞争优势，研究战略性新兴产业的合理布局。

（3）系统集成与分解的研究方法。在研究战略性新兴产业发展运行逻辑时，将战略性新兴产业发展集成于多因素影响的动态系统中，通过系统因果分析研究战略性新兴产业发展的内部因素和外部影响，分析系统发展趋势。再通过系统分解寻找系统发展的关键影响因素，寻找加快战略性新兴产业的有效路径。

（4）归纳与仿真相结合的研究方法。在战略性新兴产业轨迹刻画时，首先通过经验数据分析，归纳战略性新兴产业发展中各要素之间的因果关系，再通过系统动力学模型仿真模拟各因素的变化情况和系统发展趋势，刻画战略性新兴产业发展轨迹，研究战略性新兴产业发展逻辑。

（5）计量分析法。在战略性新兴产业发展轨迹研究中，将产业创新子系统的影响因素作为自变量，将新产品销售收入作为因变量，建立最小二乘（OLS）估计模型，验证各要素对产业创新发展的影响。同时，采用向量自回归（VAR）估计模型研究企业创新投入和新产品销售收入之间的因果关系，并分析两者之间的脉冲影响，通过计量分析锁定战略性新兴产业发展系统的关键影响因素。运用 DEA 方法测度和剖析技术效率及其分解项纯技术效率和规模效率，并对影响纯技术效率和规模效率变动的影响因素进行了剖析。运用面板门槛回归模型实证探究了研发投入强度对战略性新兴企业绩效影响的异质门槛效应及其门槛特征。

1.3 主要内容与研究技术路线

1.3.1 主要内容

本书的主要内容由以下 11 章构成：

第 1 章是导论。从理论角度和现实角度阐述研究背景和研究意义；介绍研究思路及主要研究方法；阐述论文的主要内容及技术路线图；提出论文的创新之处。

第 2 章是相关研究述评。从已有文献和相关理论研究出发，总结战略性新兴产业的内涵、特征及行业划分；从国家视角、地方视角和产业演进视角梳理战略性新兴产业发展的相关理论；从产业组织政策、财税政策和金融政策三个方面归纳战略性新兴产业发展的政策影响研究。

第3章是现状分析。分析我国战略性新兴产业发展经济运行现状，总结我国战略性新兴产业发展的整体特征，提出我国战略性新兴产业发展面临的主要问题，为战略性新兴产业发展研究提供视角。

第4章构建战略性新兴产业发展研究的理论分析框架。遵循从发展对象到发展主体，再到发展内容的研究一般范式，剖析国家、地方与战略性新兴产业发展的关系，构建以国家层级的战略性新兴产业评价体系、地方层级的战略性新兴产业选择与布局、产业层级的战略性新兴产业发展轨迹为主体研究逻辑框架。

第5章从国家层级构建战略性新兴产业评价体系。以战略性新兴产业的战略性和新兴性双重特质为出发点，以层次分析法（AHP）为基础，构建时空双维度的战略性新兴产业评价体系。以纺织产业、电子信息产业、新能源汽车产业为例，研究战略性新兴产业评价与界定。

第6章立足地方层级研究战略性新兴产业的科学选择与合理布局。结合战略性新兴产业发展的地方选择条件和区域间产业发展竞争优势对比，以灰度关联理论为基础，构建地方战略性新兴产业选择耦合度测度模型，以新能源汽车产业为例，实证测度我国新能源汽车产业地方选择耦合度，分析我国新能源汽车产业的科学选择与合理布局。

第7章从产业层级研究战略性新兴产业发展的系统运行逻辑。将战略性新兴产业发展置于一个多因素共同影响、协调演进的动态系统中，构建战略性新兴产业发展的系统动力学模型，仿真模拟战略性新兴产业发展轨迹，分析各个因素的变化情况及其对系统发展的影响。通过政策实验发现企业创新投入是战略性新兴产业发展的关键影响因素，战略性新兴产业创新子系统的OLS估计模型和VAR模型进一步验证了这一结论，认为有效提高自主创新投入是加快战略性新兴产业发展的有效路径。

第8章利用DEA方法对中国大数据产业技术创新效率、纯技术效率和规模效率进行了测算和分析，在此基础上建立了计量模型对影响大数据产业纯技术效率和规模效率的因素进行了分析，找出影响战略性新兴产业技术创新的外部因素。

第9章从企业层面探讨研发投入对战略性新兴产业发展的影响，重点分析研发投入与企业绩效之间的非线性关系及其门槛特征，以期从创新活动的所有制差异视角为战略性新兴企业的又好又快发展提供理论参考。

第10章是政策建议，战略性新兴产业发展有着特殊的内在逻辑和外部特征，结合战略性新兴产业的非线性生命周期特征，分产业孕育期、产业成长期和产业成熟期三个阶段提出战略性新兴产业发展的政策建议。

第11章是研究结论与研究展望，归纳本书的主要结论，并提出需要进一步研究的问题。

1.3.2 研究技术路线

根据研究思路及内容安排，研究技术路线如图1-1所示。

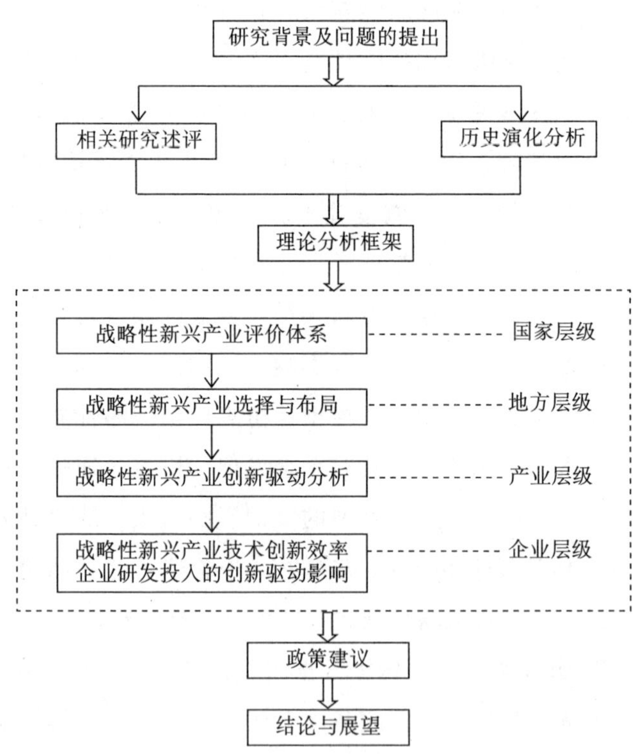

图1-1 研究技术路线图

1.4　创新之处

研究中的创新之处有以下几个方面：

第一，遵循从发展对象到发展主体，再到发展内容的产业研究一般范式，本书以战略性新兴产业发展的国家意志、战略性新兴产业发展的地方主导性以及战略性新兴产业发展的系统演进过程为基础，剖析国家、地方与战略性新兴产业发展之间的逻辑关系，构建了从战略性新兴产业评价体系（国家层级）到战略性新兴产业选择与布局（地方层级），再到战略性新兴产业发展系统运行轨迹（产业层级）为主体的研究逻辑框架。这一框架继承了产业发展研究的一般范式的同时，嵌入了战略性新兴产业发展关联主体层级递进关系。

第二，提出时空双维度的战略性新兴产业评价思路。从战略性新兴产业发展的国家意志出发，以产业技术创新性、产业主导力、战略安全性为基础构建战略性评价空间，以战略性新兴产业的发展阶段的相对位置作为新兴性评价依据，构建时空双维度战略性新兴产业评价体系，体现了战略性新兴产业的战略性和新兴性的双重特质。

第三，立足地方层级研究战略性新兴产业的选择布局问题。通过分析战略性新兴产业发展条件和地方产业发展基础，设计了战略性新兴产业地方选择测评指标体系，构建了基于灰度关联理论的战略性新兴产业选择测度模型，结合地区间产业发展竞争优势对比，研究战略性新兴产业的科学选择与合理布局。

第四，利用系统动力学思想研究战略性新兴产业发展轨迹。战略性新兴产业发展受到内部因素和外部因素的双重影响，是一个多因素影响的系统动态过程。本书将战略性新兴产业发展置于一个多因素共同影响的动态系统中，构建战略性新兴产业发展的系统动力学模型，通过系统仿真模拟，刻画战略性新兴产业发展轨迹，分析战略性新兴产业发展的关键影响因素，研究战略性新兴产业发展的内在逻辑和外部特征。

第五，现有研究大多聚集于对产业内涵、现状探析、税收优惠、发展模式及成长路径等方面问题的探讨，旨在从理论分析层面为战略性新兴产业发展提供政策支持，但这方面的研究大多以描述性分析和案例分析为主，缺少定量化的经验研究，本书基于中国战略性新兴产业 2011—2015 年上市企业的面板数据，在测算战略性新兴企业绩效水平的基础上，采用面板门槛回归技术，重点探讨研发投入与企业绩效之间的非线性关系及其门槛特征，提出新的经验解释。

第六，基于中国战略性新兴产业大数据产业上市公司的面板数据，采用 DEA 方法测度并分析技术创新效率及其分解指标的变动趋势。实证研究发现，中国大数据产业技术创新效率较为低下，其主要原因在于纯技术效率增长拖累；东部地区技术效率和纯技术效率均高于中西部地区，但规模效率水平低于中西部地区；从变动趋势看，考察期内中国大数据产业技术创新效率及其构成总体均呈现波动下降的“U”型动态演变趋势，但不同区域的变动存在一定差异。

第七，基于中国战略性新兴产业上市企业的面板数据，在测算战略性新兴企业绩效水平的基础上，采用面板门槛回归技术，重点探讨研发投入与企业绩效之间的非线性关系及其门槛特征，以期从创新活动的所有制差异视角为战略性新兴企业的又好又快发展提供理论参考。

第八，以战略性新兴产业的非线性生命周期为脉络构建战略性新兴产业发展政策支撑体系。战略性新兴产业发展是一个非线性动态过程，因而政策设计要充分考虑战略性新兴产业发展的内在逻辑及非线性生命周期特征，本书以孕育期、成长期和成熟期三个阶段为划分，构建动态战略性新兴产业发展政策支撑体系。

第2章　相关研究梳理

近年来战略性新兴产业研究受到学界广泛关注，本章从已有文献和相关理论研究出发，总结战略性新兴产业的内涵、特征及行业划分，从国家视角、地方视角和产业演进视角梳理战略性新兴产业发展的相关理论，从产业组织政策、财税政策和金融政策三个方面归纳战略性新兴产业发展的政策影响研究，为战略性新兴产业发展研究提供支点。

2.1　战略性新兴产业研究的基本问题

本节从概念界定、特征分析和产业分类三个方面讨论战略性新兴产业研究的基本问题，为战略性新兴产业发展研究奠定基础。

2.1.1　概念界定

战略性新兴产业提出时间不长，学界对战略性新兴产业的界定不一，从战略主导性角度界定战略性新兴产业的相关研究较多。王小强（1995）认为战略性产业是从国家整体利益考虑出发，关系到社会经济发展和国家安全的一类产业，影响国家在世界政治、经济、军事中的战略地位，对提升国家综合实力有主导意义。姜江（2010）认为，战略性新兴产业是伴随科技研发成果转化和技术创新应用而出现的新兴产业，这些产业发展对国家核心竞争力和国家战略安全具有重大影响。朱瑞博（2010）认为，战略性新兴产业是那些发展前景广阔，对经济增长和社会发展至关重要的先导型产业，战略性新兴产业的发展关系到一个国家或地区的经济和社会安全。陈柳钦（2011）认为，战略性新兴产业是代表一个国家或地区主导产业发展的趋势的产业，能够引致新的市场需求，促进产业结构升级与经济增长。来亚红（2011）认为，战略性新兴产业是对一个国家或地区经济发展具有前瞻性和支柱性的产业，其根本在于国家经济战略与产业发展的深度融合。

另有学者强调战略性新兴产业的新兴性。宋河发等（2010）认为战略性新兴产业从产业发展周期角度来看是处在孕育期或发展初期的新兴产业，是伴随着生物技术、信息技术、新能源技术、海洋资源技术和环能保技术等新兴技术创新而产生的一系列新兴产业部门，是未来经济发展的重心。刘洪昌（2011）认为战略性新兴产业是新兴科技和新兴产业的深度融合，具有战略性、关联性、成长性、创新性、风险性和导向性，新兴性是战略性新兴产业发展的阶段性特征。许晔（2011）认为战略性新兴产业就是那些以关键技术突破和经济发展趋势为方向，对经济增长和社会长远发展具有重要推动力的新兴产业。张少春（2010）认为，战略性新兴产业是由于新兴技术和新兴市场的结合，引发产业转型或产业结构升级，从而促生的新兴产业。

从概念本身来看，战略性新兴产业应该兼具战略性和新兴性。冯赫（2010）将战略性新兴产业解释为新兴产业和战略产业的“交集”，认为战略性新兴产业一方面是科技性较强的新兴产业，是新兴技术市场化的结果；同时具有显著的战略主导性，对国家经济发展和产业结构升级意义重大。刘志阳和程海狮（2010）认为战略性新兴产业是指那些利用新兴先进技术成果发展起来的具有重要战略发展意义的产业，这些产业普遍依赖新兴的科技成果，是科技创新活动的集中体现，具有较高的投入产出效率，处于产业生命周期曲线中的孕育期或成长期，产品需求旺盛，对经济增长有显著的拉动作用。陈文峰和刘薇（2010）提出，战略性新兴产业的战略性指产业发展对经济增长、社会发展及国家安全具有全局性影响；新兴性是指相对当前的经济发展阶段，战略性新兴产业的产品、服务或组织形式是前所未有的，产业发展崭露头角，但发展优势明显，发展速度快、潜力大，逐步向主导产业过度。

综合上述分析，本书认为战略性新兴产业是由于技术创新、产业结构升级或产业链延伸形成的一些战略主导性强、发展潜力大的新兴科技型产业集合，具有战略性和新兴性的双重属性。与传统产业相比，战略性新兴产业具有以下基本性质：一是科技创新性显著，即技术创新是战略性新兴产业的根本；二是产业主导性强，带动效应广，产业发展战略意义明显；三是产业发展还处于孕育期或发展初期，发展潜力大，产业发展具有显著的新兴性特征。

2.1.2　特性分析

战略性新兴产业具有全局性、长远性、导向性和动态性的特性（欧阳峣和生延超，2010）。

全局性指战略性新兴产业发展优势明显，占国民经济比重较大，对经济增长和社会发展有重要意义，关系到国家战略安全，能够有效提升国家综合国力，有成为国家或地区的主导性产业和支柱性产业的趋势（乔玉婷和曾立，2011）。

长远性指战略性新兴产业发展着眼于未来，在产品研发、市场开拓、就业吸纳、生产效率、技术创新等方面具有巨大的增长潜力，潜在市场需求不断增长，产品销售具有广阔的市场发展前景，并且这种增长潜力在国家经济增长过程中具有长期性和可持续性（陈锦其和徐明华，2012；张敬文等，2020）。

导向性是指战略性新兴产业发展方向是国家或地区产业发展和经济增长的指向标，代表国家政策倾斜和未来经济发展的重心，是引发金融支撑、政策扶持、技术投入、人才集聚的向心力，是产业结构升级和经济发展方式转变的载体（王忠宏和石光，2010）。在全球能源短缺、环境污染、金融危机的背景下，战略性新兴产业的技术创新和发展动向成为西方各国产业发展和经济增长新的指向标（Miao 等，2018；Cristiano，2020）。

动态性是指战略性新兴产业发展是一个多因素影响的动态过程（汪海

粟等，2012）。在发展过程中，战略性新兴产业一方面受到内部因素和外部因素双重影响，这些因素间的相互影响推动了系统动态发展；另一方面，战略性新兴产业的发展给上下游关联产业和经济环境带来了重要影响，产业的优势在发展过程中逐渐体现（范鹏飞等，2011；肖曙光，2011）。

2.1.3 产业分类

从战略性新兴产业的外延来看，《2010 年中央人民政府工作报告》把新能源产业、新材料产业、节能环保产业、生物医药产业、新一代信息产业、高端装备制造产业、新能源汽车产业列为国家层面鼓励发展的战略性新兴产业。2011 年，国家制定了《战略性新兴产业发展目录》，以七大战略性新兴产业为分类基础，细分出 21 个战略性新兴产业行业，如表 2-1 所示。

表 2-1 战略性新兴产业分类

产业类别	行业划分	产业类别	行业划分
节能环保产业	高效节能产业	新能源产业	核电产业
	先进环保产业		风能产业
	资源循环利用产业		太阳能产业
	节能环保综合管理服务		生物质能及其他新能源产业
新一代信息技术产业	下一代信息网络产业		智能电网产业
	电子核心基础产业		新能源产业工程及研究技术服务
	高端软件和新型信息技术服务	新材料产业	新型功能材料产业
生物产业	生物制品制造产业		先进结构材料产业
	生物工程设备制造产业		高性能复合材料产业
	生物技术应用产业		前沿新材料产业
	生物研究与服务		新材料研究与技术服务
高端装备制造产业	航空装备产业	新能源汽车	
	卫星及应用产业		新能源整车制造
	轨道交通装备产业		新能源汽车装置、配件制造
	海洋工程装备产业		新能源汽车相关设施及服务
	智能制造装备产业		

资料来源：作者根据国家统计局《战略性新兴产业发展目录》整理。

从具体行业发展情况来看，一些行业发展速度较快，较为明显地体现了战略性和新兴性，但从整体来看，多数行业的发展依然处于起步阶段，其战略性一时难以凸显，值得注意的是，一些新兴行业出现了与传统行业的交叉情况，另有个别行业在短时间的新兴期过后，出现了发展停滞和产能过剩。由此来看，战略性新兴产业的界定分类具有一定的模糊性。

2.2 国家视角下战略性新兴产业发展相关理论

战略性新兴产业发展具有特定的背景和意义，战略性新兴产业的提出是我国当前经济社会发展的内在需求，战略性新兴产业的发展是国家战略意志的体现。

2.2.1 国家战略需求理论

西方学者对战略产业研究较早，Hirschman 在 1958 年提出不平衡增长战略理论，认为国家间或区域间经济增长差异不可避免，而经济增长的差异主要源于控制投入产出关联的战略核心经济组织，这被认为是最早对战略产业组织的解释。Krugman（1979）提出战略产业的选择标准一是考察该产业是否存在寻租空间；二是判断该产业是否存在着外部经济，认为战略性产业具有关联度强、带动效应大的特点。传统的技术—产业研究范式认为，新兴产业的出现是对原有的产业网络造成结构性破坏（Structure destruction），这种“创造性破坏（creative destruction）”是产业发展和经济增长的根本动力（Schumpeter，1912）。国外学者分别对战略产业（leading industries）和新兴产业（emerging industries）有所研究，但鲜有战略性新兴产业的提法。

战略性新兴产业的提出具有鲜明的中国特色，2009 年首都科技界大会上，温家宝总理在《让科技引领中国可持续发展》报告中首次提出战略性新兴产业这一概念，并归纳战略性新兴产业三大特征：一是产品要有稳定并有发展前景的市场需求；二是要有良好的经济技术效益；三是要能带动一批产业的兴起（温家宝，2009；万钢，2010）。从战略性新兴产业的提出来看，战略性新兴产业具有鲜明的国家意识，首先，它在国民经济中占据主导地位，对社会经济发展和国家经济安全具有长远影响；其次，战略性新兴产业必须着眼未来，发展潜力巨大，能够成为一个国家未来的支柱性产业。在全球金融危机和提高经济增长质量的双重压力下，战略性新兴产业的提出对国家产业结构调整和经济发展方式转变具有重要意义，是我国实现产业结构现代化和经济发展全球化的新机遇。

我国经济发展业已步入战略转型期，经过40余年的改革开放，我国经济发展水平在规模和质量上都取得了重大进步，各主导产业的技术水平和产业竞争力都有了显著提升，产业结构和经济发展方式逐步进入了调整升级阶段。面对经济全球化和金融危机的双重影响，我国原有的粗放式经济增长方式难以为继，传统产业发展步入了要素投入极限，而在技术全球化和知识经济的背景下，西方发达国家通过技术创新和新兴产业发展，逐步实现了产业结构升级和制造业回归，启动了新一轮世界经济竞争格局。这一背景下，我国原有产业结构和经济增长方式受到了极大挑战，选择关键技术创新作为突破口，对积极推动战略性新兴产业发展，加快产业技术提升，提高我国产业结构的国际竞争水平，具有重要的现实意义。

2.2.2 国家竞争优势理论

国家竞争优势由六个方面宏观因素组成（Porter，1990）：要素条件（Factor Conditions）、市场需求（Demand Conditions）、关联产业和支柱产业（Related and Supporting Industries）、企业战略、结构和竞争（Firm strategy，Structure，and Rivalry）、机遇（Chance）和国家政府（Government），这六个方面构成了“国家钻石（National Diamond）”结构模型（图2-1），其中，前四项为关键影响因素，构成了产业发展的中心环境，是国家产业竞争优势的主体。

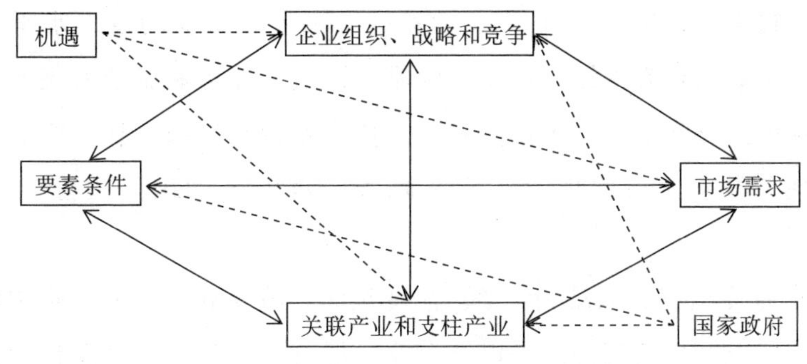

图 2-1　国家钻石结构模型

（1）要素条件。要素条件包括人力资源储备（Human Resources）、物质资源禀赋（Physical Resources）、知识积累（Knowledge Resources）、资本存量（Capital Resources）和基础设施水平（Infrastructure）。根据要素获得的难易程度，可分为初级要素（Basic Factors）和高级要素（Advanced Factors）。初级要素是指自然禀赋或只需简单劳动能够获得的各种要素，如自然资源、气候、地理环境、简单劳动力等，是国家竞争力的基础条件。高级要素是经过大量投资和复杂劳动才能获取的各类要素，包括科技创新、技术提升、高端设备、高素质人才、高等教育等，体现了一定的积累性和创造性，是国家竞争优势的关键要素（Knight 等，2020）。

（2）市场需求。市场需求是产业发展和经济增长的直接动力，需求引动刺激了技术创新和新产品研发，从而实现产业升级和竞争力提升。市场需求的影响力分为三个层面："市场需求形态"是竞争优势孕育的基础，"市场需求规模及其增长模式"是国家竞争优势提升的重要动力，"市场需求偏好的跨国传导机制"是竞争优势的国际化体现（巴尼，2003）。市场需求水平受到社会发展条件、消费文化、消费水平、市场环境等因素影响，市场需求差异化水平越大，前瞻性越高，市场需求对产业发展的影响则更为明显。

（3）关联产业和支柱产业。以支柱产业和关联产业为主体的产业网络是国家产业结构和工业发展的重心。一方面，支柱产业推动了关联产业的发展，另一方面，关联产业发展不断完善了整个产业链结构（汪世银，

2003；王钊等，2020）。支柱产业的竞争力和关联产业的发展水平是国家产业竞争优势的核心关键，体现了国家科研创新能力和工业发展水平。支柱产业发展能够带动关联产业发展，加快产业结构升级，提高产业技术水平，体现了国家战略发展意图，对国家经济安全和国防工业具有重要影响。

（4）企业组织、战略和竞争。企业组织、战略和竞争分别指国内企业创建组织能力、战略管理水平以及企业发展的竞争环境。企业作为国民经济的细胞组成，在企业规模、组织形式、产权结构、战略目标、管理模式、竞争水平等方面具有一定差异性，形成了国家竞争优势对比（王辑慈，1992）。每个国家都有不同的市场环境和文化基础，因而企业的组织管理各有特点，“管理意识形态”是企业发展的重要影响因素，战略意图决定了企业发展方向和发展空间，公平有效的竞争环境促进了企业发展水平提升和市场环境优化。

（5）国家政府。政府影响是国家竞争优势的构成因素，政府的政策干预是实现要素市场转变、企业发展、产业提升、经济增长的重要保障，能够传递并放大钻石模型中各个环节的功能，通过塑造要素激励和竞争环境，从不同层面提高竞争优势。

（6）机遇。机遇是外部环境的突破点，是市场环境、产业发展和竞争环境的融合，机遇可以打破现有环境和秩序，创造出新的发展机会。

从钻石模型来看，战略性新兴产业的发展一方面是国家多方面因素的综合体现，另一方面则提升了国家竞争优势。产业发展水平、要素条件、市场需求、政策干预之间通过相互关联影响，构成了国家竞争优势体系。由初级要素向高级要素转变是战略性新兴产业发展的前提，这个发展过程较为缓慢，受到知识积累、教育水平、研发能力、技术条件等多种因素影响，企业的研发创新活动是初级要素向高级要素转变的有效途径，是产业竞争力的源泉。市场需求是战略性新兴产业发展的重要影响因素，通过技术创新和新产品创造满足需求引动是产业发展的直接动力。我国市场需求增长潜力明显，为战略性新兴产业发展提供了广阔的市场空间，同时也引发了西方发达国家先进企业的关注。如何加快技术创新，提升产业国际竞争实力，是当前战略性新兴产业发展的核心问题。

战略性新兴产业发展体现国家要素结构水平、科技创新能力和战略发展意图，这是战略性新兴产业战略性的核心内容，从产业孕育到产业发展，最终成为国家的主导产业，承载国家竞争优势，是战略性新兴产业发展的最终战略目标。我国作为世界经济发展的重要组成，产业结构和经济发展模式具有一定的复杂性，保持产业结构完整和经济发展相对独立是我国经济发展的重要战略。战略性新兴产业在国民经济中占有举足轻重的地位，体现了我国经济发展的战略意图，对国家经济社会发展和国家战略安全有着重要影响，是中国产业结构升级和经济发展方式转变的重要载体。面对国际产业结构、经济全球化趋势、技术垄断、政治格局等多元化的复杂环境，推动战略性新兴产业结构主导，是我国参与新时期国际产业分工和分享经济发展机遇的重要方式。由此来看，加快技术创新，把握产业发展的前沿领域，推动战略性新兴产业快速发展，能够有力提高我国产业发展水平和经济增长质量，增强国家竞争力。

2.2.3　国家产业评价理论

国家产业评价是对国家某一产业的特征和属性做相关分析，从而评估其产业发展价值，判定其是否符合国家产业发展的战略意志。国家产业评价内容包括产业的内涵、产业的特征、产业发展的要素结构、产业发展的技术水平、产业发展的影响因素等多个方面。国家产业评价一般根据国家发展的战略意图，从不同角度选择评价指标，设定产业评价阈值，建立国家产业评价体系（陈大雄，2004）。从相关研究来看，关于国家高新技术产业、国家主导产业、国家战略产业的评价较多，但从国家层面提出战略性新兴产业评价的研究近年来才崭露头角。冯赫（2010）认为战略性新兴产业是国家产业发展需求的具体表现，发展战略性新兴产业有利于我国产业结构升级和经济增长方式转变。刘洪昌（2011）提出战略性新兴产业是新兴科技和新兴产业的深度融合，具有战略性、关联性、成长性、创新性、风险性和导向性等特征，发展战略性新兴产业要遵循国家意志原则、市场需求原则、技术创新原则、产业关联原则、就业吸纳能力原则和可持续发展原则。这些研究认为战略性新兴产业发展具有特定的国家需求背景，都将国家意志作为战略性新兴产业评价的重要内容。

另有一些学者借鉴主导产业选择理论提出战略性新兴产业评价方法，胡振华等选取 18 项指标，以主导产业评价理论基础，采用层次分析（AHP）、信息熵（IE）和主成分分析（PCA）组合的方法建立战略性新兴产业评价模型，对湖南某县七个产业进行评价筛选，以综合评价排名确定战略性新兴产业。贺正楚和吴艳（2011）基于战略性新兴产业的产业全局性、产业主导性、产业关联性、产业动态性四个特征建立战略性新兴产业评价指标体系，采用 Weaver – Thomas 产业评价模型对湖南省主要产业进行排序，以排名顺序作为战略性新兴产业评价依据。这些战略性新兴产业评价虽然考虑到了战略性新兴产业的基本特征，但却忽略了国家意志是战略性新兴产业的重要属性，从省域角度，甚至县域角度评价战略性新兴产业明显偏离了战略性新兴产业发展的国家视角，所得到的结果往往是当地的优势产业，并非战略性新兴产业。

从概念界定和内在特性来看，战略性新兴产业是指在国家经济增长、社会发展中占有重要地位和重要影响力的新兴技术产业，体现了国家长远发展的战略意图。因此，战略性新兴产业评价要充分体现国家产业发展的战略意图。经济全球化并没有消除国界，反而加剧了经济发展的国家意识形态，发展战略性新兴产业是国家层面的意志选择，从西方工业发展历史来看，战略性新兴产业培育通常需要集举国之力，体现了国家产业发展的目标趋向，国家要素市场的资源配置水平，国家企业机构的组织管理能力和国家政府的政策影响力。

2.3 地方视角下战略性新兴产业发展相关理论

战略性新兴产业培育受到地方现实基础和发展条件的制约，本节引入区域产业理论和产业布局理论，从地方层面视角分析战略性新兴产业发展的相关理论。

2.3.1　区域产业选择理论

区域产业（Regional Industry）是从地理经济学（Geoeconomy）（Krugman，1995）和区域经济学（Regional Economics）（Richardson，1978）角度研究产业发展问题（Hell 和 Brennan，2000；陈才，2001；安虎森和蒋涛，2006），区域产业是指某个产业在一定地区经济总量中占有比重较大，是该地区的战略主导产业，对地区产业结构形成和经济发展具有一定的影响力和带动效应（李明中，2003）。

1909 年，德国经济学家 Weber 首次提出产业区位学说（刘斯康和王水嫩，2003），标志着产业空间选择理论的诞生。Weber 将影响产业生产成本的因素分为：要素投入、物流运输、劳动力投入、集聚力迁移等，因此产业在发展过程中，由于地理差异造成的各要素的成本差异就成为产业选择的内在动因，由此形成了区域产业定位。列宁则认为科学合理的工业选择能够使工业生产更加接近原材料产地，可以减少原材料加工、半成品运输，从而降低成本。区域产业反映了某种产业的空间选择状况以及由此所引发的区域产业结构关系，受到区域内部因素和外部因素双重影响，包括了资源禀赋、人力资源水平、市场空间、技术水平、经济发展水平和政府影响力等（李春林等，2005）。

以区域产业理论为基础，认为战略性新兴产业的地方选择基础和发展条件包括以下六个方面：

一是资源禀赋条件。不同地区由于地理位置差异，其资源供给水平和资源结构存在较大差异，造成了不同地区生产结构上的差异，这是社会经济发展初级阶段对战略性新兴产业发展影响最大的因素。这一点在新能源产业、新材料产业领域显得尤为突出。

二是人力资源水平。区域产业发展的人力资源水平和人力资源结构是战略性新兴产业发展的重要影响因素，产业从业人员大体分为管理人员、专业人员和一般人员，除一般人员属于简单要素外，专业人员和管理人员均属于高级要素，受到教育程度、知识积累、从业经验，创新能力的影响，因而具有一定的复杂性。战略性新兴产业由于科技创新性显著，对高素质人才具有较高的依赖性，这就对地区人力资源水平具有一定的要求。

三是资本储量。市场经济条件下，产业运行资金源于企业投资和资本市场，地区的资本储量水平较高，资本市场较为完善，则有助于吸引投资，促进战略性新兴产业扩大化再生产，直接推动地区战略性新兴产业规模增长。从战略性新兴产业发展特征来看，战略性新兴产业的技术研发对风险资本的需求较高，而在产业规模扩张期，则对资本需求较大，这些更大程度依赖于地区金融资本市场。

四是市场空间。市场需求是战略性新兴产业发展的直接动力，而市场需求具有重要的地理特性，不同区域的市场消费水平和消费文化差异较大，造成了市场空间的不均衡，市场空间越大，地区战略性新兴产业发展的潜力也就越大。

五是技术创新水平。技术进步推动了地区产业间的分工与协作，是产业发展和经济增长的内生要素，科技革命更被视为现代产业发展的根源。技术创新是战略性新兴产业发展的重要特征，产业发展的核心技术越来越复杂，产业创新周期逐渐缩短，而市场变化节奏也随之加快。技术水平受到地区人才优势、创新基础、创新投入等多种因素影响，形成了区域间的战略性新兴产业创新能力差异，直接影响战略性新兴产业的发展水平。

六是地方政府管理水平。地方政府通过制定政策法规干预产业发展，一方面，合理有效的政策影响能够有力推动地区战略性新兴产业发展，塑造公平有效的战略性新兴产业发展外部环境；另一方面地方政府通过政策干预，维护地方战略性新兴产业市场利益，实施贸易保护政策，加大区域战略性新兴产业保护力度。

由此来看，战略性新兴产业的选择应充分考虑地方产业发展基础和区域间的竞争优势对比，地方在战略性新兴产业发展过程中要充分发挥地方资源优势，选择适合自身情况的战略性新兴产业作为培育对象。

2.3.2　产业空间布局理论

产业布局是指某个产业在一个国家或地区的空间分布和要素组合，并形成产业空间关联和地理分布的经济现象（中国人民大学区域经济研究所，1996）。产业空间布局从静态来看是指衍生产业的各种资源，各个部类、多种因素以及不同产业链环在地理上的空间联系和位置分布，并由此呈现出产业聚集和产业联系。从动态来看，产业空间布局是产业发展的各类资源、不同生产要素以及企业活动所形成的空间地理形态，进而形成产业资源、产业部类、市场要素等在一定空间范围内的自由流动和转移，促进产业发展要素的合理配置与再配置的良性循环过程（王志电，1990）。

新古典经济学派创始人 Marshal 认为，产业布局的关键是要从市场需求和生产供给两个方面考虑产业生产的便捷性和成本最小化，市场需求的变化和要素需求的集中促进产业布局不断自我完善，并逐渐形成产业集聚。20 世纪中叶，随着经济全球化趋势不断蔓延，Isard、Hoove、Richardson、Greenhut、Smit 等经济学家将产业布局理论不断发展，形成了较为系统的产业空间布局的综合分析理论（Schmenner，1982）。以 Isard 为代表的现代产业布局理论提出，合理的产业空间布局应该考虑多种因素，这不仅遵循古典学派的"最大利润原则"，还包括自然资源禀赋条件、生产加工成本、人力资源成本和市场销售价格水平等要素。合理的产业空间布局综合多种产业发展因素（Kim，1995）。新经济地理学认为产业布局的特征将是优势产业集聚，某一地区一种产业逐渐形成优势，吸引该行业企业不断聚集，在规模经济和溢出效益的驱使下，该产业将在该国家或地区不断聚集，最终形成区域产业优势，这是对古典学派的继承和发展，将规模报酬递增、技术溢出效益和不完全竞争等因素作为产业空间布局的影响因素，进一步优化了产业空间布局理论（陈文锋和刘薇，2016）。

战略性新兴产业近年来发展如火如荼，在大量积极政策的影响下，各地竞相实施战略性新兴产业发展规划。从实际情况来看，一些地方对战略性新兴产业的选择缺乏合理性，盲目发展和重复选择现象严重（陈文锋和刘薇，2016），这对战略性新兴产业的合理布局和长远发展造成了不利影响。首先，战略性新兴产业的选择要充分考虑到地方现实基础，一些战略性新兴产业的培育依赖于特殊的资源禀赋条件或高水平的科技创新能力，忽视选择基础，盲目培育发展战略性新兴产业只能适得其反，造成资源浪费；其次，战略性新兴产业发展具有一定的竞争特性，尤其是在技术创新领域，因而各地在战略性新兴产业选择过程中，要深入分析地区间的产业发展竞争优势，选择优势较为明显的战略性新兴产业作为培育对象，争取战略性新兴产业发展先机；再次，战略性新兴产业发展体现了国家意志和地方需求的矛盾与统一，中央的产业布局着眼点立足于全局层面，鼓励在条件充分的地区优先发展优势产业，而地方则根据自身产业发展利益加快战略性新兴产业培育，这就有可能造成国家布局与地方选择不一的情况，形成了中央与地方的博弈。

2.4 产业演进视角下战略性新兴产业发展相关理论

本节从产业衍生逻辑、产业发展模式、产业关联主导影响力和产业发展生命周期四个方面的相关理论分析战略性新兴产业的演化过程，为战略性新兴产业发展研究提供理论依据。

2.4.1 战略性新兴产业的衍生逻辑

战略性新兴产业的衍生逻辑是研究战略性新兴产业发展的基础，衍生逻辑的特殊性决定了战略性新兴产业的性质，也是战略性新兴产业区别于一般产业的根本特性。

1. 产业技术范式

1912 年，Schumpeter 首次提出“创新理论（Innovation Theory）”，百年以来，创新被视为企业发展、产业进步、经济增长的重要推动因素，技术创新催生了新兴产业的萌芽，引发产业革命，给原有的产业组织结构带来了“创造性破坏”，推动技术进步和产业更替（Jin 等，2019）。Dos

（1992）将范式概念引入经济学研究领域，提出技术范式（Technology Paradigm）是产业发展过程中，通过技术创新提高生产效率和技术竞争力，通过技术进步推动产业更替，从而形成新兴产业快速发展的状态和模式。

Abernathy 和 Utterback（1975）从产业内部演化过程角度对产品设计、技术创新和产业组织结构变化之间的关系进行研究，认为技术创新和产业演进之间存在一定的相关性，技术创新在时间积累过程中，加快了产业演化。以技术创新为产业演进动因，将产业技术范式分为范式前阶段和范式阶段，提出了技术创新—产业发展的动态模型，即著名的 A－U 模型（图 2－2），揭示了技术创新和产业发展之间的内在关系，描述了特定技术轨道上的技术创新和产业化趋势的一般过程。

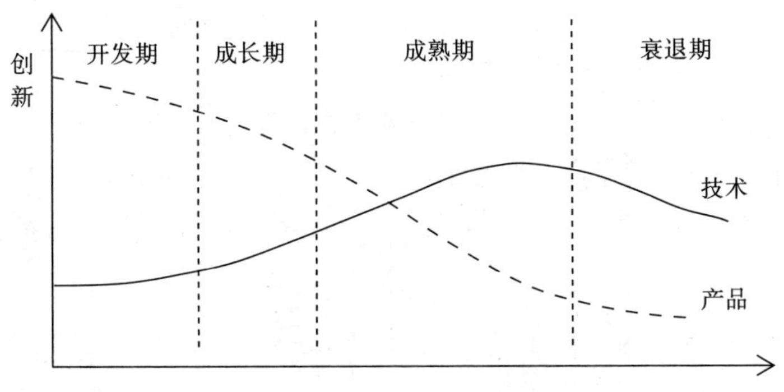

图 2－2　A－U 产业演进模型

Foster（1986）进一步将产业升级和演化归因于产业间的技术范式转移，通过对技术绩效与创新长波积累的变化关系的 S 形曲线，分析认为任何技术都具有“自然极限”，在技术研发创新过程初期，技术的绩效处于较低水平，但随着创新投入不断积累和技术应用逐渐广泛，技术的绩效水平增长显著，逐渐靠近“自然极限”，当新的技术创新出现后，原有技术绩效则受到负面影响，逐渐减小，引发了新的技术创新—产业增长轨迹，新的替代技术则逐步实现了产业化和商业化。

战略性新兴技术产业演进过程的技术范式转移分为三个阶段：导入期、成长期与稳定期（图 2－3）。在导入期，战略性新兴产业不断加强技术创新，逐渐实现技术优势，传统产业绩效受到影响，但原有的技术范式依然在市场中占据主导地位，会阻碍新兴技术的产业化过程；在成长期，新的技术创新通过产业化形成了新的商业环境，原有产业逐渐衰退，传统技术范式开始破裂，新的技术范式加速扩张，促成了技术范式的转移，战略性新兴技术产业逐渐占据市场优势；在成熟期，伴随技术创新的产业化和市场化不断扩张，技术创新引发了高利润回报，吸引更多企业进入市场，形成了较为稳定的技术范式和市场结构（Jorge 等，2018）。较传统产业而言，战略性新兴产业技术创新的破坏性更为明显，颠覆性地改变了市场结构和产业竞争关系，引发技术范式转移，导致现有产业逐渐衰退，被战略性新兴产业所替代（Sun 等，2017）。

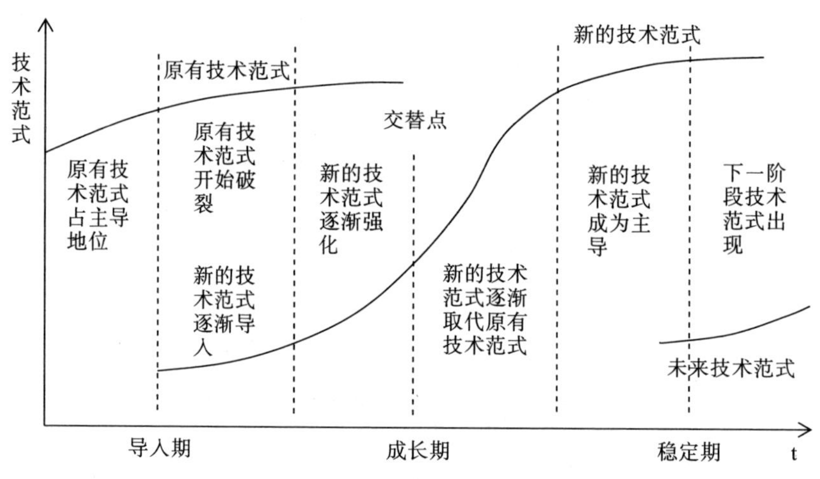

图 2－3　技术范式的交替过程

2. 技术创新成果转化

过去几十年，科技革命引发的技术创新（Technological Innovation）被认为是新兴产业出现的根本原因。熊彼特的创新理论认为技术创新是打破经济循环流动稳态的关键因素，是推动生产方式改变和产业结构的主导力量，产业发展中的技术创新一旦出现，就会促生新兴产业的出现，挤压传统产业的发展空间，从而形成新的产业结构和技术经济范式（Schumpeter，2003）。Lafont（2020）认为 21 世纪世界经济高速增长的一个重要原因是发达国家国家在生物遗传技术、电子信息技术、新材料研究、航空航天技术和新能源利用等新技术的不断创新突破，从而引发新兴产业快速发展。Baumol（2004）结合中观层面和微观层面对战略性新兴产业中企业创新的贡献的研究发现，技术创新是产业衍生的根本因素，自主创新型中小企业与大型高新技术企业是新兴产业创新发展的两个轮子。Erickcek 和 Watts（2007）从要素投入角度分析认为，技术创新引发了资本投入和从业人数等要素快速流向新兴产业，随着新兴产业不断挤压市场空间，形成了新兴产业。Kauffman（2008）通过对印度新兴产业的研究认为，模块创新和构架创新是新兴产业培育的关键，在技术范式转变时期，新兴产业通过技术创新成果产业化和市场化，逐步实经济效益增长，从而完成化蛹成蝶。西方学者较为普遍的观点认为市场需求变化和技术创新是新兴产业出现的主要原因，随着新兴产业技术创新的产业化和市场化，逐步建立市场地位，改变市场结构，推动新兴产业形成。

国内学者大多支持技术创新论，认为战略性新兴产业衍生是技术创新成果的产业化和市场化的过程（姚威和胡顺顺，2020）。王续琨等（2011）认为战略性新兴技术是战略性新兴产业发展的关键，具有经济维度、科学技术维度和历史维度，这三个维度构成了战略性新兴产业孕育和发展的基础。曹勇等（2016）提出战略性新兴产业的出现和发展是由知识积累、技术创新与扩散引发的长波的表现。王学东等（2020）认为形成新的区块资源是战略性新兴产业衍生的根本原因，由于技术创新对原有产业和市场结构造成创造性破坏，从而孕育了战略性新兴产业。邵云飞等（2020）从创新理论视角提出战略性新兴产业就是人的社会生产活动由于科学技术进步推动生产效率和产品质量提升，由此引发的一系列新的社会生产活动。

3. 技术升级与产业进化

以 Porter 为首的西方学者认为新兴产业的孕育是传统产业进化升级的过程，Porter（1998）提出新兴产业出现是由于技术升级、相对成本关系发生变化、新的消费需求产生或其他经济及社会因素的变化引发传统产业升级，推动某种更好的产品或更完善的服务得以产业化和市场化，从而建立竞争优势。Lee 和 Kim（2001）以韩国20世纪的发展经验分析了高新技术产业的演化路径，提出传统产业在吸收新兴技术后，产品价值链得到延伸，获得了更高的市场价值，同时缩短了与发达地区产业发展水平的差距，形成了具有技术根基和自主优势的技术型新兴产业。Garud 和 Karne（2007）认为新兴产业是指市场自发促生了新技术的诞生和产业化，以及原有产业衍化升级，或满足新的市场需求而形成了新的服务。新兴产业具有内生性、自主性和技术性的特点，新兴产业在发展过程中引发市场结构变化和企业竞争，逐渐演变为自主创新能力较强的主导产业。

国内学者从我国产业结构升级和经济发展方式转型角度提出战略性新兴产业的主要衍生动力来自于产业结构升级、产业链延伸。肖兴志和姜晓婧（2013）认为战略性新兴产业可能是传统产业通过技术关联，将技术创新扩散到新的连接点，从而引发产业技术创新涟漪，并在此基础上引发产业链延伸，带动产业结构升级，形成战略性新兴产业。栾春娟（2012）从共性技术测度视角提出战略性新兴产业可能存在的技术共性问题，由于技术研发创新引发的产业技术共线将技术传导至关联产业，生成新的战略性新兴产业。王光辉（2011）认为战略性新兴产业产生的原因是技术积累和技术创新的结合，使原有产业不断深化和扩展，逐渐形成战略性新兴产业。剧锦文（2011）提出战略性新兴产业出现是由于传统产业发展过程中产生了溢出效应、联动效应和置换效应，三者综合反应，形成了传统产业技术改进和结构优化路径，促生了战略性新兴产业的形成。

4. 创新驱动是战略性新兴产业衍生的根源

战略性新兴产业发展的关键是掌握核心技术，根本性的创新是战略性新兴产业重要的技术经济特征，可以说，战略性新兴产业的孕育和发展就是创新性的新技术从孵化到诞生，再从诞生到成长，最终走向产业化和市场化的过程，无论是技术创新成果转化，还是产业技术升级进化，其动力都源于技术创新。

第一，从技术经济范式来看，科技创新和技术突破是战略性新兴产业孕育的关键。科技创新引发技术突破，推动了新产品研发，对原有技术和产品带来创造性破坏，随着新产品的产业化，新兴技术和新产品逐渐替代原有技术和原有产品，引发产业技术革命，促生战略性新兴产业。

第二，战略性新兴产业成长是由科技创新与技术扩散引发的长波的表现。通过科技创新和技术突破，新技术和新产品逐步实现市场化，产业规模不断扩张，新产品逐渐占领市场，产业发展逐步从技术创新向规模扩张阶段过渡。

第三，战略性新兴产业的发展过程伴随着激烈的技术竞争。从科技创新阶段开始，战略性新兴产业发展就面临着与传统产业和原有技术的激烈竞争，技术创新是打破原有产业结构的最有效途径。同时，战略性新兴产业内部技术竞争较传统产业更为激烈，任何技术领先都有可能成为核心竞争优势。

2.4.2 战略性新兴产业发展进化模式

广义的产业发展进化模式可以理解为一个国家或地区产业结构和经济发展的演进过程，狭义的产业发展进化模式是指某个具体产业在一个国家或地区特定的发展阶段形成的发展轨迹，本节提到的发展进化模式研究指的是狭义的产业发展进化模式，即战略性新兴产业发展进化的基本形式。

1. 自主创新培育模式

西方主流观点认为产业自主创新是产业发展的主要动力，产业自主创新包括技术创新、产品创新、流程创新、管理创新和市场创新，其中技术创新是根本，是其他创新的基础，通过技术创新逐渐将创新传导至产品、市场、管理等，实现了产业自主创新发展模式（Freeman，1995）。Malerba（2006）研究了产业发展过程中小企业与大企业在产业创新中的影响差异，提出小企业的自主创新是突破性的，当小企业的创新突破集中积累到一定程度时，引发大企业逐步创新，改变了产业原有的发展周期，从而加快新兴技术产业发展。Feldman（2009）对现代光学产业关联效应研究发现，企业通过创新建立了技术网络优势，激发了技术溢出效应，带动整个产业发展。Caroline（2006）认为美国电子信息技术、通信技术、空间探测技术的知识积累和技术创新是引发美国电子通信产业、航空航天产业快速发展的重要原因，由此提出大学教育和知识积累是产业创新路径的根基，产学研结合的创新模式是新兴产业发展的重要动力，Gassmann（2006）对美国计算机网络产业的研究验证了这一观点。

金融危机影响下，西方发达国家对战略性新兴产业加大了技术封锁和产业保护力度（Games 和 Rendi，2019；Lange 等，2009），一些国内学者提倡战略性新兴产业自主创新发展模式。张烁和程家瑜（2011）通过分析生物医药产业、新能源产业发展阶段和技术现状提出，我国战略性新兴产业的发展要制定自主创新技术路线，加快新技术研发，在一些先导性战略性新兴产业发展过程中建立技术优势，掌握核心科技，走自主创新的发展道路。黄幸婷和杨煜（2010）认为知识积累、技术创新和建立核心技术联盟是战略性新兴产业自主创新发展的三个过程，知识积累为技术创新提供了必要的知识储备，以知识积累为基础进行技术创新活动，企业间逐渐建立核心技术联盟，在技术联盟内传导新技术应用，推动战略性新兴产业发展。刘辉锋（2011）认为我国当前培育战略性新兴产业应立足于自主创新，加强关键技术的研发、产业组织和制度改进，缩短技术创新升级周期，缩短战略性新兴产业的孕育期。高常水（2011）认为建设“产业创新平台”（MOP）是发展战略性新兴产业自主创新模式的关键，产业创新平台（MOP）通过利用现有和潜在的产业基础优势，整合技术创新、概念创意、人才汇集等创新资源，加强“产学研”的紧密联系，实现自主创新平台和产业发展的耦合，为战略性新兴产业发展提供创新动力。周亚虹等（2012）认为，金融危机影响背景下，技术引进和技术模仿已经失去活力，战略性新兴产业只有通过自主创新，开发具有自主知识产权的产品，实现自主技术创新成果转化，形成我国自有技术优势和产业结构，才能充分挖掘战略性新兴产业的国际产业链价值。

西方发达国家较早认识到自主创新是产业发展的最有效路径，国内学者大多继承了这一观点（胡大立和伍亮，2016），提倡战略性新兴产业走自主创新的发展模式，然而我国战略性新兴产业发展水平参差不齐，发展条件差异较大，自主创新发展模式必然会受到各类不利因素的限制，如何通过内外部因素影响，提高创新资源利用率，加快产业自主创新，是我国战略性新兴产业发展面临的重要问题。

2. 技术引进—技术模仿模式

西方学者在 20 世纪末经济发展全球化趋势背景下提出，新兴产业发展竞争环境中，技术落后国家如果不加大技术引进、技术模仿与发展模式复制，则很难实现新兴技术产业快速发展，容易被发达国家或地区建立的产业优势逐渐淹没（Teece，1977；Mansfiel，1980）。Romer（1990）研究了和技术转移成本对国际新兴技术产业发展差异的影响，提出了产业落后国家可以通过购买发达国家的先进技术和创新成果，加快自身新兴技术产业发展。Coe 和 Helpman（1995）认为大多数产业发展落后国家通过技术引进、技术模仿、OEM 等方式能够建立起新兴技术产业基础，获得技术溢出推动产业发展，进而缩小与发展国家新兴技术产业的差距。Ramachandran（1994）在分析印度新兴产业发展模式时提出，落后国家通过吸引跨国公司在本国设立企业，获得跨国公司研发经验和技术溢出，从而缩小与发达国家的新兴产业发展差距，Kokko 和 Blomstrm（1995）认为这是技术落后国家发展技术型产业的必由之路，Glass 和 Saggi（1998）认为跨国公司对建立在落后国家子公司的技术转移意愿取决于技术转移的边际成本与边际收益的对比，当边际收益大于边际成本时，有利于落后国家实施技术追赶。Kim（1997）提出了著名的“逆 A - U 追赶模型”，认为发达国家的高新技术产业在经过了“技术流动阶段”和“产业过渡阶段”后，落后国家通过“特性学习”和“技术模仿”获得新兴技术产业的发展经验。Duysters 和 Hagedoorn（1998）通过分析全球电子信息产业认为，落后国家在技术创新方面并不占据优势，一方面可以通过技术模仿、技术引进可以缩小技术差距；另一方面在产业政策和扶持措施制定方面往往比发达国家更具优势；同时更为广阔的市场需求也为技术落后国家提供了更有利的条件。Bacon 等（2020）提出在新兴技术产业发展的初级阶段，由于落后国家与发达国家的技术差距较为明显，落后国家为了尽快发展新兴产业，与发达国家形成“联动”关系，引进发达国家先进技术，创造合作机会，进行“技术模仿”，而发达国家则会采取技术保密和产业保护，以实现自身利益最大化，这种博弈行为成为发达国家和落后国家战略性新兴产业发展的伴随模式。

我国工业发展历史较短，同西方发达国家相比，一些产业技术积累较为薄弱，而战略性新兴产业培育的关键就是要掌握核心科技，由此一些学者提出技术引进、技术模仿和技术追赶的发展模式。较早的讨论起源于林毅夫（1994）的技术模仿论，他认为技术落后国家的收入水平、科技创新程度、产业发展速度与技术领先国家有较大差距，但技术落后国家技术创新的成本和难度远远低于技术发达国家，可以通过技术模仿和技术吸收的方式，缩小与发达国家的技术创新水平差异，加快新兴技术产业发展速度，一旦建立技术追赶模式后，技术落后国家有比技术发达国家发展更大的发展潜力。吴敬琏（2002）、郭熙保和胡汉昌（2004）进一步提出技术模仿和制度模仿是一个相互联系、相互影响的过程，产业落后国家应该寻求过技术引进和制度模仿相结合的发展路径。另有一些学者对我国技术型新兴产业发展中的外资企业技术溢出效应研究发现，技术模仿和技术创新是一个双向循环的过程，新兴产业将受益于技术创新的溢出效应，通过模仿和吸收，不断积累创新能力，从而加快产业发展（杨全发和韩樱，2006；李捷和霍国庆，2017；姜晓婧和苏美丽，2019）。周元和孙新章（2010）以节能和新能源产业为例，提出培育战略性新兴产业要借鉴国际发达国家的技术创新成果和发展经验，通过技术吸收和模仿创新，加快技术追赶速度，提升我国节能和新能源产业技术优势和核心竞争力。李东霖和田丽（2016）通过研究战略性新兴产业追赶发展模式中先入策略和跟进策略的动因和绩效差异发现，战略性新兴产业的发展期望收益会吸引技术落后企业跟进，跟进越早的企业资产管理水平和盈利能力增长更快，企业规模对企业绩效的提高影响更为显著。逯东和朱丽（2018）通过分析我国七大战略性新兴产业发展现状，认为技术创新是我国战略性新兴产业发展的主要瓶颈，一些领域中，主导企业同发达国家同类企业相比，核心技术水平差异明显，国内企业多处于技术模仿阶段，加大技术引进力度、加快核心技术消化吸收，逐渐加强产业创新能力，是我国战略性新兴产业发展的现实选择。黄永春等（2012）以平板显示技术产业为例分析，认为技术落后国家在战略性新兴产业的赶超发展过程中，应结合地方研发基础和技术追赶能力，制定合理的赶超路径，如技术跟随策略、技术升级策略等，在新一轮技术创新交替时期赢得后发优势，寻求从全球价值链俘获型治理状态向均衡型状态的突破。

经济全球化背景下，产业发展的技术竞争、市场竞争呈现出全球化趋势（张其仔，2008），西方发达国家在上百年的工业发展历史和前几次科技革命的影响下，建立了坚实的产业基础和技术优势。那么对于技术落后国家而言，“技术引进—技术模仿”可能为战略性新兴产业发展提供了一条捷径。

3. 产业发展的雁行跨越模式

第二次世界大战后，日本的主导产业（以面纱和棉纺织业为主）首先以消费品生产为主，满足国内市场需求，之后逐步引入生产设备加工制造（如纺织机械），最后实现自主技术创新，赶超发达国家产业发展水平，日本经济学家赤松要将之称为日本战后产业发展的雁行模式（Flying Geese Pattern），落后国家产业追赶过程中，产品流动呈“先进口→逐渐国产化（替代进口产品）→最终实现出口”三个阶段，这个过程初期体现了产业发展的国际化分工，后期则说明了落后国家通过设备引进和技术创新，逐步实现了产业追赶（Knamae，1961；桥本寿郎，1997）。

小岛清将赤松要的雁行形态分为原形和两个引申形（图 2－4），第一个引申形态 A 中，产业发展过程经历了从产品（进口→自主生产→出口）到设备，再到技术（引进→自主生产→出口）的过程。这个过程中，产业发展经历了低附加价值产品到高附加价值产品的转变，体现了产业纵向升级。第二个引申形态 B 中，产业发展的动态演进过程在落后国家和发展中国家之间形成传导，形成了产业空间转移，描述了发展中国家与发达国家之间的产业变化动态（Kiyoshi，2000；Ozawa，2001）。

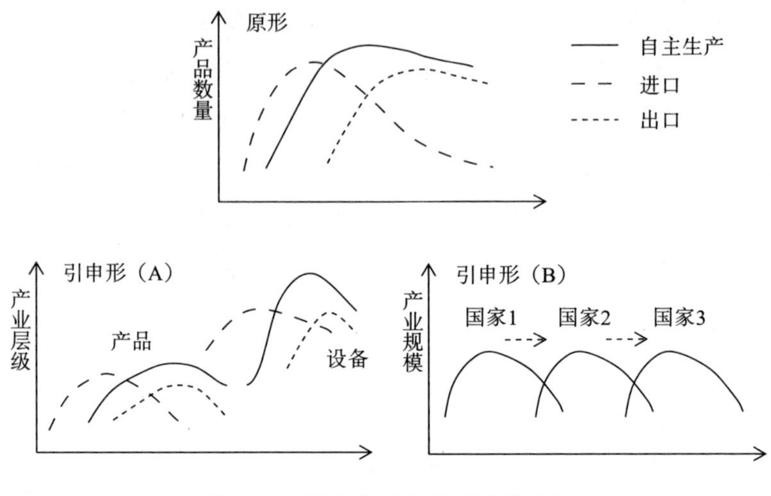

图2-4 雁行模式的原形及引申形

山泽逸平（Yamazawa）（1992）将雁行模式进一步完善，提出了产业发展周期中存在引入期、进口替代期、出口成长期、成熟期和反向进口期五个阶段（图2-5）。在引进期，落后国家工业水平较为落后，商品来源需要依靠从发达国家进口，随着国内市场的不断扩张，国内企业为了加快商品国产化，加大设备和技术引进力度，尝试国产化，而进口产品由于建立了长期的生产优势和市场认可度，在引入期占据了市场主导地位。在进口替代期，落后国家市场不断扩张，国产化产品通过价格优势逐步为市场接受，满足了激增的市场需求，同时国内企业逐步熟练掌握了生产技术，不断改善产品质量，加大市场投入，对进口产品造成了巨大冲击，国内产品逐渐替代了进口产品成为市场主导。在出口成长期，随着落后国家产业技术的不断提升，产品质量逐渐稳定，较发达国家产品的价格优势更为明显，落后国家逐渐将产品出口至发达国家和其他更为落后的国家，逐渐占据了国际市场，出口成为落后国家产业发展主要动力。在成熟期，落后国家国内市场接近饱和，而发达国家的市场由于增长缓慢和技术更替，进口需求逐渐萎缩，更为落后的国家逐步实现自主化生产，对落后国家的产业发展造成冲击。在反向进口期，由于其他更落后国家产业的不断发展，产品质量不断提高，价格不断降低，其产品逐渐占领国际市场，进入原先落后国家的市场，形成了新的进口替代。在这个过程中，产品进口、市场需求、国内生产以及产品出口等各种变量不断升级并相互交叉，呈现出类似大雁飞行的轨迹，这个轨迹描述了落后国家的产业如何通过产品进口，设备、技术引进，产业发展，出口增长从而实现后来居上，最终取代发达国家的过程，其被称为“产业雁行周期形态”。

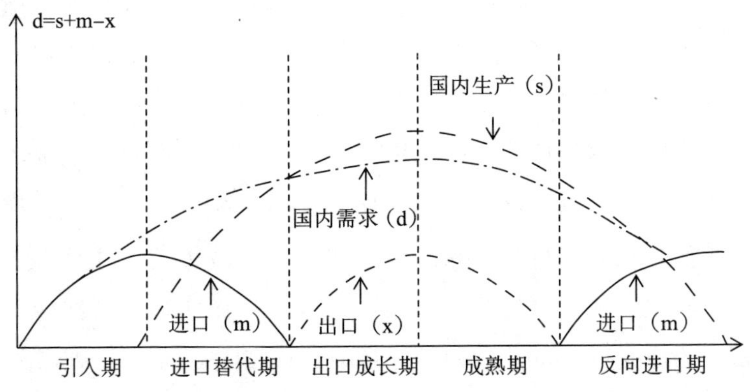

图 2－5 产业雁行周期形态

产业雁行周期模式以落后国家为立足点，提出产业发展的追赶模式，我国作为发展中国家，战略性新兴产业技术优势较为薄弱，一些产业发展还处于起步阶段，那么如何在短时间实现技术追赶和产业超越就成为这些产业发展的主要问题。通过雁行周期形态的五阶段分析，有助于我们寻找到适合自身情况的产业发展路径，先以高科技产品加工生产为切入点，再加快技术引进和现代装备制业升级，最终实现产品出口，建立自主技术优势。日本、韩国等东亚国家的电子信息产业发展为我们提供了重要的雁行模式追赶经验，是否可以通过技术引进和技术创新，突破产业发展的固定模式，直接跨越引入期、进口替代期或出口成长期中的某些阶段，实现战略性新兴产业跨越式的追赶路径，值得深思。

4. 传统产业升级改造模式

西方国家工业发展历史悠久，科技革命成果所带来的涟漪效应给传统产业发展注入了新的活力，通过传统产业与新兴技术结合，吸引了市场需求和产业发展资源流向新兴产业，形成了以传统产业技术升级和产业链延伸为路径的战略性新兴产业发展模式。Porter（2000）认为从本质上来看，产业升级就是当技术资本和生产效率相对于劳动力等其他生产资料的配比出现富裕时，产业发展将出现新的连接，推动产业资本更多地流向技术密集型产业，形成新兴技术产业，因此发展新兴产业必须依赖传统产业。Gereffi（1999）认为，发展新兴技术产业，不能忽视传统产业与新兴产业的联系，从某种意义上来说，产业升级就是传统产业通过技术提升迈向技术密集和资本密集的过程，传统产业一方面是新兴产业的踏板，另一方面也是新兴产业发展的母体，这一发展模式就是将传统产业改造成为新兴产业的过程。在分析区域性新兴产业发展时提出，现代社会的各种产业存在着必然的联系，发展高科技新兴产业一方面要突破传统产业现存的发展界限，另一方面也要加大对传统产业的再创造，从而实现传统产业与新兴产业交替发展的模式（Osaka，2002）。Humphrey 和 Schmitza（2002）从全球产业价值链视角将产业升级过程由低级到高级分为四个层级：技术创新、产品改进、功能提升和产业跨越，认为东亚国家的技术型产业发展模式就是传统产业分层升级的路径：零部件组装—OEM—ODM—OBM，这是经济全球化和贸易全球化的表现，伴随产业价值链的全球化延伸，这种传统产业逐层升级的发展模式也成为发展中国家新兴技术产业发展路径的重要选择。Santos 和 Eisenhardt（2009）提出新兴技术产业发展要借助于传统产业，以传统产业为根基，以高新技术产业为创新驱动因素，引导传统产业向新兴高技术产业逐步转移。

我国现代工业发展历史较短，改革开放后，一些传统产业面临着技术改进和产业升级的新机遇，国内学者由此提出了以传统产业改造升级为主导的战略性新兴产业发展模式。孙军和高彦彦（2012）从产业结构演变的逻辑角度对战略性新兴产业和传统产业的比较优势进行分析，提出以传统产业升级和结构调整为引导的战略性新兴产业发展模式，他们认为传统产业升级与战略性新兴产业发展两者间存在良性循环互动的过程，这种关系类似于双螺旋式上升模型：传统产业可以通过技术创新和产业升级衍生战略性新兴产业，而战略性新兴产业的培育可带动更多的传统产业升级，从而实现互利发展模式。黎春秋和熊勇清（2011）对战略性新兴产业的外部效应进行了研究，指出战略性新兴产业的发展路径可以通过对传统产业产生的溢出效应、置换效应和联动效应实现，传统产业在发展过程中，通过技术创新实现技术溢出和人力资本溢出，进而引发资源在传统产业和战略性新兴产业之间的转移和置换，形成传统产业和战略性新兴产业之间的要素联动、资源联动、技术联动和企业联动，从而实现战略性新兴产业和传统产业之间的互动发展模式。刘华军等（2019）基于空间演化的理论分析框架，提出传统产业与战略性新兴产业融合发展模式的三个演化阶段：首先传统产业技术创新与战略性新兴产业培育相互交替进行；其次传统产业与战略性新兴产业实现技术融合，逐步协调发展；最后战略性新兴产业不断演进，传统产业逐步被替代，迈入完整的战略性新兴产业发展模式。林学军（2012）参考发达国家战略性新兴产业发展经验，提出我国战略性新兴产业培育可以寻求 de alio（嫁接）与 de novo（裂变）相结合的发展路径，将新兴技术与传统产业结合，在产品设计、技术创新、原材料加工、市场销售等环节实现突破创新，逐步从传统产业过渡到战略性新兴产业。

由此来看，战略性新兴产业发展和传统产业具有不可分割的联系，技术创新从传统产业向战略性新兴产业过渡是一个交织过程，技术创新的传导、人力资本的转移和产业链之间的衔接都是一个有序的系统过程（Dinlersoz 和 MacMillan，2009），一味地追求战略性新兴产业快速发展而忽视了与传统产业的联系有可能造成产业发展断层，不利于战略性新兴产业的长远发展。

2.4.3　战略性新兴产业发展的关联主导影响

产业关联（Industry Association）是指不同产业间由于投入品和产出品之间的联系形成的投入产出影响关系，产业关联理论（Industry Association Theory）以测算各产业间的中间投入和中间产出的数量关系为基础，以要素投入和中间产品的供求关系量化分析各个产业部门间的技术经济联系和影响，从“量”的角度分析产业在国民经济中的影响地位和重要性，以此分析一个国家或地区的产业结构特征和工业发展水平（陈瑜等，2018；Meng 和 Qu，2007；薛继亮等，2020）。

1936 年，Leontief 通过国民经济各产业部门之间的投入产出统计分析编写了投入产出表（表 2－2），并根据各产业间的投入产出关系计算投入产出逆矩阵，描述各产业部门生产活动中的要素投入来源和产品使用去向，分析国民经济中各产业部门间的相互依存、相互影响、相互制约的数量关系（Hirschman，1958；Ronald 和 Peter，1985；李晓和张建平，2010）。产业关联理论揭示了产业生产活动价值在于与其他相关产业之间的联系，每一个产业的生产活动得生产资料都来源于其他前向关联产业，而产出又为其他后向关联产业提供生产资料，倘若一个产业失去了与其他关联产业之间的联系，那么这个产业也就失去了产业价值（Fukui，1986；Krugman，1991；Poter，1998；Olsen；1992）。

表 2－2　　投入产出表框架

<table>
<tr><td colspan="2" rowspan="2">产出
投入</td><td colspan="3">中间产品</td><td colspan="3">最终产品</td><td rowspan="2">总产出</td></tr>
<tr><td>部门 1</td><td>……</td><td>部门 n</td><td>消费</td><td>投资</td><td>出口</td></tr>
<tr><td rowspan="3">中间投入</td><td>部门 1</td><td colspan="3" rowspan="3">第 I 象限（x_{ij}）</td><td colspan="3" rowspan="3">第 II 象限</td><td rowspan="3"></td></tr>
<tr><td>……</td></tr>
<tr><td>部门 n</td></tr>
<tr><td rowspan="4">增加价值</td><td>劳动报酬</td><td colspan="3" rowspan="4">第 III 象限</td><td colspan="3" rowspan="5"></td><td rowspan="5"></td></tr>
<tr><td>生产税净额</td></tr>
<tr><td>固定资产折旧</td></tr>
<tr><td>营业盈余</td></tr>
<tr><td colspan="2">总投入</td><td colspan="3"></td></tr>
</table>

资料来源：中国投入产出表。

第 I 象限是国民经济中 n 个产业部门的中间投入产出矩阵，反映了 n 个产业部门中间投入的供给与需求关系，其中 x_{ij} 作为投入产出矩阵的因子，一方面代表 j 产业生产活动对 i 产业产品的消耗，另一方面也是 i 产业

产出中提供给 j 产业生产活动的价值量，x_{ij}体现了 n 个产业部门产业之间投入产出数量关系。第Ⅱ象限是 n 个产业部门最终产品按消费、投资、出口三种用途的分类数量，反映了第 n 个产业的产品最终需求结构，纵向分布反映了某一国家或地区国民经济中产业需求的整体结构。第Ⅲ象限是 n 个产业部门生产活动初始投入的构成，包括劳动报酬、生产税净额、固定资产折旧、营业盈余四项。产业关联模型通过投入产出矩阵 X_{ij}研究 n 个产业之间的关联关系和产业总体结构。

1. 横向产出平衡模型

根据投入产出表横向第 i 个产业部门的总体产出等于其他产业利用的第 i 个产业产品价值加上第 i 个产业最终产出之和，构建方程：

$$\sum_{j=1}^{n} x_{ij} + y_i = X_i \quad (i,j = 1,2,\cdots,n) \tag{4.1}$$

其中，x_{ij}是 n 个产业部门中第 j 个产业部门消耗第 i 个产业部门产品的价值量，y_i 代表 n 个产业最终产出，X_i 代表 n 个产业总产出。

引入直接消耗系数 a_{ij}，代表第 j 个产业部门单位产值对第 i 个产业部门产品价值量的消耗，则有：

$$a_{ij} = \frac{x_{ij}}{X_j} \quad (i,j = 1,2,\cdots,n) \tag{4.2}$$

其中，X_j 是第 j 个产业部门的总产出，x_{ij}是第 j 个产业部门消耗第 i 个产业部门产品的价值量。将（4.2）代入（4.1），则有：

$$\sum_{j=1}^{n} a_{ij}X_j + y_i = X_i \quad (i,j = 1,2,\cdots,n) \tag{4.3}$$

构建矩阵 $A = \begin{bmatrix} a_{11} & \cdots & a_{1n} \\ \vdots & \ddots & \vdots \\ a_{n1} & \cdots & a_{nn} \end{bmatrix}$，$Y = \begin{bmatrix} y_1 \\ \vdots \\ y_n \end{bmatrix}$，$X = \begin{bmatrix} X_1 \\ \vdots \\ X_n \end{bmatrix}$，将（4.3）转化为：

$$AX + Y = X \tag{4.4}$$

则有：

$$X = (I-A)^{-1}Y \tag{4.5}$$

2. 纵向投入平衡模型

根据投入产出表纵向第 j 个产业部门的总投入等于其他产业产品对第 j 个产业投入加上第 j 个产业初始投入之和，构建方程：

$$\sum_{i=1}^{n} x_{ij} + M_j = X_j \quad (i,j = 1,2,\cdots,n) \tag{4.6}$$

其中，x_{ij}是第 i 个产业产品作为第 j 个产业投入的价值量，M_j 是第 j 个产业的初始投入，将直接消耗系数 a_{ij}代入（4.6），则有：

$$\sum_{i=1}^{n} a_{ij}X_j + M_j = X_j \quad (i,j = 1,2,\cdots,n) \tag{4.7}$$

构建中间投入系数矩阵 $D = \begin{bmatrix} \sum_{i=1}^{n} a_{i1} & 0 & 0 & \cdots & 0 \\ \vdots & 0 & \ddots & 0 & \vdots \\ 0 & 0 & 0 & \cdots & \sum_{i=1}^{n} a_{in} \end{bmatrix}$，$M = \begin{bmatrix} M_1 \\ \vdots \\ M_n \end{bmatrix}$，$X = \begin{bmatrix} X_1 \\ \vdots \\ X_n \end{bmatrix}$，将（4.7）转化为：

$$X = (I-D)^{-1}M \tag{4.8}$$

3. 投入产出平衡模型

由于国民经济中全部产业的总投入与总产出相等，由此得出投入产出平衡模型：

$$\sum_{j=1}^{n} x_{ij} + y_i = \sum_{i=1}^{n} x_{ij} + M_j \quad (i, j=1, 2, \cdots, n) \tag{4.9}$$

在投入产出模型中，$(I-A)^{-1}$称之为里昂惕夫逆矩阵，代表某一产业产出对相关产业产出的影响；$(I-D)^{-1}$则代表某一产业投入对相关联产业投入的影响。

后来 Hirschman 等学者根据列昂惕夫的投入产出模型，研究了产业向前关联效应［$AF(i)$］和产业向后关联效应［$AB(i)$］，前者代表某一产业部门的产出增加对前置产业生产活动的影响；后者表示某一产业部门收到后置产业生产活动的影响。

$$AF(i) = \frac{\sum_{j=1}^{n} X_{ij}}{X_i} \quad (i,j = 1,2,\cdots,n) \tag{4.10}$$

$$AB(i) = \frac{\sum_{j}^{n} X_{ij}}{X_j} \quad (i,j = 1,2,\cdots,n) \tag{4.11}$$

由产业向前关联效应衍生出产业影响力系数（Influence Coefficient），代表国民经济某个产业部门增加一个单位产出时，对其他产业部门所带来的生产活动需求波及程度。影响力系数越大，说明该产业部门对其他产业部门的带动作用越大，对国民经济的贡献也就越显著。

$$IC = \frac{\sum_{i=1}^{n} b_{ij}}{\frac{1}{n}\sum_{i=1}^{n}\sum_{j=1}^{n} b_{ij}} \quad (i,j = 1,2,\cdots,n) \tag{4.12}$$

其中，b_{ij} 是全产业列昂惕夫逆矩阵的系数。

由产业向后关联效应衍生出产业影响力系数（Reaction Coefficient），代表国民经济中其他产业部门每增加一个单位最终产出时，某一产业部门由此而受到的需求感应程度，也就是需要该产业部门为其他产业部门的生产活动提供的产出量。影响力系数越大，说明该产业部门受其他产业部门和国民经济发展的影响越为显著。

$$RC = \frac{\sum_{j=1}^{n} b_{ij}}{\frac{1}{n}\sum_{i=1}^{n}\sum_{j=1}^{n} b_{ij}} \quad (i,j = 1,2,\cdots,n) \tag{4.13}$$

Rostow（1970）在产业关联理论基础上，提出了著名的主导产业理论（Leading Industry Theory），认为主导产业随着发展逐渐成熟，体现出三点重要特征：一是由于新技术的出现，促生了新的生产函数，由此一方面加快了落后产业的淘汰，另一方面加快了新技术的传导；二是与国民经济中其他产业部门的关联度较高，在投入产出关联中，前置影响与后置影响较为显著，带动了关联产业发展，在产业结构中所占比重较大；三是发展速度高于国民经济增长水平，产业规模处于高速扩张状态，扩散效应明显。筱原三代平（1990）在主导产业评价标准中引入了“收入弹性基准”和“生产率上升基准”，从需求和供给两个方面丰富了主导产业评价方法。

产业关联理论的特点在于能够量化各产业间的投入产出需求，量化分析产业间的前向关联度和后关联度，从产业的感应系数和影响系数分析产业发展的影响力和主导力（霍国庆等，2017；刘勇，2006），为战略性新兴产业的战略主导性研究和发展阶段评价提供了重要理论参考。

战略性新兴产业应具有显著的产业发展联动效应，是国民经济中占重要地位的产业部门，基于投入产出算法的产业影响力系数和产业感应度系数反映了产业的向前联动效应强度和向后联动效应，影响力系数和感应力系数的正向临界值为1，根据我国投入产出表，计算我国40个行业的影响力和感应度系数，得到产业关联坐标系分析（图2－6），能够看出，影响力系数>1，且感应度系数>1的产业分布在第一象限，这些产业在我国产业部类中占据重要位置，对产业结构和经济增长有着重要影响。由此带来的启发是，产业影响力系数和感应度系数可以作为战略性新兴产业的发展阶段评价指标，用以考察产业的主导战略性（赵黎明等，2017）。

主导产业学说为战略性新兴产业战略性评价提供了理论依据。战略性新兴产业从产业生命周期角度来看，处于发展孕育期或成长期，发展潜力巨大，那么在成熟期，战略性新兴产业的战略性与主导产业的主导性具有较高重合度，对国家或地区的产业结构和经济增长意义重大。产业发展的向前关联和向后关联是产业战略主导性的评价基础；劳动力就业安置能力和要素吸收能力是产业主导地位的静态评价依据；产业的新技术吸收程度和产业规模增长率是战略性新兴产业成长的重要特征。随着战略性新兴产业不断发展，其主导影响力不断扩张，逐步推动国家产业结构升级和经济发展方式转变。首先，通过技术创新掌握核心科技，战略性新兴产业实现了技术进步和产业更替，逐步淘汰低效率产业，打破原有产业结构；其次，以战略性新兴产业为主导的新产业结构逐渐形成，战略性新兴产业在

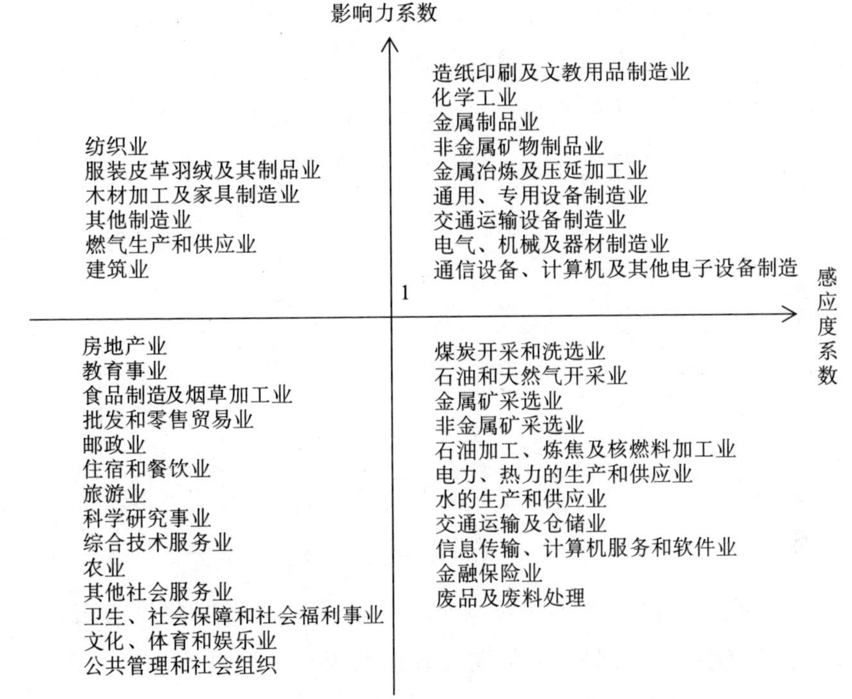

图 2－6　产业关联度坐标系

产业结构中占据重要地位，带动前后关联产业的快速发展，新的产业网络逐渐稳定；最后，以战略性新兴产业为主导的产业结构趋于成熟，在国民经济中占据重要地位，对国家经济社会发展具有战略性影响。

2.4.4　战略性新兴产业发展的非线性生命周期

在生物学领域，生命周期指生物从出生、成长到成熟，再到衰老，直至死亡的完整生命过程。1966 年，Vernon 将这一概念引入经济学领域，提出了产品生命周期的概念（Product Life Cycle），认为产品进入市场后，销售量和利润都会随时间和市场环境的改变而发生变化，呈现一个由少到多，再由多到少的“倒 U 型”过程，这就如同生命周期中的诞生出现、成长成熟，最终走向衰亡的过程，产品生命周期一方面反映了市场需求随时间变化的规律，另一方面也是产品销量在市场中表现出的动态过程。

Gort 和 Klepper（1982）进一步以 46 个产业 73 年间的数据为基础，从市场结构角度对产业发展过程中的企业数量、产值、产品周期进行实证研究，建立了最初的产业生命周期（Industry Life Cycle）模型，将产业生命周期划分为引入、涌进、稳定、淘汰和成熟五个阶段（图 2－7），称为 G－K 模型。

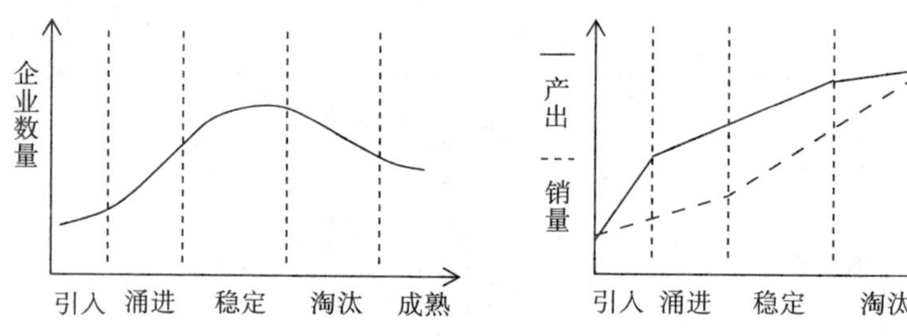

图 2－7　G－K 产业周期模型

后来一些学者简化了 G－K 模型，将产业生命周期曲线刻画为“S”形，分为孕育期、成长期、稳定期和衰退期四个阶段（图 2－8），“四阶段”成为产业周期划分的主流观点（John，1997；Richard，1998；李靖华和郭耀煌，2001；周新生等，2005）。

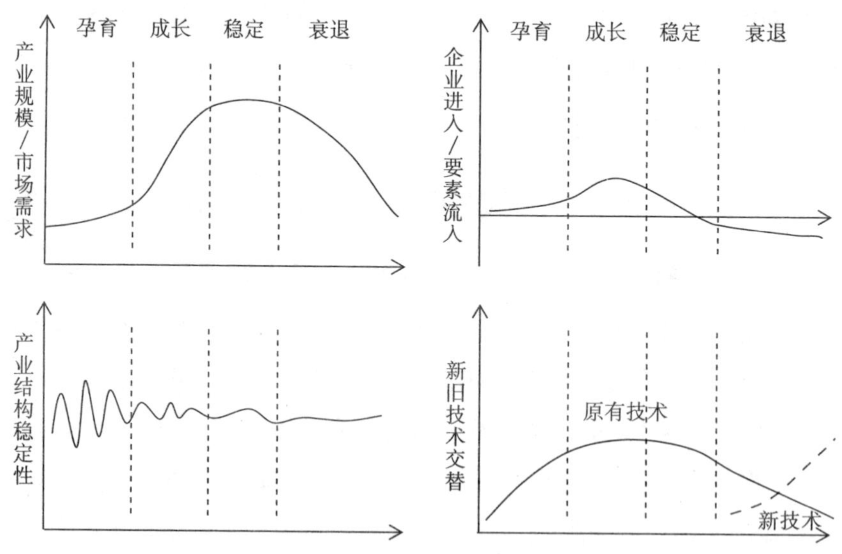

图 2－8　四阶段产业周期

一是孕育期。孕育期也称为导入期或萌芽期，是指生产资料、生产技术、市场需求等逐渐积累，促进新技术产业化和商业化的过程。这一时期产业发展具有以下状态特征：①产业发展初具形态，完成了初始资源积累和资源配置；②培育了专门的技术人员，配备了成型的生产设备，实现了完整的生产流程控制，产业活动具备一定的技术特征和异化性；③市场需求初具规模，产业活动由需求引致推动，并与关联产业形成了产业链和市场网络，承担了产业发展的社会经济职能；④技术创新存在一定风险，企业规模偏小，大中型企业偏少，产业发展受到市场中既有产业排挤，市场结构不稳定。

二是成长期。产业成长期是指在产业发展占据了市场位置，通过市场中的要素流动，产业化和市场化逐渐成熟，不断吸收资金、劳动力，持续扩大展业规模和市场影响力，实现产业产值、企业数量、劳动力水平、资本积累迅速增长的过程。产业在成长期具有以下状态特征：①市场中的各种要素受到产业成长所形成的“中心漩涡”吸引，不断聚集，形成了新的增长核心；②新技术创新不断完善，技术产业化和市场化逐渐成熟，市场对新技术和新产品的认可度快速传导，行业需求面的快速扩张（Klepper 和 Graddy，1990）；③由于利润较高，市场中的新进企业数量不断增加，新的投资者和资本大量涌入，产业发展形成了规模化增长趋势。④市场结构出现变化，大中型企业逐渐增多，产业链不断完善，关联产业受到新兴产业的带动作用显著。

三是成熟期。成长期过后，市场需求逐渐饱和，产业扩张逐渐放缓，要素投入出现了报酬递减，市场结构趋于稳定，技术应用完全成熟，产业发展处于巅峰状态，即产业发展的成熟期。产业在成熟期具备以下状态特征：①新兴产业已发展成为社会经济中的支柱型产业，产业规模已达顶峰，形成了完整的产业链，与关联产业形成了紧密的产业网络，建立了稳固的市场竞争优势；②产业活动中，各类生产要素实现了最佳配置，规模效应逐步消失，产业发展较为平衡，利润稳定在较低水平，产业对新的资源和资本缺乏吸引力；③产品和技术基本定型，新的技术—产业—经济范式出现；④市场结构稳定，大中型企业占据了主导地位，市场竞争更为激烈，买方市场逐渐出现，促生技术创新萌芽（Agarwal 和 Gort，1996）。

四是衰退期。随着下一阶段技术不断产业化和商业化，对现存产业造成了一定的冲击，市场需求出现了松动，产业生产活动受到供求矛盾影响，现存产业逐步萎缩，走向衰退。产业衰退是产业生命周期中新陈代谢的客观表现，是产业发展的固有规律，但值得注意的是，产业衰退并不等于产业消亡，一些产业在产业发展周期中与新生产业长期共存。这一时期的主要状态特征是：①产业规模逐渐下降，市场需求萎缩，产品销量降低，产业影响力衰退；②下一阶段新兴技术的孕育对既有产业造成了冲击影响，产业资源逐步流向下一阶段新兴产业；③企业数量逐渐减小，市场结构逐渐瓦解，产业逐渐失去了主导地位，关联产业逐渐逃脱（Klepper，2002）。

从上述产业生命周期分析来看，一般产业发展会经历产业孕育期、产业成长期、产业成熟期和产业衰退期，以产业规模和产业增长率为坐标轴，建立产业周期评价坐标系（图 2－9），不难看出，新兴产业就是增长率正向变化的孕育期或成长期产业。

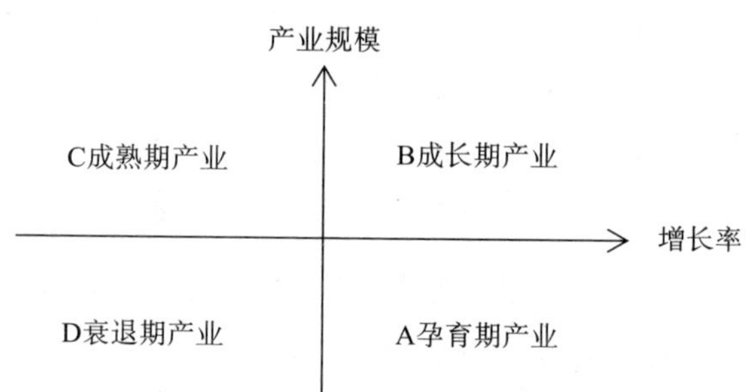

图 2－9　产业生命周期评价坐标系

而在一般产业发展过程中，产业孕育、产业成长、产业成熟和产业衰退四个阶段之间的衔接较为平滑，但战略性新兴产业由于特殊的内在属性，其生命周期呈现出非线性发展特征：

首先，战略性新兴产业的出现是由于科技创新和技术进步推动的，而科技创新和技术进步往往需要较长时间的知识积累和实践经验，这个过程需要耗费大量的时间和资源，因而往往难度较大。因此孕育期是整个产业生命周期的关键，这个阶段决定了战略性新兴产业发展是否能够顺利实现产业化和市场化，一旦通过技术创新推动产业化，就能够实现关键一跃，将战略性新兴产业推向成长阶段。

其次，经过长期的孕育阶段，战略性新兴产业取得了技术突破，而在成长期的发展往往节奏较快，这体现了战略性新兴产业发展过程中残酷的技术替代和市场竞争。一方面，战略性新兴产业在孕育期取得了技术突破，逐步完善新产品，实现了新产品的产业化和市场化，逐步替代市场中的原有技术和产品，产业扩张趋势明显；另一方面，科技创新和技术替代节奏较快，企业间的技术追赶行为伴随着产业成长，成为战略性新兴产业发展的内在动力，行业内竞争激烈程度远远高于传统产业。

再次，在成熟期，战略性新兴产业体现了显著的产业关联效应和经济主导地位，通过带动关联产业发展，形成了新的产业链，提升了产业结构的稳定性，成为社会经济发展的主导力量。

最后，通过成长期和成熟期，战略性新兴产业已经进化成为一个长期自我优化的血液再造机体，因而不存在明显的衰退期特征，通过内部技术提升和产业优化，从某种技术过渡到更为先进的技术，产业发展呈现出螺旋状进化形态。

2.5 战略性新兴产业发展政策影响研究

战略性新兴产业的发展多处于孕育阶段和起步阶段，制度设计、政策体系、市场机制都存在一定的缺陷，培育环境和发展条件依然存在不匹配情况，难免出现“市场失灵”，有必要施以科学有效的政策影响（Spencer等，2005；Nemet，2009；周城雄等，2017），推动战略性新兴产业健康发展。

2.5.1 产业政策

日本经济学家筱原三平早在20世纪中叶提出，日本的技术型新兴产业发展落后于欧美发达国家的主要原因在于缺乏市场空间和技术创新，资源匹配以及产业结构不平衡，如果单纯依靠市场机制，产业发展难以追赶欧美发达国家，需要在国家层面实施产业干预政策，通过中小企业联合，鼓励技术创新，减小企业竞争压力，优化市场结构，推动本国新兴技术产业快速发展（筱原三代平，1957；沃格尔，1985；Porter 和竹内弘高，2001）。与日本的产业政策不同，欧洲的产业政策受到哈耶克学派的影响，更像是一种自由主义的产业发展市场导向政策，提倡通过鼓励知识发酵和技术创新，引导产业和市场走向新兴化，提升战略性新兴产业竞争力，优化产业结构和市场环境，欧盟的产业政策具有良好的预见性，是未来产业发展的指向标（Edward 等，1987；Hausmann 和 Rodrik，2009；Casper，2000；Buch - Hansen，2010）。美国的产业政策更具影响力，2000 年美国政府发布的“21 世纪的信息技术产业发展规划”，2009 年出台的“美国创新战略”，以及 2010 年的“国家宽带计划”直接推动了美国信息产业的高速发展（Rodrik，2007；Rai 等，2012）；《生物技术未来投资和扩展法案》《州政府生物技术议案》《解禁干细胞研究法案》这些产业政策一方面有力推动了生物医药技术的创新，另一方面推动美国生物产业市场良性发展（Daniel，2012）。

国内主流观点认为产业政策是引导、支撑和培育战略性新兴产业的重要手段，能够提升产业竞争力，优化产业结构，补偿市场机制缺陷，对于我国当前培育战略性新兴产业，加快自主创新和产业结构升级具有重要现实意义（孙早和肖利平，2016）。刘澄等（2011）认为培育发展战略性新兴产业面临着市场失灵和机制残缺的问题，要实施市场主导与政府干预相结合的产业政策，以消除体制障碍，从市场结构、知识产业保护、空间布局等角度科学规划，引导、保障战略性新兴产业快速发展。王雷等（2017）等认为产业政策效果受到国家政府、地方政府、企业三者的博弈行为影响，产业政策应该首先由国家政府宏观制定，地方政府根据实际情况加以补充和完善，企业在发展过程中不断反馈产业政策效应。石奇和孔群喜（2012）认为，战略性新兴产业的新型产业政策应该一方面突出技术创新，鼓励技术创新资源优化配置，建立技术优势，实现在全球技术联盟中对发达国家的跨越式追赶与超越；另一方面，要支持国内企业聚集发展，依靠国内的新兴市场需求推进国内战略性新兴产业的发展，尽快建立规模优势，加快技术提升和产业结构转型，提高产业国际竞争力。王水莲（2017）从主流经济学和演化经济学两种政策体系的根源出发，认为技术差距、垂直联系和技术联盟是制定战略性新兴产业政策的切入点，要通过产业政策加强技术集聚和技术联盟，累积技术优势；引导区域产业集聚，实现局部规模优势；优化市场结构，鼓励产业发展的良性竞争。也有学者提出战略性新兴产业的产业组织政策要有一定的约束性，一方面要保护市场机制的根本作用，维护市场中的公平的竞争环境，鼓励创新；另一方面在垄断市场结构中，政府要以规制政策为主，强化对垄断企业的约束，防止大型垄断国有企业对产业发展造成了抑制性影响（盛朝迅，2018）。

2.5.2　财税政策

西方发达国家的经验认为，积极财税政策能够促进新兴技术产业的跨越发展。Nelson（1982）从技术创新的外部性角度提出新兴技术产业的技术创新存在显著的溢出效应，可能引发同行企业大量的搭便车行为，影响创新企业的技术收益，造成市场失灵，因此政府有必要通过财政补贴及税收优惠等措施支持新兴产业的技术创新，补偿企业的研发投入，鼓励产业技术创新，推动新兴技术产业发展。Bradford 和 Lawrenee（1995）坚持类似的观点，认为新兴技术产业的技术创新往往具有较高的外部性，政府应该从鼓励创新、产业发展、社会效益等综合考虑，对研发企业给予适当的财税补贴，鼓励企业的创新研发，刺激新兴技术产业发展。Solow（1986）从技术内生经济增长理论角度认为政府能够通过财税政策增加新兴技术产业的知识积累、技术创新等要素的投入水平，从而提升新兴产业技术研发水平，促进产业发展和经济增长。Holman 和 Sleuwaegen（1988）关于财税补贴对新兴技术企业研发投入影响的实证研究结果显示，增加 1 个单位财税补贴，企业的研发投入将增加 0.25～0.45 个单位，Guellec 和 Pottelsberghe（2003）关于 OECD 国家的新兴技术产业税收激励政策的研究有类似的结论。也有学者对财税政策的影响持不同意见，Pohl（2005）以日本的电子信息产业为例，认为正是由于过度的财税政策，导致了一些企业产生了依赖性，失去自主创新和独立发展的活力，一旦取消财税政策，企业在市场中缺乏竞争性，难免走向衰落。

目前我国战略性新兴产业发展处于初期阶段，国内学者大多提倡利用财税政策工具的激励作用，鼓励战略性新兴产业创新发展（李朴民，2010；姜大鹏和顾新，2010；龚恩华，2011）。而我国现有税制明显滞后，缺乏创新，对战略性新兴产业的影响有限（刘家庆，2011；李香菊和杨欢，2019）。由此一些学者认为制定战略性新兴产业的财税政策要充分考虑战略性新兴产业的特征，进行必要的税制、税法改革，建立科学的弹性税制，提高财税政策对战略性新兴产业的影响力度（储德银等，2016）。赵天宇和修静（2017）认为战略性新兴产业财税扶持政策可以借鉴国外的新兴技术产业和高新技术产业的发展经验，提出要从增值税、所得税、政府补贴方面进行减免。曾昭宁（2011）通过研究西方发达国家战略性新兴产业财税政策，认为战略性新兴产业财税政策要尽可能内容丰富，工具变化多样，注重财税政策和市场机制相结合，合理有度，注重扶持产业技术创新和新兴企业培育。姚林香和冷讷敏（2018）认为战略性新兴产业的财税政策应从企业所得税、进口关税两方面进行税收减免，同时加大政府对企业技术研发投入的补贴，一方面鼓励企业技术创新，另一方面加强技术引进。辛琳和张萌（2018）认为，战略性新兴产业的发展轨迹往往要经历资金筹备、技术创新、成果转化、扩大生产等阶段，政府应根据具体产业不同、发展阶段不同，制定差异化的财税政策。

从上述研究来看，中西学界对战略性新兴产业的财税政策持有相似观点，政府应采取灵活多变、积极有效财税政策，扶持战略性新兴产业的技术创新和产业发展。国外的产业财税政策经验较为丰富，但对我国的适应性有待证实；国内关于战略性新兴产业的财税政策研究较为分散，缺少具有针对性的和具有可操作性的财税政策建议，这需要根据战略性新兴产业的发展不断积累经验，加强政策创新，不断完善扶持政策，为战略性新兴产业发展制定科学可行的财税政策。

2.5.3　金融支撑

较早的西方金融支撑理论认为，金融资本对产业发展和经济增长具有正向协同关系（Mckinnon，1973；King 和 Levine，1993）。然而，由于金融资本的稀缺性，“金融抑制”对产业发展和经济增长逐步表现出一定的约束（Shaw，1973）。McKinnon 提倡减少政府干预，鼓励金融市场与产业发展的自由融合；另一方面，“金融约束理论”则提出了政府金融政策干预的必要性，金融危机的出现进一步证实了这一理论（Hell，2010；Mendoza，2010；Caballero，2010）。Levine（1991）、Fuente（1996）通过研究金融机构和产业发展的协同关系提出，一方面，金融系统通过风险分担吸引更多金融资本投向技术型新兴产业，形成信贷契约和金融约束，促进信贷者之间的良性竞争；反过来，技术进步与产业发展提高了金融资本的配置效率和传输效率，从而促进了金融体系的不断完善。对于技术创新性更强的战略性新兴产业而言，金融支撑对产业发展具有积极的促进影响，Guellec 和 Pottlesberghe（2000）认为金融资本对科技性产业发展的影响呈现“倒 U 型”函数关系，Alessandra 和 Stoneman（2008）通过实证研究金融政策对英国科技产业发展中创新活动的影响，提出宽松的金融政策对高技术产业和中小规模新兴技术产业发展的促进影响更为显著，这和 Luigi 等人（2008）的看法基本一致。针对产业对金融资本的依赖性，Rajan 和 Zingales（1998）建立金融支撑强度与企业发展绩效的固定关系模型，结合产业对外融资的依赖程度考察产业发展与金融资本之间的关系，提出稳定的金融政策能够促进产业增长率提升，这一研究成为研究金融政策与产业发展关系的主要范式，为 Cetorelli 和 Gambera（2001）进一步验证新兴技术产业发展与金融政策强度提供了重要的理论依据。Rin 和 Hellmann (2002) 进一步研究发现，金融支撑是新兴产业发展的重要催化剂，对产业创新和技术成果转化具有显著的正相关性。然而也有一些学者提出了更为严谨的观点，Rioja 和 Valev（2004）认为金融政策存在量化陷阱，只有金融支撑强度达到一定水平，才会对战略性新兴产业发展产生正向影响，过度的金融政策反倒不利于产业健康发展。James（2010）认为由于战略性新兴企业多为中小型发展企业，因此战略性新兴产业的金融政策应更多地着眼于释放资本自由度，减小企业的融资成本和融资难度。

国内学者大多继承了金融支撑理论的观点，认为金融支撑对产业发展有正向影响（李林玥，2018）。但金融体制不健全、金融市场不完善严重制约了我国战略性新兴产业发展。何继业（2016）等通过研究金融体系与装备制造业增长率的关系，提出现有金融支撑体系并不利于战略性新兴产业发展，需要进一步释放金融活力，制定更为宽松的金融政策。刘志阳和苏东水（2010）认为战略性新兴产业的创新发展对金融资本的依赖性显著，尤其是处于孕育期和孵化期的新兴技术行业，资金约束是主要的发展障碍，要建立以商业银行，投资银行、风险投资，创投基金等三类金融中心，施以丰富灵活的金融政策，为战略性新兴产业发展提供有效的金融支撑。靳光辉等（2016）通过研究发达国家战略性产业的创新投融资体系，认为我国战略性新兴产业同样需要风险投资、创业投资、股权融资等灵活多样的金融渠道。熊正德等（2011）通过建立 DEA 和 Logit 模型研究战略性新兴产业金融支持效率，认为战略性新兴产业融资周期较长，融资风险较大，资金需求量与金融市场供给不匹配的问题，由此提出战略性新兴产业发展需要更为有力的金融扶持政策和更为灵活的金融市场机制。李萌和包瑞（2016）认为我国战略性新兴产业发展现状与金融支撑体系存在耦合度不佳的问题，提出战略性新兴产业的金融政策要以市场性金融支持机制为主，建立以资本市场为主导的直接金融体系，改进证券发行制度，构建股票、风投、创投、基金等多层次的资本市场，增强不同资本市场之间的流通性，扩大战略性新兴产业的金融支撑面，提高金融资本的灵活性和有效性。

国内外学者的主流观点认为有效的金融政策对战略性新兴产业发展具有显著的促进作用，但同时也提出了战略性新兴产业存在融资风险大、融资成本高、金融体系不合理性等问题。解决这些问题的关键是分析战略性新兴产业的特征和发展逻辑，根据产业特征和发展逻辑制定相应的金融支撑政策，优化金融体制，培育战略性新兴产业和金融市场之间的良性互动机制。

2.6 总结性述评

首先，战略性新兴产业提出具有鲜明的中国特色，是我国产业结构升级和经济方式转变的重要动力。从已有的文献梳理来看，战略性新兴产业发展具有鲜明的国家意志，由此认为，对战略性新兴产业的评价要从国家层面出发，以国家意志和国家产业发展水平作为战略性新兴产业评价基础，结合战略性新兴产业的内在性质和外在特征，构建战略性新兴产业评价体系，为战略性新兴产业界定提供依据。一些学者从省域层面，甚至县域层面提出战略性新兴产业选择评价问题，偏离了战略性新兴产业发展的国家意志，缺乏产业发展的战略意义。

其次，从地方层面来看，战略性新兴产业发展面临着合理选择和科学布局的问题。一方面，战略性新兴产业本身具有不同于一般产业的特性，在培育基础和发展条件方面具有一定的特殊性，地方在战略性新兴产业选择过程中要充分考虑到产业发展条件和现实基础的耦合情况，切不可一味追求短期繁荣，盲目培育，这不利于战略性新兴产业的长远发展。另一方面，战略性新兴产业的空间布局不仅建立在地方选择基础上，还应深入分析战略性新兴产业的地方竞争优势对比，在发展条件充分、科技创新水平较高的地区优先发展战略性新兴产业，而在条件还不充分的地区应避免重复选择，造成资源浪费，影响战略性新兴产业的健康发展。

再次，学界从产业层面较为丰富地研究了战略性新兴产业发展相关问题，借鉴产业经济学的有关理论，发现科技创新是战略性新兴产业的衍生动因，无论是技术创新成果转化还是产业进化，其根源都是技术创新，可以认为，技术创新是战略性新兴产业的根本属性，战略性和新兴性均是技术创新引发的涟漪效应，由于技术创新建立的竞争优势是战略性新兴产业的战略性基础，新技术的产业化和商业化使战略性新兴产业的新兴性得以体现。自主创新、技术引进、产业升级和雁行模式为我国战略性新兴产业发展提供了不同的模式选择，然而，任何一种发展模式都有一定的合理性，同时存在局限性，我国战略性新兴产业发展模式选择需要结合自身情况，根据产业发展特征，技术创新水平及国际竞争环境等因素综合分析，从而选择合理的产业发展模式。从微观层面来看，战略性新兴产业发展受到创新投入、技术引进、高素质人才、FDI、财税政策、产业政策、金融支撑等多重因素影响，因而单纯强调技术创新或政策影响都有一定的片面性，要结合战略性新兴产业发展特征，以动态视角分析各因素对战略性新兴产业发展的系统影响，研究战略性新兴产业发展的内在逻辑和运行特征，从而寻找加快战略性新兴产业发展的创新驱动路径，这是战略性新兴产业发展的核心问题。

最后，鲜有研究考察研发投入与战略性新兴企业绩效之间的内在关联，对研发投入与战略性新兴企业绩效之间的非线性关系考察就更为少见，也几乎未有研究基于所有制差异视角对二者之间的关系进行剖析。那么，研发投入对战略性新兴企业绩效的影响是否表现为显著的非线性规律？如果存在，这种非线性规律表现出轨迹特征及所有制差异如何？研究并揭示这些问题，对新时代战略性新兴产业发展意义重大。

综上，现有研究从不同角度提出战略性新兴产业发展的政策建议，大多强调财税补贴、金融支撑对战略性新兴产业的积极影响，但这些政策建议具有一定的普遍意义，缺乏针对性。制定战略性新兴产业发展政策支撑体系要分析产业政策、财税政策和金融政策对战略性新兴产业发展影响的差异性，进而实施科学合理的政策影响。同时，战略性新兴产业发展可能具有特殊的规律，政策制定要立足于战略性新兴产业发展的内在逻辑和运行特征，政策支撑体系构建要注重产业发展的系统性和动态性。

第3章　中国战略性新兴产业的历史演化

战略性新兴产业对我国产业升级和创新转型具有重大带动和引领作用，习近平总书记多次指出，要大力培育战略性新兴产业，着力形成多元发展、多极支撑格局。各地“十四五”着眼把战略性新兴产业培育成经济增长新动能。但战略性新兴产业发展有其特殊规律性。依照国务院发布的战略性新兴产业目录，国家层面重点培育的战略性新兴产业主要有七大类：节能环保产业、生物产业、新一代信息技术产业、高端装备制造产业、新材料产业、新能源产业和新能源汽车汽车产业。本章将分析战略性新兴产业历史发展概况，总结产业发展整体特征，找出我国战略性新兴产业发展面临的问题，为战略性新兴产业发展研究提供支点。

3.1　我国战略性新兴产业历史发展概况

从七大战略性新兴产业经济运行分析来看，我国战略性新兴产业发展总体较快，在国民经济中所占比重逐年增长，战略性新兴产业是我国经济发展方式转变与产业结构升级的重要推动力。

（1）节能环保产业。近年来我国加大了节能环保产业投资力度，推动节能环保产业市场不断扩张。“十一五”期间，我国环境保护产业投资超过2000亿美元，占GDP的比重接近1.5%，节能环保产业产值保持着年均15%的增长速度，高于全球节能环保产业平均增长速度（图3-1）。2010年，我国节能环保产业总产值接近2000亿元美元，从业人数接近3000万人，高效节能产品市场占有率大幅提提升，资源循环利用产业产值接近

1000 亿美元，环保装备制造产业产值超过 200 亿美元，环境监测管理服务产业产值近 150 亿美元，产值增长速度明显高于国家 GDP 增长速度（王劲峰，2011；李碧浩、卞佳颖，2012）。

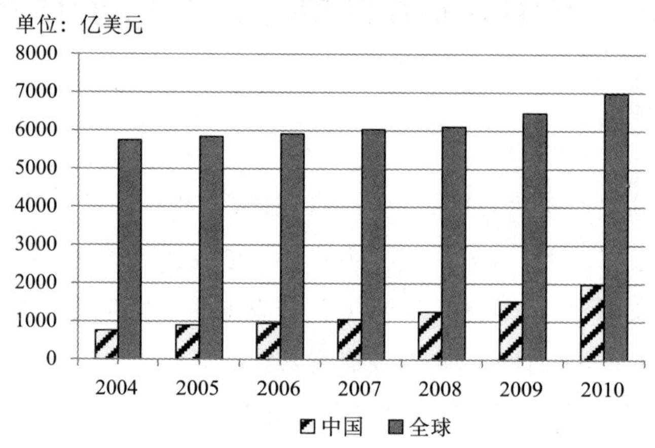

数据来源：赛迪咨询。

图 3－1　节能环保产业产值增长趋势

（2）新材料产业。材料产业是国民经济的基础行业，而新材料产业是材料工业发展的先导，是高新技术和新兴产业的结合，是我国产业结构升级和经济发展方式转变的重要推动力。从世界范围来看，新材料产业是 21 世纪初发展最快的高科技产业之一，2001 年全球新材料产业规模接近 2000 亿美元，到 2010 年，全球新材料产业规模高达 1 万亿美元。我国新材料产业伴随着信息、生物、航空航天、核技术等高技术产业的突破式发展，进入了产业发展关键期，技术创新喷涌而现，产业发展走上了技术化道路。截至 2009 年底，我国区域性新材料产业基地已达 88 家，全国 20 多个省市将新材料产业列为重点培育的战略性新兴产业。2010 年，我国新材料产业的产值已经超过 8000 亿元，自 2005 年以来，年均增速超过 20%（图 3－2）（陈建勋，2008；王艳芳和孙艳，2011）。

（3）新能源产业。过去 20 年，我国能源生产结构中煤和石油等传统能源产量在能源总生产的比例逐年下降，而新能源产量及比重呈稳定的

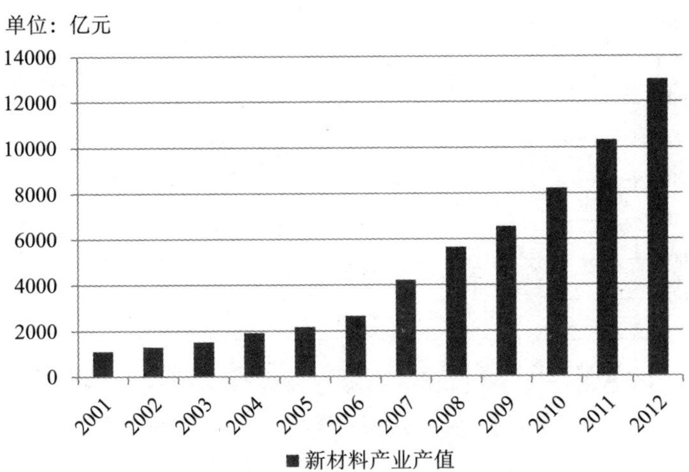

数据来源：广发证券发展研究中心。

图 3－2　我国新材料产业规模

上升势态（图 3－3），产量从 1990 年的 5000 万吨标准煤到 2010 年的近 35000 万吨标准煤，比重从 1990 年的 4.8% 逐渐上涨至 2010 年的 12.2%（李彦宏和路漫，2011；陈柳钦，2011）。国风力发电总量增长迅速，产业发展已初具规模，2011 年我国新增风力发电装机总容量接近 1800 万千瓦，总装机容量达到 6500 万千瓦，位居世界第一（范剑平和郝彦菲，2011）。2011 年光伏发电量超过 700 亿千瓦时，占全国电力装机容量接近 5%，发电量占全国总发电量 1.5%；光伏电池产量超过 20GW，占全球总产量 65%，成为世界第一大太阳能光伏电池生产国（谷依露，2011）。截至 2010 年，我国核电装机容量超过 2000 万千瓦，占总装机容量比例接近 8%（刘吉昀，2013）。

（4）新能源汽车产业。随着新能源驱动技术的不断完善，我国新能源汽车产业逐渐走上产业化发展道路，电机传动、动力电池、电控系统与动力集成等关键技术进步明显；技术标准和生产规模逐渐形成。2009 年国家财政部和科技部联合出台《关于开展节能与新能源汽车示范推广试点工作的通知》，2010 年颁布《私人购买新能源汽车试点财政补助资金管理暂行办法》，这些鼓励政策加快了新能源汽车产业的市场培育。受到政策鼓励

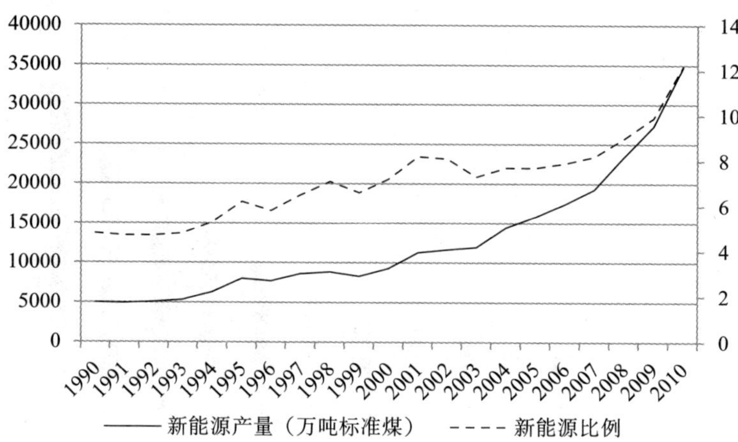

数据来源：中国统计年鉴。

图 3-3 我国新能源产量（1990—2010）

和政府采购的刺激，近年来我国新能源汽车产销实现高速增长，2012 年，我国新能源汽车生产总量 12552 辆，其中纯电动汽车 11241 辆，比上年增长 98.8%，油电混合汽车 1311 辆，比上年增长 103.9%，但从整体来看，新能源汽车占整个汽车产业销量的比重依然低于 1%，未来 10 年，我国新能源汽车产业发展潜力优势明显（中国汽车工业协会，2013）。从企业层面来看，传统汽车企业不断加大新能源驱动技术创新，力求在新能源汽车产业中赢得先机。在国际市场，通用、福特、丰田、大众等跨国汽车公司占据了新能源汽车发展的主导地位，但在国内，自主品牌纷纷涉足新能源汽车的研发与生产，通过近年来的努力，初步实现了技术突破和产业化运营（云洁，2012；秦志勇，2012）。比亚迪、奇瑞、东风、长安、上海汽车、一汽集团等国内企业已经成功研发多款新能源汽车及相关技术，是我国新能源汽车发展的主导力量（表 3-1）。

表 3-1 我国新能源汽车企业研发生产成果

企业名称	研发生产成果
比亚迪	2008 年：全球首款不依赖专业充电站的新能源汽车 F3DM 双模电动车上市； 2010 年：生产 F3DM 低碳版、F6DM 双模电动车、纯电动轿车 E6。

续表

企业名称	研发生产成果
奇瑞	2009 年：生产中国首款 BSG 混合动力轿车 A5BSG；纯电动汽车 S18（M1）下线； 2010 年：QQ3 纯电动轿车上市；ISG 混合动力车型 M11，纯电动汽车 S18、S18B 和 B21 研制成功。
东风汽车	2007 年：首次生产的 30 台东风混合动力电动公交车交付使用； 2010 年：推出东风风神 ISG 电动汽车、东风风神 S30BSG 电动汽车和东风帅客牌纯电动车。
长安汽车	2007 年：油电混合动力轿车长安杰勋 HEV 投产； 2009 年：长安奔奔 MINI 纯电动车投放市场； 2010 年：推出充电式混合动力轿车志翔。
上海汽车	2008 年：君越混合动力轿车上市； 2010 年：申沃超级电容大客车投放使用； 2011 年：成功研制荣威 750 混合动力轿车。
一汽	2010 年：奔腾 B70 与奔腾 B50 混合动力轿车下线； 2011 年：J6L 混合动力商用车底盘、J5M 电动载货车、J5P 天然气牵引车研制成功。

资料来源：作者根据相关文献整理。

近年来，随着资源消耗、环境约束的压力不断增大，政府、社会和消费者对汽车的低碳化、绿色化的要求不断提升。在多层次的政府鼓励政策推动下，中国新能源汽车产业取得了迅速的发展，目前国内新能源汽车产销量和保有量都已居世界首位。但我国新能源汽车发展还处于爬坡期，还有很长的路要走，在技术上、使用模式上，关键核心领域有很多瓶颈亟待突破，不同的技术路线图，也需要根据实际社会发展情况，不断地修改和优化。

（5）信息技术产业。我国电子信息技术产业发展正处在技术创新和产业发展的关键时期，由传统电子元器件加工生产和简单技术研发向新一代信息技术产业过渡，实现了产业规模稳步增长。2012 年，我国电子信息技术产业规模超过11万亿元（图3－4），占全国GDP总量21%，从业人数超过千万。规模以上电子信息技术制造业销售收入超过8万亿元，与2011年相比增长13.0%；软件行业销售收入25000亿元，增长速度28.5%。移动终端设备、电子计算机、显示屏、集成电路等主要信息技术产品产量高居世界首位，占全球总量一半。与2000年相比，电子信息技术产业规模增长十倍，年均增长率超过20%①。2012年，我国电子信息技术产业创新投入超过3000亿元，取得技术专利超过110万件，多项核心关键技术取得突破。产业发展与基础工业深度融合，已初步形成了高度细分的产业链体系，具备较为完备的产业配套能力。产业升级趋势明显，电子原器件、电路板、计算机硬件等初级电子信息通信产品的加工制造业步伐放缓，以无线网络技术，新一代通信技术，云计算为支撑的新兴信息技术行业发展迅速，软件外包等新兴信息技术服务业销售收入超过25000亿元，增速接近30%（董爱军，2011；史菁，2012）。

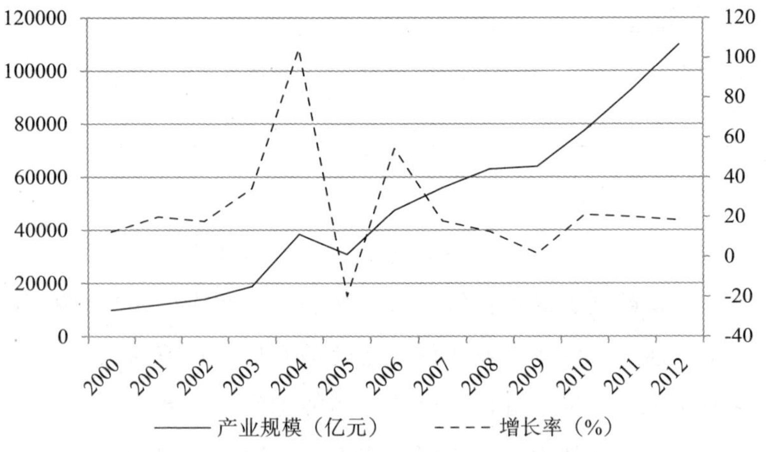

数据来源：中国电子信息技术产业经济运行公告。

图3－4 中国电子信息技术产业规模

（6）高端装备制造业。“十一五”期间，我国装备制造业发展迅速，

① 2012年中国电子信息产业经济运行公报（中华人民共和国工业和信息化部）。

工业增加值年增长率接近 25%，2010 年，装备制造业产值与上年相比增长 20%，销售收入超过 13 万亿元，同比增长 30%，其中出口销售 1.4 万亿元。装备制造业年利润接近千万亿元，净利润率超过 7%[①]。整体来看，我国装备制造业整体规模已位居世界前列（韩凤晶和石春生，2010），2009 年、2010 年连续 2 年工业总产值高居世界首位，一些重大技术装备水平也逐渐提升，部分产品已达到国际先进水平，装备制造产业体系逐步完善，推动了我国高端装备制造业技术进步和产业升级（孙景新，2012）。2010 年，我国高端装备制造业销售收入超过 1.6 万亿元，接近整个装备制造业的 8%。自主创新能力有所提升，高端装备制造业成果显著，在能源生产、机械加工、交通运输装备制造、海洋运输及能源开采设备、航空航天领域取得了一系列重大突破（林风霞，2011；任春华，2012）。

（7）生物产业。近 10 年来，我国生物产业产值从 2000 年的 2000 亿元增长到 2011 年的近 2 万亿元，年均增长速度超过 20%，2011 年生物产业工业总产值约占高技术产业的 20%[②]（图 3－5）。生物医药研制、生物农药生产、生命健康服务、生物能源利用等行业发展迅速，已经形成了完整的产业体系（伍业锋和刘建平，2011）。生物产业的市场规模扩张促进了大型企业和名牌产品迅速形成，京津唐、珠三角、长三角等生物科研实力较强的地区建成了 20 余个生物产业基地。技术研发能力明显提升，疾病疫苗与抗体、干细胞研究、转基因育种等一批关键技术取得突破，人工胰岛素、禽流感疫苗、杂交水稻、聚乳酸、分子诊断试剂等一批高科技生物创新产品逐渐实现了市场化应用，一批具有自主知识产权的生物产品投放市场。大量民营企业投资有效提高了生物产业的创新积极性和发展活力，一些生物企业在中小板、创业板以及海外资本市场上市，吸收了大量资本市场资金。大型跨国企业在华设立的研发中心和生产基地越来越多，投资规模和企业数量逐年增长（张领先等，2010）。

① 《高端装备制造业“十二五”发展规划》（中国工业和信息化部）。

② 《生物产业发展规划》（国务院），2012。

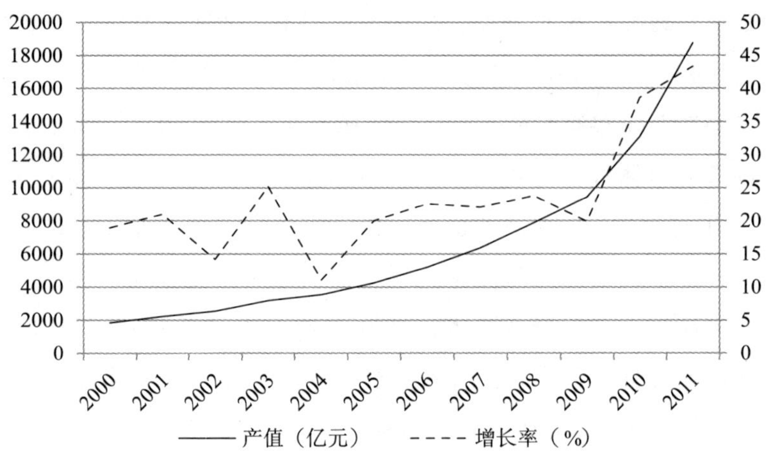

数据来源：《中国高技术统计年鉴》《生物产业发展规划》。

图3－5　我国生物产业产值情况

3.2　我国战略性新兴产业演化的基本特征

我国战略性新兴产业近年来发展迅速，一些产业通过技术创新和产业升级，逐渐步入高速发展阶段，整体来看，我国战略性新兴产业演化呈现出以下基本特征：

第一，产业发展呈现出国家、地方、产业联动的全局性特征。首先，国家引导在战略性新兴产业发展中起到了重要作用，国家的鼓励措施和行政干预有效促进了我国战略性新兴产业快速发展；其次，各地纷纷响应国家号召，将战略性新兴产业作为未来经济发展的重点，给予各项鼓励政策，一些地方的战略性新兴产业发展初具规模，成为我国战略性新兴产业发展的重要支点；再次，在国家和地方的带动下，战略性新兴产业受到了社会极大关注，吸引了大量新兴投资，通过技术创新成果产业化和传统产业改造等方式，加快了战略性新兴产业培育。

第二，国家推动引导是战略性新兴产业发展的重要动力。随着技术创新和新兴市场的全球化扩张，国内市场需求水平不断提升，成为国外战略性新兴企业的目标市场。国家通过有力的行政干预和政策引导，促进国内市场和国内战略性新兴产业协调发展，充分体现战略性新兴产业发展的国家意志。在能源危机背景影响下，我国新能源产业发展迅速，成为缓解我国能源消耗压力的重要途径；在环境规制影响下，节能减排产业发展备受关注；高端装备制造业和电子信息产业能够有力提升我国整体工业发展水平，对我国军事国防具有重要影响。

第三，各地战略性新兴产业发展积极性较高，但产业发展水平参差不齐。从 2010 年国家颁布战略性新兴产业发展规划以来，各地纷纷将战略性新兴产业列入各自的“十二五”发展规划，积极发展战略性新兴产业。从发展实际情况来看，东部发达地区由于工业基础较好，经济发展水平较高，在电子信息技术产业、高端装备制造业等领域发展迅速。而西部欠发达地区由于工业基础薄弱，科技创新能力有限，在新材料产业、新能源能汽车产业等战略性新兴产业发展领域受限较大。但由于资源禀赋条件差异，西部一些地区的新能源产业发展的自然条件优势明显，为新能源产业发展提供了重要基础。同时，东西部的市场空间差异对战略性新兴产业发展造成了非均衡影响，东部地区的收入水平较高，对新能源汽车产业的消费能力远远高于西部地区，成为东部新能源汽车产业发展的直接动力。

第四，我国战略性新兴产业发展的技术依赖性明显。战略性新兴产业本身具有显著的技术创新性，从我国战略性新兴产业发展现状来看，具备核心科技和关键技术的行业发展优势明显，在航空航天、复合金属材料等一些行业已经达到世界先进水平。而缺乏关键技术的产业发展受到技术壁垒和市场竞争的双重压力，发展较为缓慢，如新能源汽车产业、生物医药产业因为技术创新水平制约，外资企业占据了市场主导地位，产业发展长期滞后于西方发达国家，不利于我国战略性新兴产业长远发展。

第五，战略性新兴产业发展过程体现了显著的产业联动效应。一方面，战略性新兴产业与传统产业之间联系紧密，新能源汽车产业、高端装备制造业、新材料产业等都依赖于传统产业技术进步和产业升级，在传统产业发达的东部沿海地区，这些相关联的战略性新兴产业发展水平较中西部地区明显更高。另一方面，战略性新兴产业之间具有广泛的技术关联，新能源产业为新能源汽车产业提供了重要的新能源驱动技术，新材料技术是高端装备制造业和信息技术产业的重要基础，这些产业相互关联，构成了以战略性新兴产业为支点的产业结构，成为我国产业结构升级的重要载体。

第六，战略性新兴产业发展受到多重因素影响。从创新角度来看，企业研发投入、国家科研投入和技术引进对战略性新兴产业创新发展有不同程度的促进作用，航空航天产业更多地依靠国家创新投入，强有力的科技创新投入有效提升了航空航天产业发展水平；而新能源汽车产业则受益于技术引进和技术模仿，通过外资企业与合资企业的技术传播溢出效应，我国大型汽车企业的新能源驱动技术明显提升。同时，教育发达地区为战略性新兴产业发展提供了大量高素质劳动力，促进了知识密集型的战略性新兴产业快速培育。从外部政策影响来看，财税补贴和金融支撑在产业发展初期具有积极促进作用，地方政府财税收入水平较高，金融市场较为发达的地区，有力推动了当地战略性新兴产业发展。

3.3 我国战略性新兴产业发展面临的主要问题

与西方国家长达数百年的工业发展历史不同，我国工业发展历史较短，战略性新兴产业是在传统产业改进替代的高节奏过程中快速发展起来的，产业发展在短时间内出现了一些亟待解决的问题：

第一，战略性新兴产业评价缺乏科学依据。国家层面制定了七大战略性新兴产业目录，但这七大产业发展过程中，体现出了不同程度的战略性和新兴性，值得警惕的是，还有个别产业的在短时间发展后其战略性或新兴性逐渐减弱，已经不适于国家战略性新兴产业体系建设。另外，一些作为战略性新兴产培育的优势产业，虽然主导影响力显著，但发展前景和发展潜力有限，不符合国家产业结构升级和经济增长方式转变的趋势，从评价结果来看，这些产业大多属于较为成熟的传统主导型产业，投入大量资金、人力、物力发展这类产业，无疑偏离了战略性新兴产业发展意义。由此来看，战略性新兴产业评价要从国家发展现状出发，根据国家经济发展的战略意图和产业发展水平，制定科学合理的战略性新兴产业评价体系，为地方和企业提供正确的战略性新兴产业发展方向。

第二，地方战略性新兴产业盲目发展和重复选择现象严重，战略性新兴产业整体发展缺乏合理空间布局。战略性新兴产业是我国当前产业结构升级和经济发展方式转变的重要推动力，各地将战略性新兴产业发展视为“十二五”时期经济增长的重要机遇，但在具体实施过程中，往往容易忽视战略性新兴产业发展的科学规律和特定要求，在战略性新兴产业选择上出现盲目发展和重复选择现象。战略性新兴产业的培育依托坚实的科技创新实力和雄厚的产业发展基础，耗费大量的资源和资本，往往需要集各地资源，甚至是举国之力。在战略性新兴产业空间布局过程中存在着中央和地方的博弈以及地方之间竞争行为，战略性新兴产业发展应优先考虑工业基础较好、科技创新水平较高地区，集中资源，重点突破，因而各地在战略性新兴产业选择和培育过程中，要充分考虑各地实际情况和发展优势对比，合理选择适合自身情况的战略性新兴产业，规划合理的产业空间布局，避免由于选择不当和恶性竞争对我国战略性新兴产业发展造成不利的影响。

第三，战略性新兴产业发展经验欠缺，缺乏合理有效的资源配置。从全球范围来看，战略性新兴产业的发展具有特殊的时代背景，且整体发展时间较短，西方发达国家的战略性新兴产业发展经验难以为鉴，增加了我国战略性新兴产业发展难度。一些新能源产业在发展过程中单纯强调产业规模扩张，忽视了战略性新兴产业的科技创新基础和市场需求增长空间，造成了产业发展过程中的短期逐利行为，引发了产业滞胀问题。任何产业发展都有其特定的规律，但我国战略性新兴产业发展处于科技创新和发展初期阶段，对战略性新兴产业的发展的内在逻辑和外部特征还处于探索阶段。与传统一般产业不同，战略性新兴产业发展具有科技创新性强、高投入高产出、投资风险性较大等特征，对资源配置、资本投入、劳动力水平有着较高的要求，传统一般产业的发展经验和资源配置结构往往难以适应战略性新兴产业发展规律，因而要多角度分析战略性新兴产业发展的影响因素，研究战略性新兴产业发展的长期轨迹，分析战略性新兴产业系统发展逻辑，为战略性新兴产业发展构建合理的要素市场结构。

第四，我国战略性新兴产业发展缺乏核心技术支撑，自主创新能力有限，创新驱动路径模糊。技术创新是战略性新兴产业发展的根本动力，知识积累和基础研究是研发创新的必要基础，目前我国战略性新兴产业发展多处于初级阶段，核心技术和关键产品更多地依赖进口，大型跨国公司占据了市场主导地位，如光伏产业制造能力虽然已经跃居世界前列，但关键技术创新环节依然缺失；新能源汽车产业虽然起步较快，但核心技术专利和知识产权仍然依赖进口，从中国制造到中国创造短时间内难以实现，产业创新驱动路径模糊。西方国家通过长期有效的科技创新和工业革命取得了工业发展优势，赢得战略性新兴产业发展先机，但我国由于知识积累水平有限，产业发展经验不足，科技创新能力欠缺，强调自主创新难度较大；另外，通过技术引进和技术模仿实现技术追赶在改革开放初期有力推动了我国工业发展水平，但长此以往，产业发展只能跟随西方发达国家的发展路径，不利于国家经济发展和战略安全。这就引发了关于战略性新兴产业创新驱动路径的思考，什么样的创新路径更适合我国战略性新兴产业发展，更有利于我国产业结构升级和经济增长质量提升。

第五，战略性新兴产业发展的政策依赖性显著，但相关政策制度明显滞后。战略性新兴产业作为新生事物，受到广泛关注，从国家到地方颁布了多项鼓励扶持政策，这些鼓励政策一方面有力加快了战略性新兴产业培育，另一方面也成为战略性新兴产业发展的指向标，造成了一些战略性新兴产业发展以政府政策为导向，以政府补贴和政府采购为盈利手段，丧失了自身造血功能。尤其是在节能减排产业、新能源产业行业，政府补贴和政府采购在行业销售收入中所占比例一直居高不下，产业发展偏离市场逻辑，缺乏自主发展能力。同时，我国长期以来的各项制度安排存在一定滞后性，各项产业相关政策制度以传统一般性产业为主导，缺乏创新，不利于战略性新兴产业健康发展。这对我国战略性新兴产业发展政策设计和制度安排提出了更高要求，有必要针对战略性新兴产业发展的内在逻辑和外部特征，结合战略性新兴产业发展的特性需求，实施有针对性的政策影响，一方面加快战略性新兴产业培育，另一方面提高战略性新兴产业的自主发展能力，引导战略性新兴产业逐步走上健康有序的发展轨道。

第4章　国家、地方与战略性新兴产业：一个理论分析框架

战略性新兴产业研究要明确的问题包括发展主体，发展客体和发展内容，本章分析了战略性新兴产业发展的国家意志，战略性新兴产业发展的地方主导性，以及战略性新兴产业发展的系统运行关系，以此为基础厘清国家、地方与战略性新兴产业之间的逻辑关系，从而构建以国家层级的战略性新兴产业评价体系、地方层级的战略性新兴产业选择与布局、产业层级的战略性新兴产业发展轨迹为主体的理论分析框架。这一框架一方面继承了从发展对象界定到发展主体选择，再到发展内容分析的产业发展研究一般范式；另一方面嵌入了从国家层面到地方层面，再到产业层面的战略性新兴产业发展关联主体层级递进关系。

4.1　战略性新兴产业发展的国家意志

战略性新兴产业的提出具有鲜明的国家特色，战略性新兴产业发展与国家经济利益和国家战略安全息息相关。任何产业发展都属于某一权益主体或某一权益主体集团，而权益主体的最高形式即是国家，因此，战略性新兴产业具有国家归属性，战略性新兴产业发展体现了国家产业发展战略意图（Strategic Intent）。在全球经济危机和贸易保护的双重影响下，各国纷纷将产业发展重心转向战略性新兴产业，以此促进本国产业结构优化，提高经济增长质量，摆脱金融危机和产业结构失衡所造成的不利影响，随着经济全球化影响不断深入，以战略性新兴产业为主导的产业结构将成为

国家产业竞争力的核心要素。

战略性新兴产业发展体现了我国产业发展战略意图，是实现我国产业结构升级和经济增长方式转变的重要载体，通过技术创新、个性需求、管理创新、产业主导和节能减排，战略性新兴产业发展能够有效推动国家经济走上集约型发展道路。一是战略性新兴产业的技术创新提高了产业生产效率，降低了生产成本，从而提升产业收益，实现新技术的产业化和商业化，加快了新旧产业更替，成为国家经济增长新的动力。二是战略性新兴产业通过理念创新、体验创新刺激新的个性化需求，带动技术创新和产品创新，促进新兴消费市场形成，从而带动经济快速增长。三是战略性新兴产业的管理创新突破了原有生产方式，有效提高了资源配置效率，从而打破原有要素供给结构，强调高素质人才、技术专利、知识资本、创新投入的重要性，推动新的要素市场结构平衡，突出了产业发展和经济增长的质量提升。四是战略性新兴产业发展提高了产业技术竞争力，加快了技术升级与产业替代，分解原有产业结构，逐渐形成以战略性新兴产业为主导的新型产业链，带动上下游关联产业发展，推动产业结构升级。五是战略性新兴产业通过节能减排技术、循环利用技术、环保材料等新兴技术创新，推动产业发展与环境保护、社会和谐协同进步。以上五个维度相互融合，推动国家经济发展发展方式从粗放型向集约型转变（图4-1）。

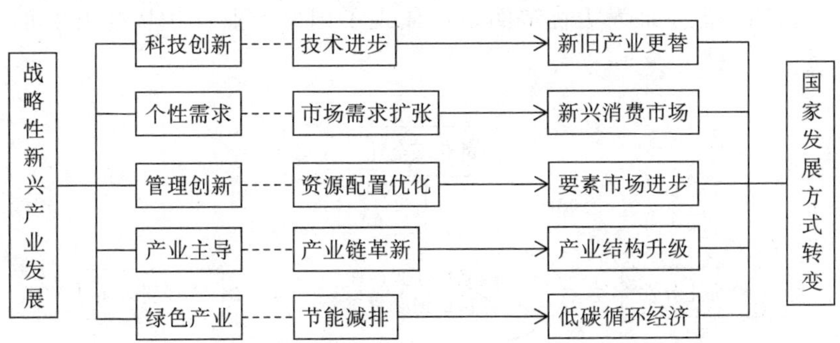

图4-1　战略性新兴产业发展推动国家经济发展方式转变

国家是战略性新兴产业发展的最高权利主体，从本位层面主导着战略性新兴产业的评价标准和发展方向（图4-2）。首先，国家意志强调战略性新兴产业发展的科技创新性。传统一般产业在现有市场空间范围内寻求产业规模扩张，而战略性新兴产业则以需求引动为导向，以技术创新为核心，创造新产品，加快新旧产业更替，推动产业发展，这种“创造性破坏”是产业结构优化的重要动因。国家通过提升科技创新水平，加强关键技术研发，推动战略性新兴产业发展，有效提升国家科技竞争力。其次，国家要把握战略性新兴产业发展的主导性和全局性，战略性新兴产业发展具有明显的主导影响，在国民经济中占据主导地位，是产业结构的核心部门，发展战略性新兴产业有助于优化国家产业结构，带动上下游关联产业发展，提高就业水平，降低工业能耗。再次，战略性新兴产业发展有利于维护国家战略安全，在经济全球化背景下，产业发展的战略安全尤为重要，提高产业发展的自主创新能力，掌握核心科技，提升知识产权自主性，保障技术安全，是战略性新兴产业健康发展的前提；不断扩张市场空间，维护市场自主性是战略性新兴产业发展的动力保障；促进战略性新兴产业发展的军民融合，有利于提高国家军事工业发展水平，体现了战略性新兴产业发展的国家意志。最后，国家战略性新兴产业评价要强调产业发展的新兴性，一方面，战略性新兴产业在全球范围内具有普遍的新兴性，各个国家发展水平差异还不明显，都有机会赢得发展先机；另一方面，从国内产业发展整体情况来看，战略性新兴产业发展时间不长，虽然当前处于发展初期，但发展潜力优势明显，体现了国家产业结构优化升级的方向和趋势。

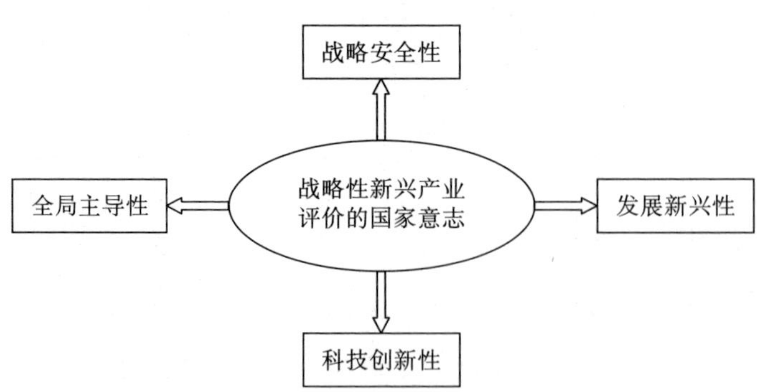

图4-2　战略性新兴产业评价的国家意志

国家是战略性新兴产业发展政策干预的最高行政主体，通过合理的政策设计和制度安排，中央政府能够有效管控战略性新兴产业发展。首先，有效的行政干预是加强产业规制的重要手段，积极的鼓励政策能够有效加快战略性新兴产业培育，严格的市场准入政策有助于控制战略性新兴产业的市场结构。其次，财税政策是国家政府干预战略性新兴产业发展的主要措施，适当灵活的税收机制一方面能够保障国家的财税收入，另一方面有利于战略性新兴产业健康发展。再次，金融政策是国家间接干预战略性新兴产业发展的重要途径，国家通过金融政策调控资本市场的运行机制，为战略性新兴产业发展提供必要的金融支撑。最后，国家通过积极的创新政策和有力的节能减排政策，引导战略性新兴产业发展，推动产业结构升级和经济增长方式转变。

4.2　战略性新兴产业发展的地方主导性

战略性新兴产业发展具有鲜明的国家意志，中央政府把握着战略性新兴产业发展整体方向，而地方政府是战略性新兴产业发展的直接参与主体，对于战略性新兴产业发展具有直接的行政管理职能，战略性新兴产业发展体现了“国家引导，地方主导”的势态，因而研究战略性新兴产业发展不能脱离地方层面，要厘清地方与战略性新兴产业发展的关系，分析地方战略性新兴产业发展的主导行为影响。

从区域产业理论分析来看，战略性新兴产业发展对地方产业结构升级和社会经济发展具有更为直接的促进作用。首先，战略性新兴产业通过技术创新和新产品研发，提高战略性新兴产业市场规模，有利于地方扩大就业和财税增收，带动地方经济发展。其次，科技创新和技术研发是战略性新兴产业培育的关键，发展战略性新兴产业有助于地方科技创新水平提升和产业技术进步，强化地方产业竞争力。再次，伴随着能源约束、原材料紧缺和人口红利逐渐消退，传统高耗能、高投入的要素投入型支柱产业正逐渐走向衰退，发展战略性新兴产业有助于地方产业结构转型和实现经济增长内生化。最后，战略性新兴产业是国家产业发展的重点方向，国家在政策扶持、资金投入、法律法规方面给予战略性新兴产业极大倾斜，地方发展战略性新兴产业有助于争取国家政策优惠，分享战略性新兴发展成果。

从区域经济学理论来看，产业发展要素是影响地方战略性新兴产业培育的基本因素。第一，地方自生性要素是战略性新兴产业发展的基础条件。自生性要素包括地方自然资源禀赋情况和历史文化基础等，其中自然资源禀赋条件分为地理环境、气候特征、水文条件、土地情况、生物分布及矿产资源等，是影响产业发展的最基本条件，就战略性新兴产业而言，涉及新能源、新材料的相关行业对自然资源禀赋具有先天性依赖。而地方历史基础和社会文化是长期稳定的自生性要素，从社会经济发展历史来看，对产业发展具有本生化影响。第二，地方产业发展基础涵盖了劳动力水平、产业规模、资金投入量等再生性要素，具有一定的流动性和衍生性，体现了地区工业发展水平，是战略性新兴产业发展的工业基础。第三，战略性新兴产业发展具有显著的科技创新性，地方科技创新能力是影响战略性新兴产业发展的关键因素，这既包含了高素质科研人员的劳动力贡献，还体现在科研创新资金投入水平和科技成果水平，这些科技创新要素是丰富的知识积累和大量科研创新活动的结果，具有一定的复杂性和稳定性，代表了地方科技创新水平，是地方战略性新兴产业选择和培育的复杂性再生因素。第四，市场需求空间是地方战略性新兴产业发展的重要动力。地方市场需求水平凝聚了市场空间和购买能力，反映了区域内的供给需求关系，是地方战略性新兴发展的直接动力。同时，市场空间是非物理划分，本身具有一定的开放性，对其他地区的战略性新兴产业产生吸引力，引发了战略性新兴产业的市场竞争。第五，地方政府的组织、管理等相关职能是影响战略性新兴产业发展的制动性要素，体现了地方政府的执政能力和管理水平。与中央政府不同，地方政府对战略性新兴产业的干预和影响更为直接有效，一方面体现了战略性新兴产业发展对地方经济的适应，另一方面也体现了地方政府对战略性新兴产业发展的控制、调节和制约。以上五个维度相互融合，构成地方战略性新兴产业发展影响系统（图 4-3）。

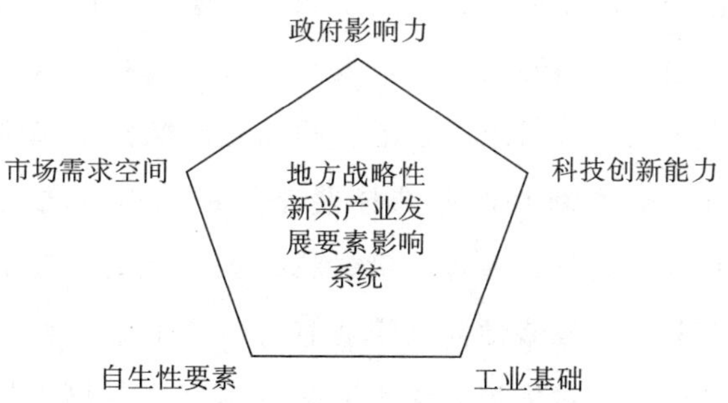

图 4-3　地方战略性新兴产业发展要素影响

地区间的资源竞争、技术竞争、资本竞争、人才竞争、市场竞争、政策竞争都对地区战略性新兴产业培育选择具有重要影响（郑刚、姜春林，2001）。第一，产业发展的最终目的是为了争夺市场空间，获取销售收益，一方面区域市场空间本身是有限的，这决定了产业发展的市场竞争的残酷性，另一方面，地方市场空间划分不具有物理性，因而各地市场空间可能吸引其他地区战略性新兴企业的注意力，加剧了战略性新兴产业发展的市场竞争。第二，产业在发展过程中，为了扩大产业规模，提高收益，需要不断吸收稀缺资源，包括自然资源、技术创新、高素质人才、资金投入等，形成了区域间的要素竞争，自生性要素具有较好稳定性，成为资源欠缺地区的追逐目标；而技术研发、科技人才、技术专利等再生性要素由于具有一定流动性，成为各地战略性新兴产业发展的重点竞争领域。再次，各地区在产业发展过程中为了争取中央的各项鼓励措施和优惠政策的倾斜，形成了区域间的政策竞争，产业基础好，发展优势明显的地区更容易获得国家政策优惠和资金投入，赢得战略性新兴产业发展先机。最后，一旦取得战略性新兴产业发展优势，先行地区通过技术创新和新产品研发降低生产成本、优化生产工艺，提高生产效率，占据市场结构主导地位，扩大了地区间的产业发展竞争优势，加大了落后地区的战略性新兴产业追赶难度。

作为战略性新兴产业发展的主导政府，地方培育发展战略性新兴产业首先要充分考虑战略性新兴产业发展条件和现实基础的耦合情况。战略性新兴产业具有特殊的内在属性和发展逻辑，科学分析战略新新兴产业发展条件，合理评估地方战略性新兴产业发展基础，选择适合自身条件的战略性新兴产业作为重点培育对象，是地方战略性新兴产业培育发展的重要前提。同时，地方战略性新兴产业选择要充分评估地方之间的产业竞争优势。各个地区在资源禀赋、人才数量、科技创新能力、资本投入等要素水平方面具有较大差异，战略性新兴产业有着特殊的战略性和新兴性双重特质，强调发展时机和相对优势，优势明显的地区容易赢得发展先机，吸引国家战略性新兴产业优惠政策和资金投入，发挥战略性新兴产业发展的带头作用。条件落后地区发展战略性新兴产业则容易陷入艰苦的追赶模式，造成重复选择和资源浪费。由此来看，战略性新兴产业发展空间布局要充分考虑到我国战略性新兴产业的整体性和系统性，以地方战略性新兴产业选择为基础，实施差异化、层次化的产业空间布局，支撑我国战略性新兴产业有序发展。

4.3 多因素影响下的战略性新兴产业演化分析

从产业层面来看，战略性新兴产业发展是一个外部因素影响和组织内部活动的动态融合过程，外部影响主要来自于国家政府和地方政府。首先，政府的资源供给和调配是战略性新兴产业发展的基本要素，自生性资源由于受到政府的控制和管理，直接影响了战略性新兴产业发展，而再生性要素由于具有一定的流动性，有效的政策干预能够促进再生性要素的聚集和流动，为战略性新兴产业发展提供了有利条件。其次，政府作为战略性新兴产业的有效管理部门，通过要素直接投入参与战略性新兴产业发展活动，包括政府对战略性新兴产业发展的技术创新资金投入、新技术引进、人才植入、土地供给等，这些要素投入直接注入战略性新兴产业组织，有效提升了战略性新兴产业发展的要素供给水平。再次，政府通过有效的职能手段，加快培育战略性新兴产业发展的外部环境，加大科技创新培育力度以提升战略性新兴产业创新积极性，提高教育水平为战略性新兴产业发展提供人才保障，利用市场引导扩张战略性新兴产业发展市场空间。最后，政府通过科学合理的政策干预，促进战略性新兴产业健康有序发展，合理的产业组织政策有利于控制产业结构，有力的创新政策刺激了战略性新兴产业的技术进步，积极的财税政策能够提高产业发展积极性，完善的金融体系有力推动了战略性新兴产业规模扩张。这些影响因素不断交融渗透，构成战略性新兴产业发展的外部环境（图4－4）。

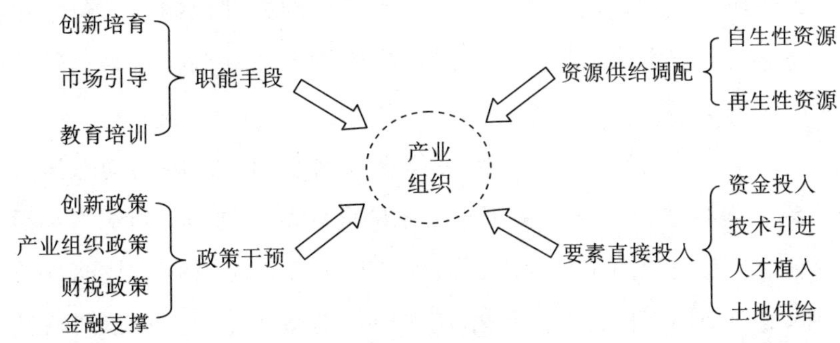

图4－4　战略性新兴产业发展外部因素

产业组织内部活动对战略性新兴产业发展具有更为直接的影响。第一，要素投入是战略性新兴产业发展的基础，其中，自生性资源包括自然资源投入，原材料消耗等，是产业发展的基础条件；再生性资源投入包括人力资本投入、资金投入、固定资产投入等，直接推动了战略性新兴产业规模扩张。第二，资源配置和组织管理是产业层面的核心任务，这包括知识积累和创新研发活动，为战略性新兴产业发展提供技术支撑；通过生产要素配置和过程控制降低生产成本，提高生产效率，提升产品质量；通过内容管理和理念创新塑造战略性新兴产业发展的意识形态，提升战略性新兴产业的认可度。第三，通过市场销售，提高产业收益，是战略性新兴产业扩大化再生产的前提。第四，通过市场扩张，推动产业更替，提升战略性新兴产业竞争力，从而占据产业结构的主导地位。

从战略性新兴产业发展的动态演化过程来看，战略性新兴产业的发展过程是一个多因素影响下的系统行为。在产业孕育期，科技创新是主要任务，系统发展的内部影响因素主要包括知识积累、技术创新资金投入、R&D人力资本投入、技术引进等；政府的创新资金补贴、科技创新政策、金融支持作为外部影响因素，能有效促进战略性新兴产业的技术研发。在产业成长阶段，产业组织的技术投入、资金投入、劳动力投入、固定资产投入等因素推动了战略性新兴产业的规模化生产；而外部政策干预着重于发挥对战略性新兴产业发展的调节机制，产业组织政策对市场结构的控制，财税政策对产业发展的积极影响，金融资本对规模扩张的支撑作用。在产业成熟期，产业规模逐渐稳定，产业发展的内部限制因素包括规模壁垒、市场空间、技术壁垒等，而外部影响包括产业规制、贸易政策、能源约束和环保政策等。

由此来看，战略性新兴产业发展是多重因素相互影响的动态演进过程（图4－5）。各因素之间存在着因果关系的同时相互制约。组织内部活动是战略性新兴产业发展的主导动因，而外部环境和政策影响是战略性新兴产业发展的辅助动因，内因和外因相互交织，不断变化，推动了战略性新兴产业系统的发展。因而研究战略性新兴产业的发展应注重其系统性和动态性，明确系统发展的影响因素，分析各个因素之间的动态演进关系，归纳战略性新兴产业发展规律，从而寻找加快战略性新兴产业发展的有效路径。

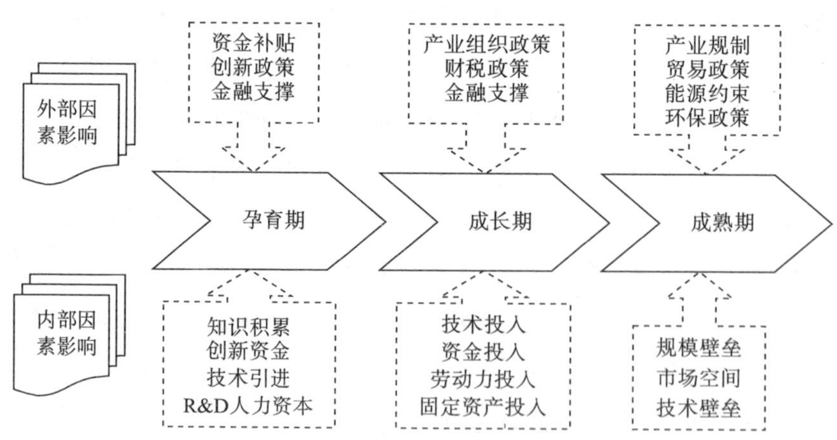

图4－5 多因素影响下的战略性新兴产业发展演化过程

4.4　国家、地方与战略性新兴产业之间的演化关系

战略性新兴产业发展是国家、地方与产业的联动过程。首先，战略性新兴产业发展充分体现了国家产业发展战略意图，因而战略性新兴产业评价应以国家战略意志和国家产业结构水平为基础，选择战略性新兴产业评价指标，构建战略性新兴产业的评价标准，为地方战略性新兴产业选择和布局提供客体评价及范围界定。其次，从国家与地方之间的关系来看，国家是经济社会发展的集权表现，地方政府是国家中央集权下的分权行政主体（恩格斯，1982），中央政府从整体上把握战略性新兴产业的评价基准，地方政府对国家中央政府的决策和管制有继承和服从的职责，同时地方政府具有一定的自主权力空间，是战略性新兴产业选择的主导力量，因而地方战略性新兴产业的选择要充分考虑地方产业发展基础与地区间的发展竞争优势对比，构建科学合理的产业空间布局，为战略性新兴产业发展提供前提和保障。最后，从产业层面来看，战略性新兴产业发展是一个内外多重因素相互影响、协调演进的系统动态过程，政府影响和产业组织活动共同推动战略性新兴产业发展。

基于上述分析，战略性新兴产业评价由国家意志决定，战略性新兴产业选择和布局受地方主导影响，战略性新兴产业组织活动是其系统发展的内在动力，因此，战略性新兴产业发展具有多主体、多因素的系统结构特征（图 4－6），国家、地方和产业之间的联动关系是研究战略性新兴产业发展的逻辑主线。

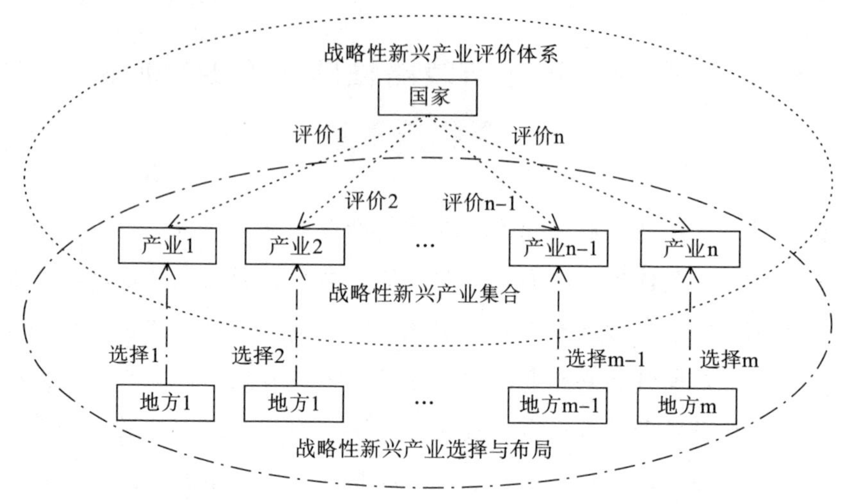

图 4-6　国家、地方与战略性新兴产业

4.5　战略性新兴产业发展研究的双线逻辑框架

研究产业发展的一般范式遵循发展对象界定、发展主体选择和发展内容分析的逻辑顺序。

首先，从发展对象界定来看，战略性新兴产业是一个新的提法，具有鲜明的中国特色，研究战略性新兴产业发展首先要明确的一个问题是：战略性新兴产业具有什么样的内在属性和外部特征，什么样的产业是战略性新兴产业？由前文的分析可知，战略性新兴产业发展具有鲜明的国家意志，体现了国家产业发展方向和战略意图，因而本书立足国家层级，以战略性新兴产业发展的国家意志和国家产业结构水平为基础，从战略性新兴产业的战略性和新兴性特性分析入手，构建国家层级构建战略性新兴产业评价体系，从而界定战略性新兴产业发展对象。

其次，发展主体选择反映了战略性新兴产业的选择布局问题，地方是战略性新兴产业发展的主导力量，地方战略性新兴产业选择要以产业发展条件和地方现实基础的耦合情况为依据，同时充分考虑地区间的产业发展竞争优势。由此本书立足地方层级，分析战略性新兴产业地方选择耦合度，研究战略性新兴产业的科学选择与合理布局。

再次，从发展内容来看，战略性新兴产业创新驱动是一个多因素影响下的系统行为，由此本书立足产业层级，从战略性新兴产业发展的外部影响和内部因素分析入手，通过系统分析与集成，将外部影响和内部要素置于统一的动态系统边界内，构建战略性新兴产业发展的系统运行模型，刻画战略性新兴产业发展轨迹，研究战略性新兴产业发展的影响因素，探究加快战略性新兴产业创新驱动的有效途径。

最后，从企业层面测算战略性新兴产业的技术创新效率，并将其分解为纯技术效率和规模效率，并对影响纯技术效率和规模效率变动的影响因素进行了剖析，进一步揭示现象背后的深层次原因。同时，在测算战略性新兴企业绩效水平的基础上，采用面板门槛回归技术，重点探讨研发投入与企业绩效之间的非线性关系及其门槛特征，以期从创新活动的所有制差异视角为战略性新兴企业的又好又快发展提供理论参考。

以上述内容核心，构建战略性新兴产业发展研究的双线逻辑框架，如图 4－7 所示。

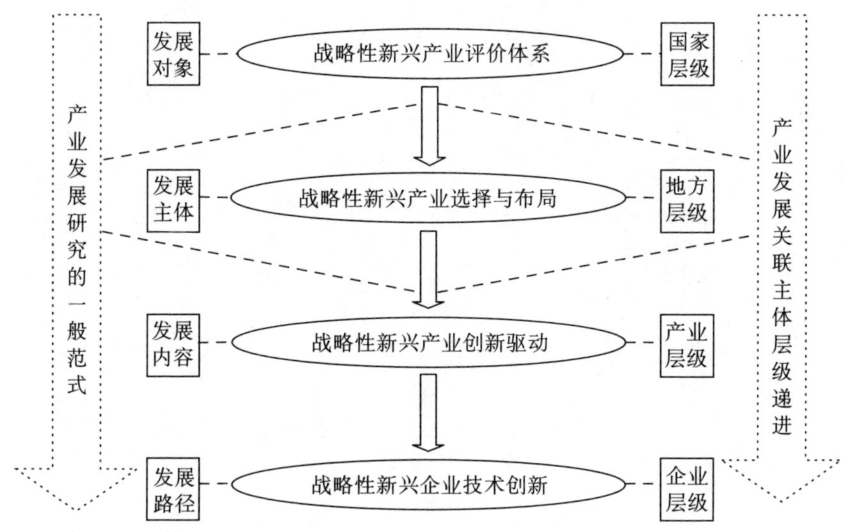

图 4－7 战略性新兴产业发展研究逻辑框架

战略性新兴产业研究逻辑框架由战略性新兴产业评价体系、战略性新兴产业选择与布局、战略性新兴产业创新驱动、企业技术创新四大部分构成，这四部分之间的逻辑关系一方面体现了从发展对象界定到发展主体选择，再到发展内容分析、发展路径设计的产业发展研究一般范式；另一方面反映了从国家层面到地方层面，再到产业层面，最后落脚到企业微观层面的递进关系。这两条逻辑主线支撑起战略性新兴产业研究的理论研究框架。

第5章　基于AHP的时空双维度战略性新兴产业评价体系

战略性新兴产业发展充分体现了国家产业发展战略意图，是国家产业结构升级和经济发展方式转变的必然要求。本章立足国家层面，从战略性新兴产业概念解读入手，依据战略性新兴产业的战略性和新兴性双重特性，建立基于时空双维度的战略性新兴产业评价体系，以纺织产业、电子信息产业、新能源汽车产业为例，进行战略性新兴性产业评价，为战略性新兴产业界定提供理论参考和例证分析。

5.1　基于时空双维度的战略性新兴产业解读

战略性新兴产业由战略性、新兴性、产业三个关键词构成，产业是其"属"，战略性新兴产业具有一般产业的共性，是一类共性行业的集合；战略性和新兴性是其"性"，说明它具有战略性和新兴性的特质，已有研究较多从战略性和新兴性融合角度解释战略性新兴产业。但严格意义来说，战略性新兴产业并不是以同质产品划分的一类产业，而是具有战略性和新兴性产业的集合，技术创新是战略性新兴产业的根本性质，是战略性和新兴性的根源，也是战略性新兴产业发展的源动力（周绍东，2012）。

5.1.1　战略性

科技创新是战略性新兴产业战略性的根源，也是战略性新兴产业发展的基础，产业全局主导性是战略性新兴产业的外部特征，战略安全是战略性新兴产业的深层次战略特性。三个方面相互影响，交叉融合，构成了战略性新兴产业的战略性空间 M（图 5－1）。

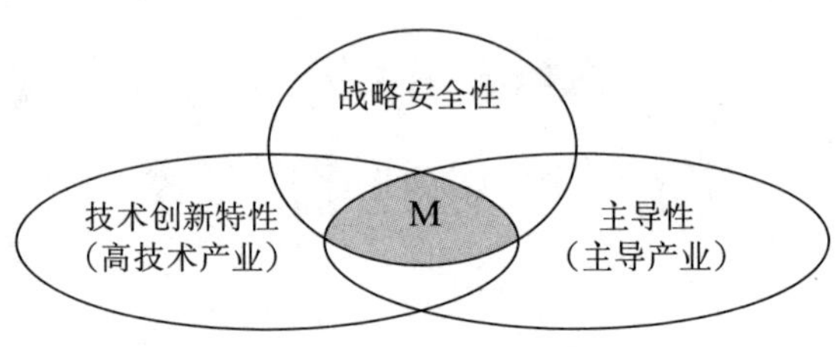

图 5－1　战略性空间 M

第一，技术创新是战略性新兴产业战略性的根源，体现了国家创新水平。首先，由于科技创新带动了新一轮的技术突破，新的技术逐步实现产业化和商业化，形成战略性新兴产业；其次，新兴技术市场化引发了产业间的技术竞争，从而对原有技术和原有产业造成了“创造性破坏”，这一过程加快了战略性新兴产业和传统产业之间的更替，从而破坏了市场原有产业结构，逐渐形成以战略性新兴产业为切入点的产业网络；最后，随着关键技术的不断完善，市场应用趋于稳定，战略性新兴产业逐渐替代了落后产业，形成了以战略性新兴产业为主导的产业结构，技术创新成为整个产业链的核心动力。

第二，战略性新兴产业对国家经济发展具有全局性和主导性影响（王利政，2011）。首先，随着战略性新兴产业逐渐成熟，其在国民经济中的地位不断提高，产值占 GDP 的比重也逐渐增长，成为整个社会经济发展的重要推动力。其次，战略性新兴产业科技创新性显著，技术研发是产业发展的根本，因而产业发展过程中需要吸纳大量先进人才和技术人员；产业发展将创造大量新增就业机会，有力推动社会劳动力就业；再次，战略性新兴产业具有明显的产业关联性，对前置产业和后置产业的带动作用明显，极大刺激了直接关联产业的技术进步和产业升级，成为整个国家产业结构的核心；最后，战略性新兴产业发展具有重要的生态环境价值，有助于能源节约和环境保护，推动经济增长方式转变，实现产业发展与生态环境、社会进步协调发展。

第三，战略性新兴产业为国家或地区战略安全提供保障。首先，战略性新兴产业发展对国家经济安全具有重大意义，全球化背景下，经济渗透和贸易竞争使得经济保护主义盛行，战略性新兴产业正是在这一国际大环境下提出，一旦战略性新兴产业发展被西方发达国家垄断，将对我国经济发展造成严重威胁。其次，战略性新兴产业发展对国家技术安全有重要影响，我国战略性新兴产业发展时间不长，一些关键技术还不成熟，特别是在一些行业，关键技术长期被西方国家垄断，加大了我国技术追赶和模仿创新的难度。最后，战略性新兴产业是国家技术进步和工业发展水平的综合体现，为国家军事工业发展提供了重要基础，一些关键性产业，如电子信息产业、现代加工制造业，能够有效推动国防工业发展。

5.1.2 新兴性

新兴性是战略性新兴产业的另一个重要特性，新兴性可以从以下三个方面理解：

第一，从产业发展的内部环境来看，战略性新兴产业的衍生和孕育是新技术实现产业化和市场化的过程。科技创新和技术突破促生了新的关键技术出现，与原有技术形成了技术竞争和技术更替，并逐渐取代原有技术，成为战略性新兴产业发展的关键动力。以这个角度来看，战略性新兴产业成为新兴技术载体，因而具有新质性。

第二，从产业发展的周期特征来看，战略性新兴产业发展时间不长，多处于孕育期或成长初期，产业状态还不成熟，战略主导性增长潜力巨大，而发展速度往往较快，短时间内成长迅速，一旦建立产业优势，主导性显著。战略性新兴产业的新兴周期特征主要体现在当前（t'时刻）产业战略性（$Y_{t'}$）距战略性峰值（t''时刻）主导影响力峰值（Y_{max}）有一定距离（图 5-2），因而新兴性特征显著，发展空间较大。

第三，从产业发展的外在环境来看，战略性新兴产业的提出处于经济全球化和金融危机背景下，因而各国对战略性新兴产业发展重视有加，从发展时间早晚来看，西方发达国家起步稍早，有一定的优势。但从世界范

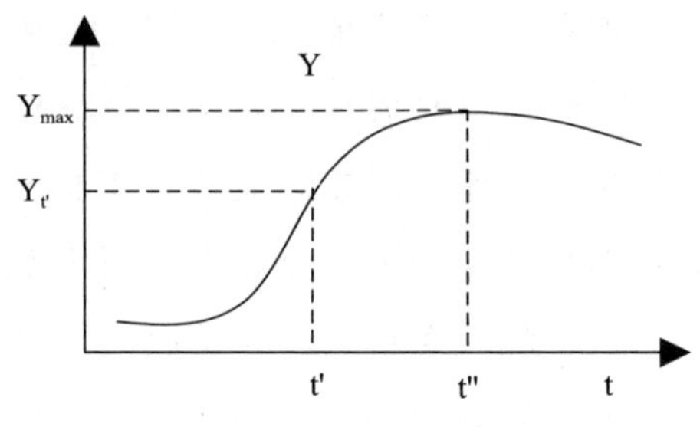

图 5-2　新兴性时间 t′

围来看，战略性新兴产业发展整体水平依然处于起步阶段，各国家地区之间差异较小，而市场空间巨大。

5.2　基于空间维度的战略性评价模型

本节以战略性新兴产业的战略性分析为基础，构建基于空间维度的战略性评价模型。

5.2.1　战略性空间坐标系及评价指标

以技术创新性、产业主导性、战略安全性三个特性为坐标轴构建战略性空间坐标系：X 方向为技术创新性坐标轴；Y 方向是产业主导性坐标轴；Z 方向为战略安全性坐标轴。并分别在三个坐标轴下选择相应的评价指标作为该方向的评价依据。

1. 技术创新性坐标轴（X）

借鉴高技术产业的技术创新性评价经验，设定以下三个评价指标衡量战略性新兴产业的技术创新性：

R&D 投入经费占销售收入比例（x_1）。技术创新投入是技术研发的基础，以 R&D 投入经费占销售收入比例衡量该产业的技术研发资金投入水平。

$x_1 = \frac{m}{I}$，其中，m 是该产业的 R&D 投入费用，I 是该产业的销售收入。

R&D 人员数量占从业人员年平均人数的比例（x_2）。以 R&D 人员数量占从业人员年平均人数的比例衡量该产业的科技人力资本投入水平。

$x_2 = \frac{h}{H}$，其中，h 是该产业 R&D 人员数量，H 是该产业从业人员年平均人数。

专利申请量的年增长率（x_3）。技术研发成果最直接的体现是技术专利，以该产业专利申请量的年增长率衡量该产业的科技研发成果水平。

$x_3 = \frac{p_t - p_{t-1}}{p_{t-1}}$，其中，$p_t$ 是该产业该年申请技术专利数量，p_{t-1} 是该产业上年申请技术专利数量。

2. 产业主导性坐标轴（Y）

战略性新兴产业在社会经济发展中占有具有重要地位，已有的评价方法多参考主导产业的经验性评价指标（贺正楚和吴艳，2011），如需求弹性系数、生产率水平等。另外像感应度系数、影响力系数的计算是以投入产出系数矩阵为基础，这些指标往往不能合理解释处于孕育期的战略性新兴产业，并且难以预期。本书认为，战略性新兴产业大多处于孕育期或成长初期，其主导性评价更多的建立在预测的前提下，因此不适合选取过多的评价指标，考虑到数据的可获得性和易于预期，本书选取以下三项主要指标作为战略性新兴产业主导性的评价依据：

产值占国内生产总值（GDP）的比例（y_1）。以该产业产值占 GDP 的比例衡量产业规模。

$y_1 = \frac{o}{G}$，其中，o 是该产业产值，G 是国内生产总值（GDP）。

从业人数占社会总就业人数的比例（y_2）。该指标反映该产业对社会就业的贡献。

$y_2 = \frac{l}{L}$，其中，l 是该产业从业人数，L 是社会总就业人数。

单位耗能产值（y_3）。战略性新兴产业的重要评价标准之一是低耗能，高产出，以单位耗能产值 y_3 衡量该产业的综合耗能水平。

$y_3 = \frac{o}{e}$，其中，o 是该产业产值，单位：万元；e 是该产业耗能总量，单位：吨标准煤。

3. 战略安全性坐标轴（Z）

在经济全球化背景下，战略性新兴产业应具备一定的战略安全意义，产业发展的技术安全性和经济安全性对一个国家尤为重要；同时，战略性新兴产业发展能够为国家军事工业提供支撑力。基于此，选择以下三项指标评价战略性新兴产业的战略安全性：

（1）R&D 投入经费与技术引进费用比例（z_1）。战略性新兴产业技术创新应该更多地建立在自主研发的基础上，过多依靠技术引进无疑会带来技术风险，以 R&D 投入经费与技术引进费用比例衡量该产业发展的技术安全性。

$z_1 = \frac{m}{u}$，其中，m 为该产业中 R&D 投入经费，u 为该产业技术引进费用。

（2）国内产品销售份额（z_2）。过多的进口产品充斥市场会增大市场风险，不利于产业长远发展，以国内产品所占的市场份额衡量战略性新兴产业发展的经济安全性。

$z_2 = \frac{s}{S}$，其中 s 是国内产品销售收入，S 为该产业国内产品和进口产品销售收入之和。

（3）产业发展对军事工业的支撑力（z_3）。战略性新兴产业应该对国家军事工业有着一定程度的支撑，如电子信息产业、高端装备制造业，都是军事工业发展的支柱产业。将被评价产业对军事工业的支撑力分为四个层次，一是该产业是国家军事工业的核心支撑产业，赋值 $z_3 = 1$；二是对国家军事工业发展有重要支撑力的产业，赋值 $z_3 = 2/3$；三是对国家军事工业具有一般支撑力的产业，赋值 $z_3 = 1/3$；若是该产业对国家军事工业无支撑力，则 $z_3 = 0$。

5.2.2　评价阈值设定

战略性新兴产业的科技创新性与高技术产业类似，以高技术产业的平均水平作为战略性新兴产业科技创新方向各指标的评价阈值；产业主导影响力类似主导产业，以 39 个主要产业（《中国统计年鉴》工业统计中的 39 个制造业）的平均水平作为战略性新兴产业产业主导影响力的评价阈值；考虑到主要产业长期的技术稳定性和经济安全性，以 39 个主要产业的平均值作为战略性新兴产业的经济安全性和技术安全性的评价阈值，以专家评价值作为战略性新兴产业的军事支撑力评价阈值。计算的数据来源有：中国统计年鉴、中国科技统计年鉴、中国高技术统计年鉴。阈值计算结果如表 5－1 所示。

表 5－1　　战略性方向评价指标阈值

坐标轴方向	评价指标	评价阈值
技术创新性（X）	R&D 投入经费占销售收入比例（x_1）	x_1^t =1.26%
	R&D 人员数量占从业人员年平均人数的比例（x_2）	x_2^t =3.34%
	专利申请量的年增长率（x_3）	x_3^t =20.29%
产业主导性（Y）	产业产值占国内生产总值（GDP）的比例（y_1）	y_1^t =4.28%
	从业人数占社会总就业人数的比例（y_2）	y_2^t =0.31%
	单位耗能产值（y_3），单位：万元/吨标准煤	y_3^t =7.61
战略安全性（Z）	R&D 投入经费与技术引进费用比例（z_1）	z_1^t =10.90
	国内产品销售份额（z_2）	z_2^t =91.00%
	对军事工业的支撑力（z_3）	z_3^t =1/3

5.2.3　评价方法与评价方程

层次分析法（Analytic Hierarchy Process 简称 AHP）由美国运筹学家 T. L. Saaty 于 20 世纪 70 年代提出的（Saaty 和 Vargas，2013），Seaty 在研究“根据各个工业部门对国家福利的贡献大小而进行电力分配”课题时，基于网络系统分析和多指标综合评价思想，提出了分层次权重计算的分析方法，将一个复杂的多目标决策问题视为整体系统，将系统运行最终目标分解为逐层目标，进而根据评价层次将系统分解为多指标的若干层次决策行为（图5-3），通过定性指标的模糊量化方法计算层次单排序（权重排序）和整体系统总排序，以此作为系统最终目标（多指标）、多选择方案优化决策的系统评价方法（Saaty，2012）（图5-3）。

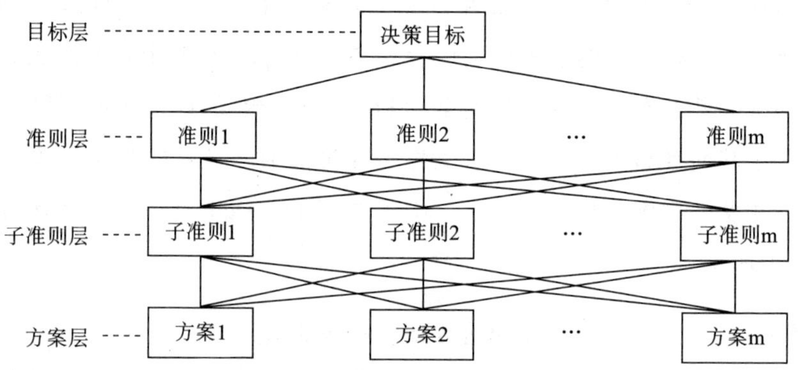

图5-3 AHP层次结构示意图

层次分析法的优点是把复杂选择问题中的各种影响因素分层化，使系统分析定量化，有效结合对客观现实的主观判断（主要是两两比较）和模糊定量分析，分别计算每一层次选择的权重值，获得分层评价结果，再通过计算矩阵计算系统中各层次的相对权重，获得系统评价结果（赵静，2000）。战略性新兴产业评价受到不同层次因素的影响，并且各个要素分布在不同层面，并具有递进影响，而同时，战略性新兴产业的各个分层指标对最终评价的影响难以直接量化，因此可以将战略性新兴产业评价系统视为整体系统，在多层面分析的基础上，采用层次分析法构建战略性新兴产业评级体系。

建立战略性评价空间三个方向向量计算方程：

$\vec{X} = \sum a_n x'_n$，$(n = 1,2,3)$。其中，x'_n 是 x_n 的标准化处理结果，$x'_n = \frac{x_n}{x_n^t}$；a_n 是X方向各指标的权重系数，$\sum a_n = 1$。

$\vec{Y} = \sum b_n y'_n$，$(n = 1,2,3)$。其中，y'_n 是 y_n 的标准化处理结果，$y'_n = \frac{y_n}{y_n^t}$；b_n 是 Y 方向各指标的权重系数，$\sum b_n = 1$。

$\vec{Z} = \sum c_n z'_n$，$(n = 1,2,3)$。其中，z'_n 是 z_n 的标准化处理结果，$z'_n = \frac{z_n}{z_n^t}$；c_n 是 Z 方向各指标的权重系数，$\sum c_n = 1$。

采用单层次分析法（AHP）计算模型中的权重系数（杜栋等，2008）。请 20 位专家分别对三个方向的指标进行两两比较，列出判断矩阵，并计算标准化指标的权重系数，结果如表 5－2 所示。

表 5－2　　三个方向各指标权重系数判断矩阵

X	x'_1	x'_2	x'_3	a_n	Y	y'_1	y'_2	y'_3	b_n	Z	z'_1	z'_2	z'_3	c_n
x'_1	1	1	1/2	0.25	y'_1	1	2	3	0.54	z'_1	1	1	2	0.4
x'_2	1	1	1/2	0.25	y'_2	1/2	1	2	0.30	z'_2	1	1	2	0.4
x'_3	2	2	1	0.5	y'_3	1/3	1/2	1	0.16	z'_3	1/2	1/2	1	0.2

一致性检验：$\lambda max = 3$，$CI = 0$，$CR = 0 < 0.1$

得出空间评价方程：
$$\begin{cases} \vec{X} = 0.25x'_1 + 0.25x'_2 + 0.50x'_3 \\ \vec{Y} = 0.54y'_1 + 0.30y'_2 + 0.16y'_3 \\ \vec{Z} = 0.40y'_1 + 0.40y'_2 + 0.20y'_3 \end{cases}$$

5.2.4　评价空间设定

以技术创新性坐标轴（X）、产业主导性坐标轴（Y）、战略安全性坐标轴（Z）建立三维空间坐标系，以各指标的阈值 $x_n = x_n^t$，$y_n = y_n^t$、$z_n = z_n^t$ 为参数，确定战略性空间阈值 $\vec{X^t} = 1$，$\vec{Y^t} = 1$，$\vec{Z^t} = 1$。当 $\vec{X} \geqslant 1$ 时，表明该产业的技术创新性达到或超过评价标准；当 $\vec{Y} \geqslant 1$ 时，表明该产业的产业主导性达到或超过评价标准；当 $\vec{Z} \geqslant 1$ 时，表明该产业的战略安全性达到或超过评价标准。需要说明的是，虽然每个向量的阈值由三个指标阈值加权求和计算得出，但从整体考虑，只要该方向向量达到阈值，就说明该特性符合评价标准，而不考虑可能出现的个别指标未达到阈值的情况。根据战略性空间三个方向的阈值 $\vec{X}=1$，$\vec{Y}=1$，$\vec{Z}=1$ 在三维空间内建立评价空间：$\vec{X}\geqslant 1 \cap \vec{Y}\geqslant 1 \cap \vec{Z}\geqslant 1$（如图 5－4 中阴影空间），若某产业的战略性评价坐标点（X，Y，Z）在空间内，表明符合战略性评价标准；反之，若战略性评价坐标在阈值空间之外，则表明不符合战略性评价标准。

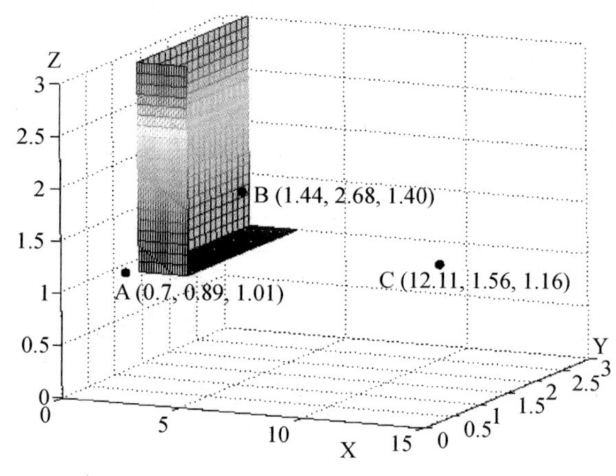

图 5－4　战略性空间评价结果

5.3　基于时间维度的新兴性评价标准

新兴性评价建立在战略性评价基础之上，新兴性是战略性还不完全的表现，在战略性三个方向中，技术创新性是基础，产业主导性是外在表现，战略安全性是深层演化特性，新兴性更多地表现在产业主导性的成长状态。从时间维度来看，以该产业主导性方向（Y）某一时刻的发展位置判断战略性新兴产业的新兴特性（图 5－5）。在 t_1 时刻，战略性新兴产业的战略主导性达到了完全战略性阈值，即 $Y_{t1}=1$。当前，战略性新兴产业还处在发展阶段（t′时刻），以战略性空间扩张速度的斜率 k 作为战略主导方向的新兴性评价参数，当 $k>0$ 时，说明产业发展速度较快，认为该产业新兴性显著，k 值越大，其新兴性就越高，该产业的发展潜力越大；如果出现 $k=0$ 时，如图 t''时刻，说明该产业战略主导性已经达到或超过阈值，进入成熟期，成长潜力较小，因而不具备新兴性；当 $k<0$ 时，说明该产业已经历了成长期和成熟期，正走向衰退期，因而不具备新兴性。

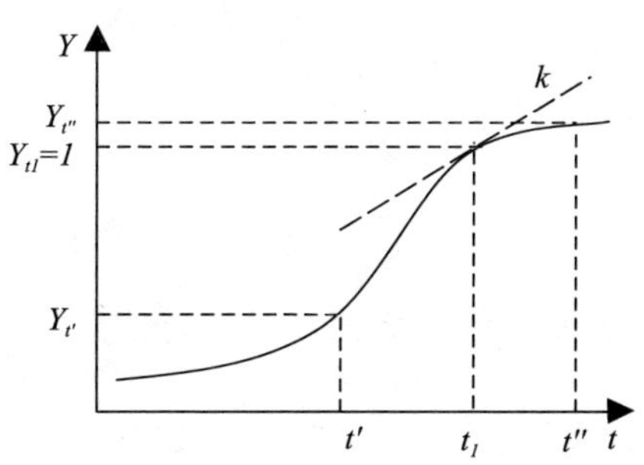

图 5－5　战略性在 t′时刻的发展水平

这里需要注意的是，对一个产业进行新兴性评价的前提条件是其符合战略性评价，如图 5－6 所示，倘若该产业的当前战略性水平（$Y_{t'}$）和预期战略性水平峰值（$\hat{Y}_{max}$）都达不到战略性评价阈值（$Y_{t1}=1$），那么就说明该产业属于非战略性产业，也就不存在新兴性评价的必要。

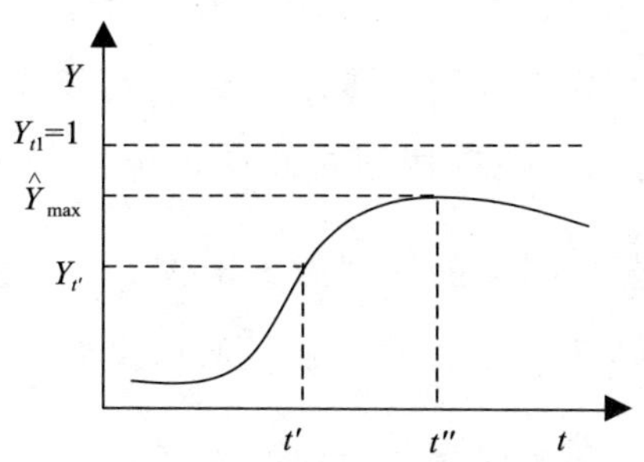

图 5－6　非战略性产业发展轨迹

5.4 例证分析

以中国纺织产业、电子信息产业、新能源汽车产业（桂黄宝，2012）为例，利用时空双维度评价体系进行战略性新兴产业评价，数据来源为：《中国统计年鉴》《中国科技统计年鉴》《中国高技术统计年鉴》《中国汽车工业年鉴》及节能与新能源汽车网。

5.4.1 纺织产业

根据中国纺织产业相关数据整理计算，纺织产业战略性评价结果如表5-3所示。

表5-3 纺织产业战略性评价结果

$\vec{X}=0.70$	$\vec{Y}=0.89$	$\vec{Z}=1.01$
$x_1=0.65\%$	$y_1=3.31\%$	$z_1=16.31$
$x_2=1.53\%$	$y_2=0.41\%$	$z_2=94.64\%$
$x_3=18.69\%$	$y_3=3.67$	$z_3=0$

纺织产业科技创新性向量 $\vec{X}=0.70$，三项指标数值均未达到阈值，创新研发投入及R&D人员比例明显偏低，说明纺织产业科技创新性不高，未能达到战略性新兴产业的科技创新性评价标准。纺织产业产业主导性 $\vec{Y}=0.89$，其中，产值占GDP的比例为3.31%，未达阈值；就业贡献超过阈值，说明纺织业对人工的依赖性较强；从单位能耗产出来看，纺织业属于高耗能产业，不符合战略性新兴产业的要求。战略安全性向量 $\vec{Z}=1.01$，超过阈值水平，三项指标中技术安全性和经济安全性评价较高，说明纺织业的国内主导性较强，专家将纺织业对军事工业支撑力评定为 $z_3=0$。利用空间模型计算，纺织产业的战略性空间坐标为A（0.7，0.89，1.01），不在阈值空间内（见图5-4），评价纺织产业战略性不足。从纺织产业的

产业主导性来看，评价值 $\vec{Y}=0.89$，低于阈值，且从发展趋势来看，纺织业发展速度与国家经济总体水平增长速度相近[①]，产业主导性增长潜力不大，$\hat{\vec{Y}}<1$，纺织产业的预期战略性不符合评价标准，也就没有新兴性评价必要。

5.4.2　电子信息产业

根据中国电子信息产业相关数据整理计算，电子信息产业战略性评价结果如表 5－4 所示。

表 5－4　　电子信息产业战略性评价结果

$\vec{X}=1.44$	$\vec{Y}=2.68$	$\vec{Z}=1.40$
$x_1=2.80\%$	$y_1=11.78\%$	$z_1=13.87$
$x_2=5.17\%$	$y_2=0.80\%$	$z_2=63.80\%$
$x_3=20.18\%$	$y_3=20.11$	$z_3=1$

从电子信息产业评价结果来看，技术创新性 $\vec{X}=1.44$，超过评价阈值，其中，技术创新投入占销售收入的比例为 2.8%，接近成熟高技术产业水平，R&D 人员比例为 5.17%，三项指标中只专利申请量的增长率略低于评价阈值，$x_3=20.18\%$，说明电子信息产业处于技术成熟期，研发投入和研发人员比例均较高，专利申请数量增长较为稳定。产业主导性方向，电子信息产业产值占 GDP 比例 $y_1=11.78\%$，从业人数占社会总就业人口 0.8%，单位耗能产值 20.11 万元/吨标准煤，三项指数都较大幅度超过评价阈值，综合来看，其产业主导性 $\vec{Y}=2.68$ 远远超过评价标准，说明电子信息产业产值高，就业贡献大，并且耗能低，产业主导影响力显著。在战略安全性方向，$\vec{Z}=1.4$，超过评价标准，首先，电子信息产业技术创新花费中的内部研发支出占绝对主导地位，其技术安全性 $z_1=13.87$ 超过评价

① 《纺织工业“十二五”发展规划》（国家工信部）。

阈值；但从整个销售市场来看，国内产品的销售份额为63.80%，低于经济安全性评价阈值，说明电子信息产业存在有力的外在竞争；专家评定电子信息产业是军事工业的支柱产业，$z_3=1$。综合来看，电子信息产业的战略性空间坐标B（1.44，2.68，1.40）在阈值空间内（图5-4），因此，电子信息产业符合战略性评价标准。从新兴性评价来看，产业主导性评价值$\vec{Y}=2.68$，远远超出阈值，新兴评价参数$k=0.176$，由此判断电子信息产业的发展处于新兴性阶段。

5.4.3 新能源汽车产业

根据中国新能源产业相关数据整理计算，新能源汽车产业战略性评价结果如表5-5所示。

表5-5 新能源汽车产业战略性评价结果

$\vec{X}=12.11$	$\vec{Y}=0.33$	$\hat{\vec{Y}}=1.56$	$\vec{Z}=1.16$
$x_1=53.01\%$	$y_1=0.004\%$	$\hat{y}_1=5.45$	$z_1=9.72$
$x_2=8.54\%$	$y_2=0.0002\%$	$\hat{y}_2=0.17\%$	$z_2=92.57\%$
$x_3=38.67\%$	$y_3=15.81$	$\hat{y}_3=15.81$	$z_3=2/3$

新能源汽车产业正处于产业成长初期，发展时间不长，从战略性空间评价结果来看，其技术创新性整体评价值和三项指标数值均远远超过阈值，创新投入占销售收入53.01%，研发人员比例8.54%，专利申请数量年增长率38.67%。这说明，新能源汽车产业还停留在技术创新阶段，技术创新特性显著。从产业主导性来看，综合评价值$\vec{Y}=0.33$远远低于评价阈值，产值占GDP比例和就业贡献明显低于一般水平，远未达到产业主导性要求。考虑到新能源汽车具有较大的发展前景，预期未来新能源汽车数量将超过汽车总量一半①，以三项指标的预期值进行产业主导性评价，新

① 《节能与新能源汽车产业发展规划》（国务院）、《中国新能源汽车产业分析及投资咨询报告》（中投顾问）。

能源汽车产值占 GDP 比例将超过 5%，超过评价阈值；同时就业贡献接近 0.17%，低于阈值 0.31%；而从单位耗能产值来看，y_3 = 15.81 万元/吨标准煤（参照汽车产业）远远超过阈值，说明新能源汽车产业属于低耗能、高产出产业。整体而言，新能源汽车产业的产业主导性预期值 $\hat{\vec{Y}}$ = 1.56 超过产业主导性评价阈值，符合战略性要求。从战略安全意义来看，$\vec{Z}$ = 1.16 达到评价标准，其中，新能源汽车产业的研发内部支出与技术引进费用的比值 z_1 = 9.72 略低于评价阈值，说明新能源汽车产业成长初期还需要引进较多国外先进技术；国内产品销售比例为 92.57%，国内产品占主要市场份额；专家评定新能源汽车产业的新能源动力技术对国家军事工业发展有着较为重要的意义，评定 z_3 = 2/3。综合来看，新能源汽车的战略性空间坐标 C（12.11，1.56，1.16）在阈值空间内（图 5 - 4），说明新能源汽车产业符合战略性新兴产业的战略性要求。新能源汽车产业主导性评价值 $\vec{Y}$ = 0.33，远远小于阈值，但预期值 $\hat{\vec{Y}}$ = 1.56，超过评价阈值，新兴性评价参数 k = 0.537，远大于 0，说明产业主导影响力发展潜力巨大，新兴性显著。

5.4.4　评价结果

基于时空双维度的战略性新兴产业评价体系将战略性和新兴性分为两个维度评估，以中国纺织产业、电子信息产业、新能源汽车产业做例证分析，结果（表 5 - 6）显示：纺织产业战略性不足；电子信息产业具有显著的战略性，且具备一定的新兴性；新能源汽车产业的预期战略性和新兴性均显著，认为电子信息产业与新能源汽车产业属于战略性新兴产业范畴。从现实情况来看，电子信息产业发展时间较长，但发展速度依然较快，属于较为典型的增长快、潜力大、主导性强的战略性新兴产业，其发展经验较为丰富，能够为研究战略性新兴产业发展提供重要的经验参考。而新能源汽车产业发展时间不长，具有明显的新兴性特征，有较大的发展潜力，是打破现有技术垄断和产业结构的突破口，一旦取得技术优势，将极大刺激产业快速增长。

表 5-6 评价结果

评价维度	纺织产业		电子信息产业		新能源汽车产业	
战略性空间维度	$A \notin M$	非战略性	$B \in M$	战略性	$C \in M$	战略性
新兴性时间维度	—	—	$k>0$	新兴性	$k>0$	新兴性
综合评价	非战略性新兴产业		战略性新兴产业		战略性新兴产业	

5.5 小结

本章立足国家层面，从战略性新兴产业的战略性和新兴双重特质出发，采用AHP（层次分析法）构建基于时空双维度的战略性新兴评价体系，并以纺织产业、电子信息产业、新能源汽车产业为例证做战略性新兴产业评价。研究认为，战略性新兴产业评价要充分体现国家产业发展战略意志和产业发展水平，科技创新是战略性新兴产业的根本属性，战略性和新兴性是其外在特征。在战略性新兴产业界定时，以技术含量、主导影响力、战略意义为评价依据，选择发展潜力优势明显的战略性新兴产业作为培育对象。首先，战略性新兴产业以科技为本，战略性新兴产业判定要立足国家强有力的科技创新能力，为产业发展提供长久动力。其次，战略性新兴产业发展通常处于上升期，战略性评价要充分考虑到产业主导性的发展预期，而非限于当前状态，一些研究选取了过多的经验性评价指标，采用主导产业的评价方法界定战略性新兴产业，判定结果多是发展成熟的主导产业，新兴性明显不足。再次，战略性新兴产业对国家而言应具有一定的战略安全保障意义，那些技术引进依赖性强，产品进口率高的产业在发展过程中往往面临不平等的外在竞争，因此发展难度大，应尽量避免选择此类产业作为战略性新兴产业培育。最后，战略性新兴产业具有显著产业周期特征，发展节奏较一般产业更快，判定战略性新兴产业一定要注重国家竞争新兴优势，如果选择其他国家发展较为成熟的产业作为战略性新兴产业培育，往往会陷入艰苦的追赶发展模式，这种追赶成本往往较高，甚至可能淹没追随者。

第6章　基于灰度关联理论的战略性新兴产业选择与布局

战略性新兴新兴产业选择和布局中，存在中央与地方的博弈和区域间的产业发展竞争影响。本章立足地方层面，结合战略性新兴产业发展的地方选择条件和区域间产业发展竞争优势对比，构建地方战略性新兴产业选择耦合度测评模型，以新能源汽车产业为例，实证测度我国新能源汽车产业地方选择耦合度，分析我国战略性新兴产业的科学选择与合理布局。

6.1　提出问题

自2011年《战略性新兴产业发展规划》出台以来，从国家到地方，都将战略性新兴产业发展作为"十二五"规划的重要内容（刘铁和王九云，2012），从战略性新兴产业选择布局的实际情况（表6-1）来看，重复选择现象严重，新一代信息技术产业、生物制药产业、新材料产业、节能环保产业和新能源产业的选择地区数量均超过20个，选择量最少的新能源汽车产业也有13个地区之多。其中一些地区在某些产业领域发展条件较为充分，具有一定的发展优势；但也存在一些地区的战略性新兴产业选择明显缺乏科学依据，个别西部地区在自身汽车产业发展薄弱的现状下，依然将新能源汽车产业作为重点培育的战略性新兴产业，难免过于牵强。

战略性新兴产业盲目发展和重复选择问题反映了中央与地方之间的博弈行为，国家依靠强大的政策干预手段，参与地区间产业发展的资源配置和重大决策，对产业发展进行必要的规制和影响，从全局把握产业发展的

表 6－1 “十二五”各地区战略性新兴产业选择情况

产业类别	选择地区	数量
新一代信息技术	北京、河北、天津、内蒙古、上海、辽宁、浙江、江苏、福建、安徽、河南、山东、湖南、湖北、广西、广东、重庆、海南、四川、甘肃、陕西、宁夏、贵州、新疆	24
节能环保产业	北京、天津、内蒙古、河北、吉林、浙江、辽宁、江苏、福建、安徽、湖北、河南、湖南、广西、广东、四川、重庆、宁夏、陕西、新疆	20
生物产业	北京、黑龙江、吉林、江苏、安徽、福建、浙江、江西、湖北、河南、湖南、广东、云南、广西、四川、重庆、甘肃、贵州、陕西、宁夏、青海、新疆	22
新材料产业	北京、天津、辽宁、河北、内蒙古、黑龙江、吉林、浙江、上海、江苏、福建、安徽、江西、河南、湖北、山东、湖南、广西、海南、广东、重庆、贵州、四川、云南、宁夏、陕西、青海、甘肃、新疆	29
高端装备制造业	北京、上海、河北、天津、山西、黑龙江、吉林、安徽、湖北、浙江、福建、湖南、四川、广西、贵州	15
新能源产业	北京、吉林、天津、内蒙古、浙江、河北、辽宁、上海、江苏、黑龙江、福建、安徽、江西、河南、山东、湖南、湖北、广东、海南、广西、四川、陕西、贵州、甘肃、宁夏、青海、新疆	27
新能源汽车产业	北京、山东、上海、吉林、江苏、浙江、安徽、河南、江西、湖北、广西、广东、重庆	13

资料来源：各省市区“十二五”发展规划及各地战略性新兴产业发展建议。

战略走向，合理规划产业布局。而地方政府作为产业发展的直接管理部门和政策执行机构，只能在有限的职权范围争取资源，培育战略性新兴产业发展环境，这就引发了中央与地方的博弈（胡荣涛等，2002）。首先，中央的产业布局着眼点立足国家全局层面，鼓励在条件充分的地区优先发展优势产业，而地方则根据自身产业发展利益选择适合自身情况的产业作为培育对象，造成了产业选择与布局的矛盾；其次，中央对产业资源的调配体现了差异性政策，在发展条件优势明显的地区，提倡集中资源，加快产业发展，而地方则由于本位主义，加大地方资源的保护力度，造成资源调配博弈；最后，在产业发展政策干预方面，国家政策影响更加注重全局性，力图建立一个高效、有序国家产业发展体系，但地方政府从地区产业发展现状出发，偏离中央政策出发点，实施以自我为主的产业政策，造成了中央与地方的政策矛盾。

解决战略性新兴产业的选择布局问题要立足地方层面，充分考虑地方战略性新兴产业的发展条件和区域间的竞争优势对比。一方面，战略性新兴产业具有不同于一般产业的特性，对资源禀赋水平、科技创新能力、产业发展基础、市场前景等具有较高要求，各地在战略性新兴产业选择上要充分考虑产业发展条件和地方现实基础的耦合情况，以避免盲目发展和资源浪费。另一方面，各地发展战略性新兴产业条件差异较大，地方战略性新兴产业选择要充分重视区域间的产业发展竞争优势对比，合理规划产业空间布局，减小国家与地方的博弈行为对战略性新兴产业发展造成的负面影响。

6.2 战略性新兴产业地方选择测评指标体系

6.2.1 选择基础

战略性新兴产业地方选择要充分考虑产业发展条件和地方现实基础的耦合情况。

第一，自然资源禀赋差异是战略性新兴产业发展的天然制约条件，区域产业选择理论中将产业分布最初形成因素归因于生产资料的地理特性，虽然现代化产业已经较大程度规避了这种制约，但缺乏基础资源优势加大了战略性新兴产业培育难度，这在新能源产业、新材料产业中显得尤为突出。

第二，技术创新是战略性新兴产业衍生和发展的关键内因，科技创新能力是一个长期积累的过程，难以短时间突飞猛进，因而在战略性新兴产业培育发展过程中，需要强大的科技创新能力支撑，这既包括科技经费投入，也包括高水平研发人员和一定的科技基础。

第三，从产业关联理论来看，产业基础是战略性新兴产业发展的先决条件，战略性新兴产业具有较强的产业前向关联和后向关联属性，一方面需要较为完善的前置产业基础，为战略性新兴产业发展提供良好的产业发展前提条件；另一方面需要较为紧密的后置产业需求，为战略性新兴产业发展提供牵引。以新能源汽车产业为例，成熟的加工制造业和完善的传统汽车产业是发展新能源汽车产业的必要基础。

第四，现代产业布局理论将市场需求视为重要的地理经济特征，市场需求不断扩张是战略性新兴产业发展的直接驱动力，经济全球化背景下，市场需求已经成为各国战略性新兴产业发展的必争之地，我国市场需求潜力巨大，是战略性新兴产业发展的有利条件，但同时，市场需求的呈现出东强西弱的局面，由此带来战略性新兴产业发展的市场不平衡问题。

第五，政策支撑是战略性新兴产业发展的外在影响因素，战略性新兴产业多处于孕育期或发展初期，有效的财税政策和金融支撑体系能够有力推动战略性新兴产业快速发展，政策保障能力差异是战略性新兴产业选择和布局的重要考虑因素。

6.2.2 指标体系构建

基于战略性新兴产业地方选择条件分析，选取自然资源禀赋条件（自然资源储量或年采集量）、科技创新能力（技术专利数量、R&D 经费内部支出、R&D 人员数量）、产业基础（产业总产值、从业人数、固定资产投资额）、市场需求潜力（年销售量、人均消费水平）、政策支撑强度（财政收入额度、贷款余额）五项一级指标和十一项二级指标，构建战略性新兴产业地方选择耦合度测评指标体系（表 6-2）。

表 6-2　选择耦合度测评指标体系

一级指标	编号	二级指标	编号	指标说明
自然资源禀赋条件	K_1	资源储量	k_1	自然资源储量或年采集量
科技创新能力	K_2	科技成果水平	k_2	技术专利数量
		科研经费支出水平	k_3	R&D 经费内部支出
		R&D 人员投入水平	k_4	R&D 人员数量

续表

一级指标	编号	二级指标	编号	指标说明
产业基础	K_3	产业规模	k_5	年产值
		劳动力投入水平	k_6	年从业人数
		固定资产投资水平	k_7	年固定资产投资额
市场需求潜力	K_4	市场需求度	k_8	年销售量
		购买力水平	k_9	人均消费水平
政策支撑力度	K_5	财税补贴水平	k_{10}	财政收入额度
		金融支撑力度	k_{11}	贷款余额

6.3　研究方法

战略性新兴产业地方选择测评因素涉及 5 个维度的 11 项指标，其中一些指标选取难以获得实际准确值，这些不确定的灰色数据给战略性新兴产业选择测评造成了一定困难，为了减小这些灰度数据对测评造成的不利影响，采用灰度关联法建立测评模型，并采用熵值法确定指标权重，提高测评体系的客观性和准确度。

6.3.1　灰度关联

灰色系统理论（Grey Theory）是一种以数列对比为基本思想的灰度差值测评系统理论（邓聚龙，2005）。灰度关联分析法由灰色系统理论发展而来，是对一个处在变化状态中的体系进行定量研究和比较分析的系统研究方法（张静和李威，2012）。由于系统变化较为复杂，数据往往处在变化之中，一些数据难以准确获得，灰度关联分析能够有效规避这一缺陷，通过对比各因素变化所形成的集合曲线形状与参照数据列的空间距离大小来测评系统运行状态是否符合期望，以此判定各因素变化的关联性（图 6－1）。

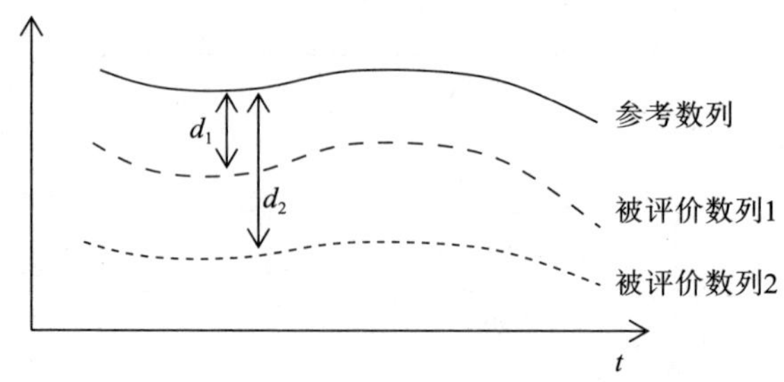

图 6-1 灰度关联的几何空间意义

灰度关联分析法最大的优点在于一方面不要求数据的绝对准确，只要有数据序列存在即可；另一方面对数据本身无严格限制，避免了测评中的量化结果与定性分析相违背的情况（刘思峰等，2004）。战略性新兴产业地方选择测评指标较多，其中一些测评指标存在“灰色”影响，因而采用灰度关联分析能够结合定性分析和定量分析，减小原始数据不完善给测评分析造成的负面影响。

6.3.2 熵值赋权

熵（Entropyde）的概念出自物理热力学，是描述分子物理运动无序状态的一种度量（孙棣华和刘卫宁，2001）。1948 年，Shanon 将熵值概念引入信息论，以描述系统运行的不确定性和无规律性（陈友华，2007）。在系统信息变化无规律状态下，熵值用以度量信息运动量的大小，如果某项信息或指标运动量较大，其熵值也就越高，则表明该信息在系统运行中的影响也就越大。在信息论中，系统中的信息量越大，系统运行的不确定性就越小，其熵值也就越低；反之，信息量越小，则系统运行的不确定性也就越大，则熵值也就越高。后来，诸多学者借用熵值理论研究信息统计，熵值在测评系统中可以反映测评指标在目标决策中的影响程度，而熵值赋权法就是以各指标中含有的熵值作为计算指标的权重的依据。在系统测评中，指标的选取和数据的采集往往较为模糊，一些数据量往往过于庞大，这时，可以借鉴熵值理论，通过计算某一指标数据的离散程度判定该指标在系统中的影响，数据离散程度越大，则熵值也就越高，则说明该指标对系统运行的影响程度也就更为显著，其影响权重也就越大。

熵值赋权法计算测评指标权重一般分为三步（陆添超和康凯，2009）：首先，假设存在 m 个测评指标，n 个测评对象，原始数据矩阵 $A=(a_{ij})_{m\times n}$，对原始数据进行标准化处理，得到 $R=(r_{ij})_{m\times n}$，以避免向量方向差异和量纲差异对信息统计所造成的影响；其次，定义熵值，第 i 个指标的熵值为 $h_i=-k\sum_{j=1}^{n}f_{ij}\ln f_{ij}$，其中，$_{ij}=\frac{r_{ij}}{\sum_{j=1}^{n}r_{ij}}$，$k=\frac{1}{\ln n}$；最后，计算第 i 个指标熵值权重，$\omega_i=\frac{1-h_i}{m-\sum_{i=1}^{m}h_i}$，$(0\leqslant\omega_i\leqslant 1,\ \sum_{1}^{m}\omega_i=1)$。

熵值赋权法的优点在于（孙利娟等，2010）：第一，熵值赋权法的基本原理源于“差异驱动”，体现了指标数据的局部差异对系统运行造成的影响；第二，由各指标实际数据计算指标权重，体现了指标本身的信息覆盖量，减小了人为主观因素对指标权重造成的影响，计算出的指标权重较为客观；第三，赋权过程计算的数据经过标准化处理，减小了量纲异化造成的影响；第四，数据搜集过程中本身可能存在误差，较大的数据量给统计造成了一定难度，熵值赋权法通过数据特性分析计算权重，减小了数据本身误差造成的影响。鉴于此，我们采用熵值赋权法计算战略性新兴产业选择指标的权重，避免了指标数据本身的误差影响，提高了系统测评的客观性和科学性。

6.4　测评步骤

6.4.1　构造样本矩阵

定义矩阵 C 对应 m 个省（市、区）的 n 个战略性新兴产业地方选择耦合度测评指标：

$$C=(c_{ij})_{m\times n},\ (i=1,\ 2,\ \cdots,\ m;\ j=1,\ 2,\ \cdots,\ n) \tag{6.1}$$

考虑到模型运算的可靠性和权重计算的科学性，对原始数值做极差标准化处理，以避免指标量纲和数量级差异对计算结果造成影响，得到(6.2)：

$$x_{ij} = \frac{c_{ij} - \min c_j}{\max c_j - \min c_j}, \ (i=1, 2, \cdots, m; j=1, 2, \cdots, n) \tag{6.2}$$

标准化后得到样本矩阵（6.3）：

$$X = (x_{ij})_{m\times n}, \ (i=1, 2, \cdots, m; j=1, 2, \cdots, n) \tag{6.3}$$

6.4.2 选择参考数列

选取各个指标的最佳值组合参考数列 X_o：

$$X_o = \{x_{oj} | j = 1,2,\cdots,n\} \tag{6.4}$$

$$x_{oj} = (\max x_{ij} | j = 1,2,\cdots,n), \ 其中 \ i=1, 2, \cdots, m \tag{6.5}$$

6.4.3 确定指标权重

$W = [\omega_1,\omega_2,\cdots,\omega_n]^T$ 为 j 个测评指标的权重分配向量，其中 $\sum_{j=1}^{n}\omega_j = 1$。以熵值法计算指标权重（李刚，2010），过程如下：

计算指标 x_{ij} 的比重 P_{ij}：$P_{ij} = \frac{x_{ij}}{\sum_{i=1}^{m} x_{ij}}$；

计算第 j 项指标熵值 e_j：$e_j = -k\sum_{i=1}^{m} P_{ij}\ln P_{ij}$，其中 $k = (\frac{1}{\ln m})$，可以证明 $e_j \in [0,1]$；

计算第 j 项指标的差异性系数 g_j，其中 $g_j = 1 - e_j$；当 g_j 值越大，则指标 x_j 在综合测评中的影响力也就越大；

计算指标 x_j 的权数 ω_j，得到：

$$\omega_j = \frac{g_i}{\sum_{j=1}^{n} g_i} = \frac{1 - e_j}{\sum_{j=1}^{n}(1 - e_j)} \ (j = 1,2,3\cdots,n) \tag{6.6}$$

6.4.4 计算灰度关联系数

根据灰色关联理论，将 X_o 视为参考数列，将 X 作为被比较数列，分别计算第 m 个省（市、区）的第 n 个战略性新兴产业选择耦合度测评数值指标与最优指标的关联系数 r_{ij}：

$$r_{ij} = \frac{\min_m \min_n |x_{oj} - x_{ij}| + \rho \max_m \max_n |x_{oj} - x_{ij}|}{|x_{oj} - x_{ij}| + \rho \max_m \max_n |x_{oj} - x_{ij}|} \tag{6.7}$$

其中 ρ 是为减小极值影响所引入的分辨系数，$\rho \in [0,1]$，模型中取值 $\rho = 0.5$。

进而得到灰度关联系数矩阵 $R = (r_{ij})_{m\times n}$。

6.4.5 综合测评结果

对第 m 个省（市、区）的 n 个战略性新兴产业选择耦合度测评指标关联系数 r_{ij} 加权求和，计算第 m 个省区第 n 个战略性新兴产业选择耦合度 R_i。

$$R_i = \sum_{j=1}^{n} \omega_j \times r_{ij}, \quad (i=1, 2, \cdots, m; j=1, 2, \cdots, n) \tag{6.8}$$

6.5 实证测度：以新能源汽车产业为例

《“十二五”国家战略性新兴产业发展规划》将新能源汽车产业列为重点培育的战略性新兴产业，在能源约束紧缩的趋势下，新能源汽车产业是传统汽车产业升级的跳板，也是建立汽车产业新格局的突破口，备受国家和地方关注。《节能与新能源汽车产业规划（2011—2020）》中提出了到2020 年我国新能源汽车累计产销量达 500 万辆的发展目标，短时间内，10余个省（市、区）将新能源汽车产业列为重点培育的战略性新兴产业，相继出台了名目繁多的鼓励政策，不禁让人担忧，如此缺乏科学依据，盲目发展，势必造成资源浪费；加之政策“溺爱”，缺乏合理选择布局，容易导致产业发展失衡。根据战略性新兴产业选择测评指标体系和灰度关联模型，以新能源汽车产业为例，实证测度我国31个省（市、区）新能源汽车产业选择耦合度，为新能源汽车产业科学选择、合理布局提供依据。

6.5.1 测评矩阵及数据来源

新能源汽车产业对自然资源直接依赖较小，因此在模型计算中不考虑资源储量指标（k_1）。以中国31个省（市、区）的10个指标（k_2—k_{11}）建立综合测评样本矩阵 $C_{31\times10}$，极差标准化处理后得到 $X_{31\times10}$。新能源汽车产业是新能源驱动技术创新与传统汽车产业改造升级的融合，新能源汽车是传统汽车的技术替代品，考虑到数据选取的合理性，在测评过程中，产业基础和市场需求潜力相关指标以汽车产业总体数据为依据。数据来源为《中国统计年鉴》《中国金融年鉴》《中国科技统计年鉴》《汽车工业统计年鉴》《节能与新能源汽车年鉴》和国家知识产权局相关统计资料等。

6.5.2 模型输出

（1）指标权重。以熵值法计算10个二级指标权重 w_1—w_{10}，结果见表6－3。科技成果水平权重值（0.2709）明显高于其他九项指标权重；固定资产投资水平（0.1208）、产业规模（0.1125）以及科研经费支出水平（0.1067）三项指标权重超过0.1；财税补贴水平权重（0.0371）最低。综合计算一级指标权重（表6－3），科技创新能力权重（0.4633）比重明显较高，说明科技创新对战略性新兴产业发展具有关键性影响；产业基础权重（0.3114）超过平均水平，说明新能源汽车产业发展对传统产业有一定依赖性；市场需求潜力（0.1204）和政策支撑力度权重（0.1051）则低于平均水平，对战略性新兴产业选择的影响相对有限。这一结果和经验性判断基本一致。

表6－3　　指标权重

k	w_1	w_2	w_3	w_4	w_5	w_6	w_7	w_8	w_9	w_{10}
权重	0.2709	0.1067	0.0857	0.1125	0.0781	0.1208	0.0549	0.0655	0.0371	0.0680
K	科技创新能力			产业基础			市场需求潜力		政策支撑力度	
权重	0.4633			0.3114			0.1204		0.1051	

（2）灰度关联系数矩阵。经过标准化处理后，得到参考数列：

$$X_0 = (1, 1, 1, 1, 1, 1, 1, 1, 1, 1) \tag{6.9}$$

以灰度关联模型计算 31 个省（市、区）灰度关联系数矩阵 $R_{31\times10}$，结果见表 6－4。

表 6－4　　灰度关联系数矩阵

地　区	r_{i1}	r_{i2}	r_{i3}	r_{i4}	r_{i5}	r_{i6}	r_{i7}	r_{i8}	r_{i9}	r_{i10}
北　京	0.8981	1.2558	0.7471	0.6345	0.5278	0.5021	0.7166	0.8840	0.6805	0.8587
天　津	0.3095	0.3261	0.3025	0.3700	0.3203	0.2733	0.3010	0.4169	0.3145	0.3220
河　北	0.2440	0.2812	0.2871	0.2897	0.3087	0.2611	0.4618	0.2689	0.3113	0.3157
山　西	0.1347	0.1475	0.1540	0.1358	0.1381	0.1359	0.1821	0.1516	0.1640	0.1590
内蒙古	0.1093	0.1165	0.1163	0.1131	0.1200	0.1120	0.1362	0.1382	0.1373	0.1249
辽　宁	0.2221	0.2954	0.2785	0.2793	0.2861	0.2482	0.3062	0.2855	0.3353	0.3086
吉　林	0.3251	0.3394	0.3544	0.7947	0.4604	0.3655	0.3642	0.3610	0.3497	0.3677
黑龙江	0.1113	0.1267	0.1323	0.1155	0.1276	0.1195	0.1397	0.1289	0.1292	0.1261
上　海	0.6770	0.7533	0.6404	1.4151	0.5888	1.4151	0.5474	1.4151	0.8162	0.7873
江　苏	1.0395	1.5198	1.2865	0.6864	1.2717	0.6128	0.9471	0.6568	1.2716	1.1042
浙　江	1.0940	0.7710	0.8297	0.6718	1.4258	0.5539	0.8761	0.7054	0.7699	1.2022
安　徽	0.3490	0.3532	0.3600	0.4640	0.4323	0.4831	0.3758	0.3355	0.3743	0.3617
福　建	0.1460	0.1739	0.1789	0.1602	0.1760	0.1516	0.1811	0.1951	0.1838	0.1924
江　西	0.0818	0.0896	0.0912	0.0886	0.0938	0.0849	0.0952	0.0919	0.0960	0.0938
山　东	0.3259	0.7000	0.5594	0.7779	0.5597	0.4700	0.8494	0.3910	0.5530	0.5682
河　南	0.2053	0.2542	0.2747	0.2458	0.2558	0.2330	0.3408	0.2261	0.2690	0.2709
湖　北	0.2758	0.3517	0.3555	0.4992	0.5551	0.3240	0.3333	0.3084	0.3239	0.3410
湖　南	0.1351	0.1639	0.1689	0.1497	0.1587	0.1433	0.1710	0.1542	0.1670	0.1639
广　东	1.5358	1.3775	1.5358	1.1987	1.0367	0.6233	1.5358	0.7367	1.5358	1.5358
广　西	0.1678	0.1752	0.1823	0.2227	0.2146	0.1900	0.1938	0.1826	0.1914	0.2315
海　南	0.0588	0.0584	0.0588	0.0596	0.0625	0.0588	0.0597	0.0648	0.0611	0.0603
重　庆	0.2586	0.2794	0.2826	0.4009	0.4917	0.3246	0.2823	0.2973	0.3018	0.3007
四　川	0.1897	0.2515	0.2468	0.2092	0.2580	0.2037	0.2951	0.2111	0.2611	0.2689
贵　州	0.0653	0.0671	0.0681	0.0659	0.0691	0.0674	0.0740	0.0681	0.0726	0.0720
云　南	0.1313	0.1365	0.1405	0.1346	0.1365	0.1342	0.1737	0.1403	0.1560	0.1580
西　藏	0.0000	0.0000	0.0000	0.0000	0.0000	0.0000	0.0000	0.0000	0.0000	0.0000
陕　西	0.1227	0.1566	0.1507	0.1494	0.1401	0.1431	0.1522	0.1381	0.1487	0.1457
甘　肃	0.0445	0.0465	0.0474	0.0445	0.0454	0.0444	0.0485	0.0468	0.0476	0.0481
青　海	0.0467	0.0472	0.0473	0.0468	0.0473	0.0469	0.0476	0.0515	0.0475	0.0480
宁　夏	0.0747	0.0755	0.0760	0.0747	0.0748	0.0747	0.0770	0.0878	0.0765	0.0775
新　疆	0.0687	0.0705	0.0715	0.0687	0.0694	0.0687	0.0792	0.0756	0.0759	0.0746

（3）加权关联系数。根据二级指标灰度关联系数矩阵 $R_{31\times10}$ 和指标权重 W 计算31个省（市、区）四个一级指标的加权关联系数和排名，得到综合测评关联系数 R，结果见表6－5。

表6－5　加权关联系数

地区	K_2	排序	K_3	排序	K_4	排序	K_5	排序	R	排序
北京	0.4413	4	0.1732	6	0.0972	3	0.0836	5	0.7953	5
天津	0.1446	9	0.0996	11	0.0438	7	0.0335	10	0.3215	10
河北	0.1207	12	0.0882	12	0.0429	9	0.0330	12	0.2849	12
山西	0.0654	19	0.0425	20	0.0199	18	0.0169	19	0.1447	19
内蒙古	0.0520	23	0.0356	23	0.0165	22	0.0136	22	0.1177	23
辽宁	0.1156	13	0.0837	13	0.0355	12	0.0334	11	0.2682	13
吉林	0.1546	8	0.1695	7	0.0436	8	0.0380	8	0.4057	7
黑龙江	0.0550	22	0.0374	22	0.0161	23	0.0134	23	0.1219	22
上海	0.3186	5	0.3760	1	0.1227	2	0.0838	4	0.9012	4
江苏	0.5540	2	0.2505	4	0.0950	4	0.1222	2	1.0216	2
浙江	0.4497	3	0.2537	3	0.0943	5	0.1103	3	0.908	3
安徽	0.1631	7	0.1443	8	0.0426	10	0.0385	7	0.3884	8
福建	0.0734	18	0.0501	17	0.0227	16	0.0199	17	0.1661	17
江西	0.0395	24	0.0275	24	0.0112	24	0.0099	24	0.0883	24
山东	0.2109	6	0.1879	5	0.0722	6	0.0591	6	0.5302	6
河南	0.1063	14	0.0757	14	0.0335	14	0.0284	14	0.2439	14
湖北	0.1427	10	0.1386	9	0.0385	11	0.0352	9	0.3550	9
湖南	0.0686	17	0.0465	18	0.0195	19	0.0173	18	0.1519	18
广东	0.6946	1	0.2910	2	0.1325	1	0.1613	1	1.2795	1
广西	0.0798	16	0.0647	16	0.0226	17	0.0228	16	0.1900	16
海南	0.0272	28	0.0187	28	0.0075	28	0.0064	28	0.0598	28
重庆	0.1241	11	0.1227	10	0.0350	13	0.0316	13	0.3134	11
四川	0.0994	15	0.0683	15	0.0300	15	0.0280	15	0.2256	15
贵州	0.0307	27	0.0210	27	0.0085	27	0.0076	27	0.0677	27
云南	0.0622	21	0.0420	21	0.0187	20	0.0165	20	0.1394	19
西藏	0.0000	31	0.0000	31	0.0000	31	0.0000	31	0.0000	31
陕西	0.0628	20	0.0450	19	0.0174	21	0.0154	21	0.1407	20
甘肃	0.0211	30	0.0139	30	0.0057	30	0.0050	29	0.0458	30
青海	0.0217	29	0.0146	29	0.0060	29	0.0050	30	0.0474	29
宁夏	0.0348	25	0.0233	25	0.0100	25	0.0081	25	0.0761	25
新疆	0.0323	26	0.0214	26	0.0093	26	0.0079	26	0.0709	26

6.5.3　结果分析

通过建立地方战略性新兴产业选择指标测评体系和灰度关联计算模型，实证测度我国能源汽车产业地方选择耦合度，结果如下：

（1）科技创新能力。技术创新能力突出的广东（K_2加权关联系数 0.6946，后同）、江苏（0.5540）、浙江（0.4497）、北京（0.4413）、上海（0.3186）、山东（0.2109）、安徽（0.1631）、吉林（0.1546）占据了综合排名前几位，由此验证了科技创新能力对培育发展战略性新兴产业具有关键影响。国内新能源汽车专利大多集中在燃料电池、混合驱动技术以及电动汽车加工制造领域，核心技术多掌握在通用、丰田、本田、大众、现代、日产、一汽、东风、上汽、奇瑞、广汽、比亚迪等大型汽车生产企业，而这些企业大多聚集在科研实力较强的广东、上海、北京等地区，技术创新的集聚效应明显（张翔，2011）。天津（0.1446）、湖北（0.1427）、重庆（0.1241）、河北（0.1207）地区由于东风、长安、长城等等个别汽车研发生产企业的存在，有一定的技术创新基础，但整体科研实力上还有待提升。江西（0.0395）、贵州（0.0307）、新疆（0.0323）等省区明显缺乏新能源汽车产业发展创新基础。

（2）产业基础。产业基础水平排名前几位是上海（K_3加权关联系数 0.3760，后同）、广东（0.2910）、江苏（0.2505）、浙江（0.2537）、山东（0.1879）、北京（0.1732），这些地区汽车产业发展时间较长，产业链结构趋于完整，形成了长江三角洲、珠江三角洲、京津唐地区等汽车产业聚集圈，是我国汽车产业的发展支柱。吉林（0.1695）、安徽（0.1443）、湖北（0.1386）、重庆（0.1227）等省区的汽车产业具有一定规模，一汽、奇瑞、东风、长安等大型汽车近年来通过与外资企业合作，产业发展水平提升较快。陕西（0.0450）、江西（0.0275）、贵州（0.0210）海南（0.0187）等西部省区汽车工业发展时间短、底子薄，难以为新能源汽车产业发展提供有力支撑。

（3）市场需求潜力。我国汽车销售市场规模多年来保持较高增长速度，但地区性差异较为明显。广东（K_4加权关联系数0.1325，后同）、上海（0.1227）、北京（0.0972）、江苏（0.0950）、浙江（0.0943）等经济发达地区的新能源汽车产业需求潜力较高。而中西部地区新能源汽车市场处于培育阶段。

（4）政策支撑力度。广东（K_5加权关联系数0.1613，后同）、江苏（0.1222）、浙江（0.1103）、上海（0.0838）、北京（0.0836）等地区财政收入较高，金融市场较为完善，政策支撑力度测评结果处于上游水平，北京、上海、广东等发达省区较早出台了新能源汽车产业发展规划及各类优惠政策，加快了地区新能源汽车产业发展（袁健红、张亮，2010）。天津（0.0335）、辽宁（0.0334）、河北（0.0330）、广西（0.0228）等地区政策支撑处于中游水平，颁布了一些相关鼓励政策，但由于产业发展还不完善，政策影响相对有限。黑龙江（0.0134）、江西（0.0099）、新疆（0.0079）贵州（0.0076）、海南（0.0064）等西部地区新能源汽车产业发展政策影响水平较低。

（5）综合测评结果。以各地规划情况来看，选择发展新能源汽车产业的地区有北京（R值0.7953，后同）、上海（0.9012）、湖北（0.3550）、山东（0.5302）、安徽（0.3884）、江苏（1.0216）、河南（0.2439）、江西（0.0883）、广东（1.2795）、吉林（0.4057）、浙江（0.9080）、广西（0.1900）、重庆（0.3134）等。其中，广东（R值排名1，后同）、江苏（2）、浙江（3）、上海（4）、北京（5）等省区从科技创新能力、产业基础、市场需求及政策保障角度能够为新能源汽车产业发展提供较为全面的支撑力度。山东（6）、吉林（7）、安徽（8）、重庆（11）等地区有一定的汽车产业基础，但科技创新水平有待提升。河南（14）、广西（16）、江西（24）等地区发展新能源汽车产业的条件还不成熟。

从上述分析来看，我国新能源汽车产业地方选择耦合度呈现出“东强、中平、西弱”的情况。广东、江苏、浙江、上海、山东、吉林等东部地区发展新能源汽车产业条件较为完善，应集中优势，作为我国新能源汽车产业发展的第一梯队重点培育。安徽、湖北、湖南、四川、重庆等中部地区技术创新能力有待提升，可作为我国新能源汽车产业发展的第二梯队，注重新能源驱动技术创新和市场培育。新疆、青海、甘肃、宁夏、贵州等西部地区因各方面条件欠缺，暂不适宜新能源汽车产业培育。

6.6　我国新能源汽车产业发展主要问题及对策

1. 政策效应不足

虽然国家出台了许多与新能源汽车有关的政策法规，但由于汽车行业管理上职能分割过细，不同职能部门交叉重合，导致政策实践过程中存在多头管理的问题，这既提高了政府的管理成本和协调成本，同时也使得企业和消费者难以适应，降低了效率。而且一些政策规章还缺少实施细则和具体规范，更增加了落实难度。

如“双积分政策”在对核算主体如何进行积分分配上就存在矛盾。汽车集团公司既可以选择将传统燃油汽车与新能源汽车放在同一实体生产，也可以选择放在不同实体生产。如果实行单独核算，同一集团下的不同企业要通过关联企业之间转让才能实现积分调剂，这就会增加企业的交易成本，汽车集团公司会因经营策略的不同而承担额外的负担。还有很多类似的规定因为没有在相关规范性文件中释明，导致实施中出现误差。

政策红利并未真正作用于市场，这些政策不具有可持续性，意味着新能源汽车要一直依靠政府的保护，那么当红利衰退或有其他产业产生需要新政策扶持时，新能源汽车便会走向低迷。例如 2020 年新能源汽车补贴较 2019 年降低 10%，其替代品——传统燃油车市价持续走低，加之油价大跌，在这种情况下，新能源汽车在政策扶持下形成的优势很容易便被传统燃油车所超越，其销量会大大减少。

出台相关政策法规可以为新能源汽车的推广提供保障，但更重要的是引导消费者形成该方面的需求。首先，要制定促进新能源汽车产业的相关法律和条例，虽然目前有关新能源汽车发展的政策法规已涉及规划设计、技术扶持、准入要求、产品研发、配件生产、营销推广、投资管理等诸多领域，但是由于法律位阶较低导致效力不足，制定机关众多导致体系分散，应当制定有关新能源汽车产业的专门法律或行政条例，起到统领全局的作用。其次，完善双积分政策，做到“奖优罚劣”，双积分政策的目的是为了通过积分交易市场机制补偿优质企业的研发成本，巩固优质新能源汽车的价格优势，同时要结合实践修正完善该政策，解决汽车企业集团的困境。再次，在政策制定上还要注意科学性和合理性，我国学习国外促进新能源汽车发展的方式，通过补贴来促进新能源汽车的推广，但是要预防一些汽车企业为了骗取补贴，虚报研发投入，随意提高动力电池能量密度；避免地方保护现象，要着力建立全国统一标准的消费者使用补贴机制。

2. 基础设施跟不上

消费者在考虑是否接受新能源汽车时最大的顾虑便是其续航、充电和残值问题，如果充电桩建设不完善或者损坏过多很容易造成驾驶者的出行不便。而目前的充电设施主要存在以下问题：一是缺少规划引领和用地保障，比对于公交、出租等运营类交通设备，在行驶过程中如果面临充电桩损坏或缺乏维护，就会给使用造成不便；一些居民区或者客流量大的商场，也会因为没有临时性公共充电设施而影响驾驶者出行，这时相比于充电桩的分布不平衡，传统的加油站反而会更常见，并且分布规律，为消费者提供便利；二是审批手续复杂，对于一些建设用地规划许可证、建设工程规划许可证和施工许可证，应根据建设和审批主体的不同适当简化，尽量合并；三是充电费用高昂，在一些经营场所存在传统涨价、价格欺诈、多重收费等行为，影响正常市场价格秩序，这些问题都会抑制消费者对新能源汽车的使用。

基础设施落后会阻碍新能源汽车产业的推进，首先，应当增加公共区域快充桩建设。政府应当优先规划公用充电基础设施，提前规划布局充电设施，提升桩群利用率，增加人流量大的地区的快充桩密度，同时号召机关事业单位发挥示范带头作用，增强建设信心。其次，构建城际快充网络，争取建设城际纯电出行圈，同时对于新能源汽车的停车费给予一定程度的减免，消除消费者后顾之忧。再次，推动电网配套升级，通过电网企业与整车企业、充电运营商之间的互动来推动电力相关升级改造工作，扩大推广范围。借助远程系统对充电设施、当前使用状况、远程预约情况进行实时管控，坚持充电效率最大化原则，提高充电的智能化水平，促进充电基础设施互联互通，着力解决充电接口是否标准、上传数据是否标准、结算体系是否标准的三大关键问题。最后，深入用户，动员物业、商超等共同参与到新能源汽车基础设施建设中，鼓励互联互通、网络共享等模式创新，吸引全员参与，扩大群众范围同时也可以起到宣传推广的作用，实现电网平稳运行、企业成本削减、用户收益增加。

3. 技术创新瓶颈明显

我国新能源汽车因为起步晚，技术落后，投入少，与国外相比缺乏竞争优势。在研发时间上，国外拥有松下、三星、LG 等一线电池企业，其锂电研发可追溯至 20 世纪 90 年代，而国内电池企业基本是 21 世纪初起步。在研发投入上，全球车企对新能源汽车的研发可以高达在 60 亿—1050 亿美元，这些都是中国企业无法相提并论的。在技术路线选择上，国内电池企业以前是磷酸铁锂，虽然有安全性和寿命优势，但不能满足新能源汽车的高能量密度要求，现在正转向三元正极材料的锂电池，而日韩等电池企业从起步就是三元体系，在相关领域的积累更久。此外，由于诸多条件限制，海外知名企业与国内企业在锂电技术的结合程度低，不利于技术溢出和进步，造成资源浪费。

目前的技术难题主要是电池问题，一是要加强对电池的安全性要求，从生命周期、整车进行考虑，政府既要对各级系统进行考虑，什么级别的系统对于什么级别的测试，立足整车进行细化考量；同时也要借助第三方安全性监督机构予以监督，制订安全性测试方案。二是要制订标准化规格，充分调研并对电池的尺寸规格进行细致考察，以确保规格统一性，同时逐渐扩展到蓄电池领域，延长电池使用寿命，进而扩宽使用范围。三是要加强对外合作，要鼓励国内企业参与国外竞争，通过国内企业的自主研发能力，同时在竞争中获得国外企业的技术溢出，借助新基建的优势，利用大数据资源形成自己技术上的竞争优势。四是要完善废旧电池回收，保障电池得到有效利用的同时可以环保处置，提高回收率，形成产业闭环，避免资源浪费和环境污染。五是要加大研发力度，提高锂离子电池材料的储能和蓄能，推进产业应用优化。同时布局新型电池，研发具有更高理论能量密度和更低理论成本的锂空气电池、锂硫电池等，提升试验检测能力和验证水平。要重点突破氢燃料电池汽车核心技术及产业化瓶颈，加大电动汽车平台的开发力度，推动企业加快转变思路，摆脱传统汽车平台开发的束缚，加快开发下一代电动汽车专属平台。

6.7 小结

针对战略性新兴产业地方选择中存在的博弈行为，为了有效避免由于盲目发展和重复选择造成的资源浪费和产业发展失衡，以地方战略性新兴产业发展的自然资源禀赋条件、科技创新能力、产业基础水平、市场需求潜力、政策支撑力度5个维度为基础，建立地方战略性新兴产业选择测评指标体系，构建地方战略性新兴产业选择测评灰度模型，以新能源汽车产业为例实证研究战略性新兴产业地方选择与布局，结果显示，各地新能源汽车产业发展条件差异较大，由此提出阶梯化的产业发展布局。得到以下几点启示：

第一，各地应将产业发展条件与地方现实基础的耦合情况作为战略性新兴产业培育选择的根本出发点。首先，从选择测评指标权重来看，科技创新能力是战略性新兴产业发展的关键影响因素，培育战略性新兴产业要强调技术创新基础。其次，培育战略性新兴产业不能脱离传统产业，新能源汽车产业发展必须以传统汽车产业为基础，结合新能源驱动技术创新实现传统汽车产业的技术提升和产业进化。最后，市场需求是战略性新兴产业良性发展的直接动力，要充分重视战略性新兴产业发展的市场逻辑。

第二，地方战略性新兴产业选择与布局要以区域间产业发展竞争优势为依据。战略性新兴产业发展时间较短，各类资源相对有限，难以实现全局化发展，因而要集中优势条件，分层次、有重点地规划战略性新兴产业布局。对于条件优势较为明显的地区，应集中优势，给予政策倾斜，先行一步加快战略性新兴产业培育。选择耦合度处于中游水平的地区应注重加强技术创新和市场培育。选择耦合度较低的地区发展战略性新兴产业难度较大，应谨慎践行。

第三，战略性新兴产业布局规划要充分利用产业链纵深度，寻求局部突破，分层发展，带动全局。以新能源汽车产业为例，先行地区要充分利用好资源优势、技术创新基础和市场空间，重点加强新能源汽车动力总成研发，加快产业链耦合，承载我国新能源汽车产业发展的核心支柱。中部地区一方面需要稳步提高传统汽车产业发展水平，为我国新能源汽车产业发展承担现代化装备制造和整车组装等业务；另一方面要加大新能源汽车市场培育，与先行地区形成优势互补，协同发展。西部一些省区发展新能源汽车产业条件较为欠缺，可以选择新能源汽车相关材料加工和零部件生产等基础行业作为突破口，选择差异性的行业发展路径。

第7章　战略性新兴产业发展的创新驱动分析

战略性新兴产业发展是一个多因素影响的系统过程，不同因素的作用机制较为复杂，可能存在外生与内生的异质性。本章立足产业层级，建立战略性新兴产业发展的系统动力学模型，研究系统发展的关键影响因素，刻画战略性新兴产业发展轨迹，探究战略性新兴产业发展的内在逻辑，从而找出加快战略性新兴产业的创新驱动路径。

7.1　研究出发点

战略性新兴产业发展受到多重因素影响，既包括产业内部的要素投入，产业间的技术引进或技术竞争，多部门间的合作，也包括产业发展的外部政策影响。在科技创新阶段的主要影响因素有：知识积累、技术创新资金投入、R&D人力资本投入、产学研结合、技术引进等；同时受到科技创新政策、金融支持等外部因素影响。在成长阶段，产业发展受到资本投入、人力资本投入、固定资产投入等要素投入推动，同时受到产业政策、财税政策、金融支撑的影响。在成熟阶段，除了受到内部因素影响外，产业发展还受到市场竞争环境的影响。各个阶段的衔接和过渡是多重因素相互影响、共同作用的过程，内部因素是战略性新兴产业发展内在动因，政策干预和外部环境是战略性新兴产业发展的外部影响因素，内因和外因相互引动，推动系统发展。

由此认为，战略性新兴产业发展是动态系统的演进过程，受到内在动因和外部影响的双重作用，研究战略性新兴产业的发展应注重其微观基础，明确系统发展内在动力和外部影响，通过研究其整体系统的发展轨迹和各因素间相互关系的演进关系寻找发展规律和内在逻辑，从而合理选择发展路径，科学制定政策制度。

7.2　研究方法和研究线路

7.2.1　系统动力学

系统动力学（system dynamics），简称 SD，由美国管理学家 Forrester 于 1956 年提出，Forrester 最初用系统动力学方法分析生产管理及库存管理的仿真模拟，并称之为工业动态学。系统动力学模型借用数学推理，以系统运行的历史数据为基础，依据实际观测数据建立动态的数学模型，通过计算机仿真模拟试验预测系统运行规律和未来发展趋势（Sterman，2000）。系统动力学研究方法的主要思路是：首先，将问题分析为各因素运动的综合，确立系统中各个因素之间的因果关系和信息反馈联系，以控制论理论为基础，将系统运行行为视为各个像素间因果关系和信息反馈的结果；其次，把整个系统划分为若干个由要素间因果关系构成的子系统，并且建立各个子系统内部的因果关系结构，将整个系统运行视为各个子系统间的相互行为结合；再次，以历史经验数据为基础，建立计算机仿真模型，制作流图并构造数学方程，验证模型的有效性；最后，实施计算机仿真模拟试验，计算系统运行仿真数据，预测系统运行规律和发展形势，为系统运行的优化和决策制定提供依据（傅明明，2010）。

系统动力学是运筹学的发展和延伸，它的研究基础并非依据抽象假设，而是以现实系统运行为依据。它不以精确计算为目的，而是从系统整体出发研究系统运行轨迹，从而寻求系统运行机制优化路径（王其藩，1995）。战略性新兴产业发展具有长期性和动态性特征，而发展时间较短，数据搜集存在一定难度，可搜集数据量有限，但战略性新兴产业发展轨迹研究对精度要求适中，更多在于通过研究系统运行逻辑，寻找系统发展规律。运用系统动力学研究战略性新兴产业发展是一种系统与分析、理论与实证、历史与仿真、定性与定量相结合的科学研究方法，将战略性新兴产业发展过程视为动态运行系统分析，研究战略性新兴产业发展的内在动因和外部影响，刻画战略性新兴产业的发展轨迹，预测发展趋势，从而为战略性新兴产业发展路径选择和政策设计提供科学依据。

7.2.2 研究线路

第一，以战略性新兴产业发展的内部要素和外部影响为系统要素，构建战略性新兴产业发展系统，分析战略性新兴产业发展影响因素和系统运行之间的因果关系，设定系统信息反馈假设条件。

第二，从系统整体出发、各要素多维分析进行系统动力学模型的流图设计，并根据战略性新兴产业发展的历史数据对模型参数进行定量分析，设计参数方程，计算模型方程系数。

第三，运用计算机仿真对系统运行有效模拟，测算系统中各要素的数据变化情况，并将仿真输出结果与历史数据进行比较，检验模型的合理性和准确性。

第四，根据系统仿真模拟输出，刻画战略性新兴产业发展的长期运行轨迹，定性与定量相结合分析战略性新兴产业发展系统中各要素的变化情况，研究战略性新兴产业发展规律，预测战略性新兴产业的发展趋势。

第五，通过实证分析找出战略性新兴产业发展系统中的关键影响因素，并对关键因素进行政策实验，研究政策影响程度。

第六，运用最小二乘估计（OLS）和向量自回归模型（VAR）检验系统中关键影响因素的显著性。

第七，根据政策实验结果和回归检验分析，提出加快战略性新兴产业发展的有效路径及合理建议。

7.3　系统分析与集成

7.3.1　系统分析

战略性新兴产业发展系统中，产业是企业的集合。在技术创新阶段(孕育期)，研发新技术，生产新产品，实现新产品销售收入是产业发展的主要任务，企业既可以通过技术引进（购买）获得新技术，也可以通过自主创新研发获得新技术，而技术研发需要资金投入和知识投入（高素质人才)，资金投入来源不仅限于企业自身，还有政府为鼓励创新加强的创新投入，因此，企业和政府都是产业创新的主体，创新投入、高素质人才(雇用)、技术引进、新技术研发、新产品生产（销售）是系统发展中的主体行为。在产业成长阶段，企业数量（增长)、产业规模（扩大)、获取相关政策支持、缴税都是产业发展过程中的系统主体行为。而政府在产业成长阶段成为政策干预主体，通过实施产业政策、财税政策、金融政策干预系统发展。主体和主体间的行为关系构成了整个战略性新兴产业发展的动态系统，系统中的主体行为相互影响，推动系统运行。

7.3.2　因果关系

根据战略性新兴产业的系统分析，设计系统动力学模型的因果关系图(图 7 - 1)。

因果关系图中显示的主要反馈线路有：

(1) 科技创新投入—新技术—新产品—市场需求—企业数量—产业规模—政府税收—政府科技创新投入—技术创新投入，这条路径体现了技术创新生成新技术和新产品，进而推动产业化，随着产业规模逐渐扩大，政府税收收入提高，从而加大对科技创新投入，实现科技创新投入总量增长的正向闭环线路。

(2) 科技创新投入—新技术—新产品—市场需求—企业数量—产业规

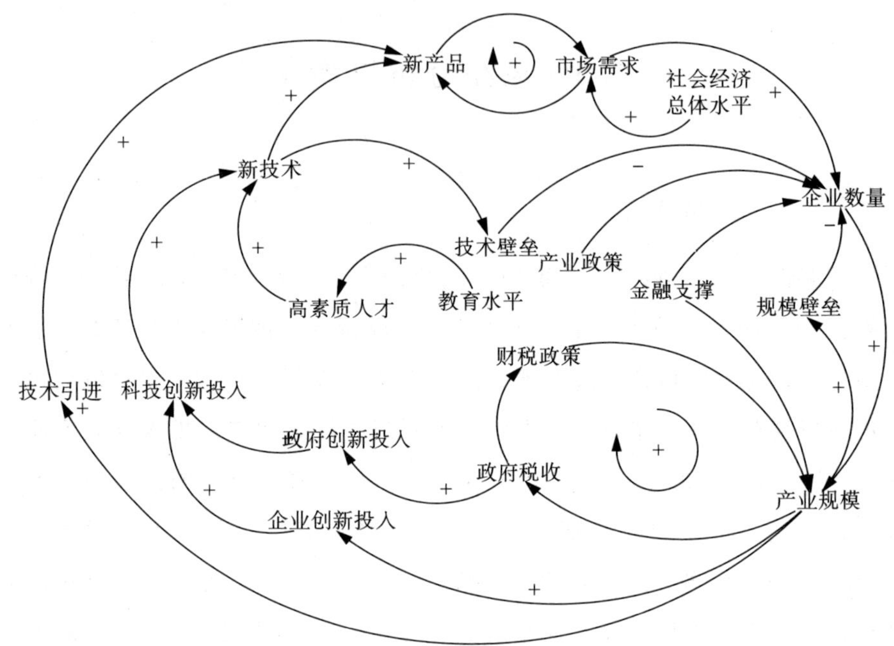

图 7－1 战略性新兴产业发展的因果关系

模—企业创新投入—科技创新投入，这条路径体现了科技创新促进了新技术和新产品的产业化，随着市场需求增长，企业数量不断增多，产业规模逐渐扩大，企业获得更大的收益，从而加大科技创新投入，实现科技创新投入总量增长的正向闭环线路。

（3）技术引进—新产品—市场需求—企业数量—产业规模—技术引进，这条路径反映了企业通过技术引进生产新产品，刺激市场需求增长，吸引更多企业进入市场，产业整体规模扩大，企业获取更高收益后再加大技术引进力度的正向闭环线路。

（4）产业规模政府税收—财税政策—产业规模，这条路径体现了随着产业规模不断扩大，政府税收逐渐提高，政府能够提供更有力的财税政策，从而促进产业的发展的正向闭环线路。

系统中，新技术促生产业化的同时，也形成了技术壁垒，产业规模扩大到一定程度也会造成规模壁垒，技术壁垒和规模壁垒都会加大企业进入市场的难度。

7.4　模型构建

7.4.1　系统边界与基本假设

通过对战略性新兴产业发展系统的分析与集成，选择新产品、市场需求、企业数量、产业规模构成系统边界。整个系统包括四个子系统，分别为技术创新子系统、政策影响子系统、市场结构子系统、产业规模子系统。

建立战略性新兴产业的系统动力学模型有以下几个基本假设：H_1，企业是战略性新兴产业的组成分子，整个产业的发展就是系统中所有企业行为的集合；H_2，系统不考虑第三方科研机构，政府为鼓励创新将创新投入赋予企业，企业作为创新投入的行使主体进行技术研发，获取新技术的所有权和使用权；H_3，企业引进的新技术来自系统外，以引进花费作为新技术引进的衡量尺度；H_4，政府的财税政策和创新投入的资金来源为政府系统内的税收，不考虑系统外来源；H_5，社会经济总体水平发展较快，不会对新产品引发的市场需求产生逆向影响；H_6，企业从金融市场获取的资金支持全部用于新项目发展，这既包括技术研发也包括扩大生产；H_7，产业技术创新产生的新技术都申请了技术专利。

7.4.2　SD 模型流图

使用 Vensim 软件设计战略性新兴产业发展的 SD 模型流图如图 7－2 所示。

7.4.3　模型变量

模型中的变量说明如表 7－1 所示。

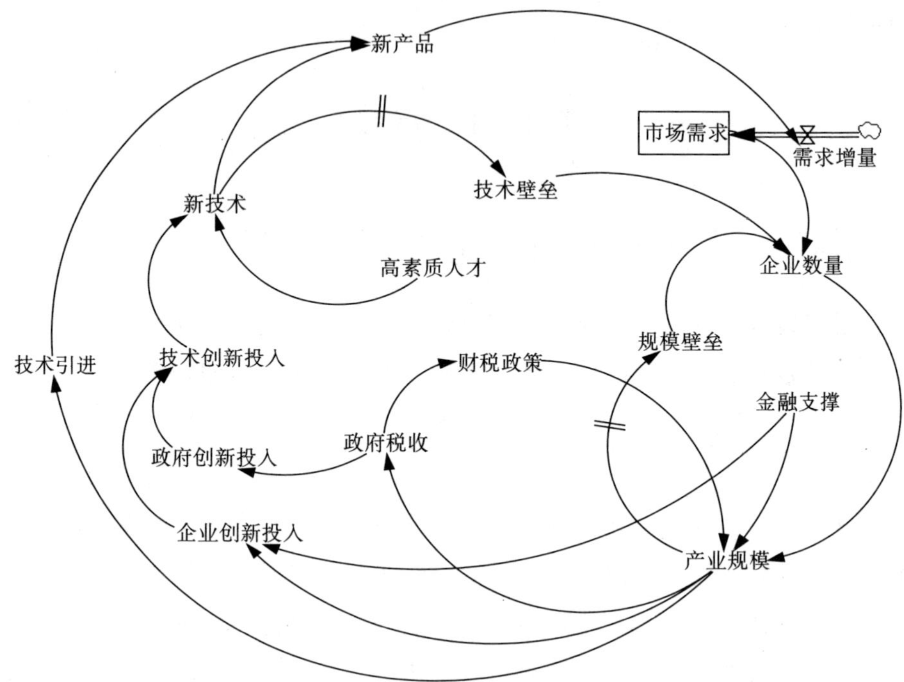

图 7-2 战略性新兴产业发展的 SD 模型流图

表 7-1 战略性新兴产业发展 SD 模型变量表

序号	变量	含义	单位	类型	说明
1	*gov*	政府创新投入	亿元	输入变量	
2	*ent*	企业创新投入	亿元	输入变量	
3	*intro*	技术引进	亿元	输入变量	以技术引进费用说明
4	*techin*	技术创新投入	亿元	输入变量	
5	*tech*	新技术	万件	输入变量	以申请专利数量说明
6	*incm*	新产品	亿元	输入变量	以销售收入说明
7	*market*	市场需求	亿元	积累变量	
8	*enternum*	企业数量	个	输入变量	
9	*indus*	产业规模	亿元	输入变量	以销售收入说明
10	*tax*	政府税收	亿元	输入变量	
11	*tal*	高素质人才	万人	外生变量	以大学以上学历从业者数量说明
12	*fina*	金融支撑强度	无	外生变量	以大项目投资额中贷款额度衡量
13	*taxpol*	财税政策强度	无	输入变量	以政府减免税收额度衡量
14	*techbar*	技术壁垒	无	输入变量	以技术研发投入/专利数量说明
15	*indusbar*	规模壁垒	无	输入变量	以产业销售收入/企业数量说明

7.4.4　参数方程

根据 SD 模型流图和参数关系设计参数方程，由战略性新兴产业评价分析来看，电子信息产业战略性和新兴性显著，发展时间较长，数据较为丰富，本章以中国电子信息产业为例，通过系统动力学模型实证研究战略性新兴产业发展轨迹。以中国电子信息产业的历史数据作为参数样本（表 7-2），通过回归分析、Vensim 软件的表函数等方法确定系统模型中参数方程的系数。

表 7-2　2000～2011 年中国电子信息产业各项历史数据

year	*market*	*enternum*	*indus*	*tax*	*tal*	*ent*	*gov*	*tech*	*intro*	*incm*	*invest*
2000	10000	6893	9889	210	25	208	16	2	85	1539	440
2001	12300	7522	11876	280	38	214	19	2.2	89	1782	551
2002	15800	9065	14000	260	49	266	22	3	800	2240	689
2003	21390	17506	18800	300	90	376	32	4	283	3197	896
2004	28990	45964	38411	435	133	768	47	6.5	155	6530	1200
2005	39000	67455	30785	394	213	800	48	6.9	175	6342	1468
2006	51630	71740	47500	473	253	900	53	7.3	345	9500	2068
2007	62435	76573	56000	570	301	952	52	8	341	11200	2646
2008	71171	79382	63000	586	340	1638	81	9.6	466	11970	3528
2009	76996	80759	64000	664	378	1728	83	10.1	318	14080	4147
2010	80969	82514	77500	714	413	2170	113	10.9	397	16973	5722
2011	84490	87725	93000	833	529	2790	127	13.1	358	18600	8926

数据来源：笔者根据《中国电子信息产业统计年鉴》《中国高技术产业统计年鉴》《中国电子信息产业经济运行统计公报》《信息技术领域专利态势分析报告》《中国电子工业 50 年》等整理计算得出。

（1）在技术创新子系统中，存在的主要参数方程有：

$gov = 0.176417 \times tax - 26.32720$

$\ln ent = 0.650010 \times \ln indus + 0.414887 \times \ln fina - 2.971369$

$techin = gov + ent$

$\ln intro = 0.787483 \times \ln indus - 2.896245$

$\ln tech = 0.270706 \times \ln techin + 0.386231 \times \ln tal - 1.989899$

tal = INTEG（increase/year，25）

$\ln incm = 1.363178 \times \ln tech + 0.034363 \times \ln intro + 6.13926$

（2）在政策影响子系统中，存在的主要参数方程有：

$fina = \alpha \times invest$（项目投资额），由于电子信息产业为高投入产业，本书将500万以上项目的投资额视为当年的电子信息产业的投资额，α为总投资中贷款比例，取值0~1，为了便于模型计算，选取α=0.5。

$invest$ = INTEG（increase/year，440）

$taxpol = \beta \times tax$，β为系数，取值0~1，模型中为了便于计算，选取β=0.5。

$\ln tax = 0.581902 \times \ln indus$

（3）在市场结构子系统中，主要参数方程如下：

$\ln enternum = 1.000942 \times \ln market + 1.095201 \times ar(1) - 0.640465 \times ar(2)$

$indusbar = indus/enternum$

$techbar = techin/tech$

（4）在产业规模子系统中，存在以下主要参数方程：

$indus = 0.268154 \times enternum + 10.63568 \times fina + 74.74857 \times taxpol$

$\ln tax = 0.581902 \times \ln indus$

$\ln intro = 0.787483 \times \ln indus - 2.896245$

$\ln ent = 0.650010 \times \ln indus + 0.414887 \times \ln fina - 2.971369$

$indusbar = indus/enternum$

7.5 系统仿真模拟

7.5.1 模型输出

根据战略性新兴产业发展SD模型，以2000年为基期，对中国电子信息产业系统发展进行仿真模拟，结果如表 7 – 3 所示。

表 7 – 3　　　　SD 模型仿真模拟输出

year	*market*	*enternum*	*indus*	*tax*	*tal*	*ent*	*gov*	*tech*	*intro*	*incm*	*fina*
2000	10000	6893	13190	210	25	208	16	2	85	1539	220
2001	11384	9987	16257	291	36	235	25	2.5	89	1844	276
2002	18037	13182	18257	302	46	287	27	2.8	102	2260	345
2003	25001	20614	22577	342	96	387	34	4.1	128	3738	448
2004	32207	35360	31585	415	146	695	47	5.6	225	5859	600
2005	39611	56879	34567	438	197	655	51	6.2	189	6695	734
2006	47184	62413	44607	508	247	1000	63	7.6	266	8874	1034
2007	54905	71847	54640	571	297	1233	74	8.6	303	10601	1323
2008	62758	81900	62624	618	347	1500	83	9.6	332	12387	1764
2009	70729	88603	70629	663	398	1620	91	10.4	336	13708	2074
2010	78809	90175	82099	724	448	2097	101	11.6	391	16086	2861
2011	86989	97226	102378	823	498	2782	119	13.0	452	18935	4248
2012	95262	109622	127544	935	549	3855	139	14.8	579	22620	5685
2013	103621	119241	157185	1056	599	4939	160	16.3	683	26064	7445
2014	112061	128954	191812	1186	649	6238	183	17.9	799	29762	9571
2015	120577	138753	231940	1325	699	7781	207	19.5	928	33718	12106
2016	129165	148636	278107	1472	750	9595	233	21.2	1070	37959	15096
2017	137822	158598	330869	1629	800	11711	261	23.0	1227	42436	18589
2018	146544	168635	390799	1795	850	14160	290	24.7	1399	47174	22633
2019	155329	178744	458489	1969	900	16975	321	26.5	1586	52175	27280
2020	164173	188921	534550	2153	951	20190	353	28.4	1790	57470	32583

7.5.2　模型有效性检验

将 SD 模型仿真输出与历史数据对比，进行仿真模拟误差计算，得到以下结果（表 7 – 4）。

表 7-4 模型仿真模拟误差率

year	*market*	*enternum*	*indus*	*tax*	*tal*	*ent*	*gov*	*tech*	*intro*	*incm*
2001	7.5%	20.8%	11.1%	3.9%	5.3%	9.8%	31.6%	13.6%	0.0%	3.5%
2002	14.2%	29.4%	16.4%	16.2%	6.1%	7.9%	22.7%	6.7%	87.3%	0.9%
2003	16.9%	16.5%	20.1%	14.0%	6.7%	2.9%	6.3%	2.5%	54.8%	16.9%
2004	11.1%	27.6%	17.8%	4.6%	9.8%	9.5%	0.0%	13.9%	45.2%	10.3%
2005	1.6%	34.4%	12.3%	11.2%	7.5%	18.1%	6.3%	10.1%	8.0%	5.6%
2006	8.6%	19.6%	6.1%	7.4%	2.4%	11.1%	18.9%	4.1%	22.9%	6.6%
2007	12.1%	8.4%	2.4%	0.2%	1.3%	29.5%	42.3%	7.5%	11.1%	5.4%
2008	11.8%	4.0%	0.6%	5.5%	2.1%	8.4%	2.5%	0.0%	28.8%	3.5%
2009	8.1%	12.3%	10.4%	0.2%	5.3%	6.3%	9.6%	3.0%	5.7%	2.6%
2010	2.7%	9.9%	5.9%	1.4%	8.5%	3.4%	10.6%	6.4%	1.5%	5.2%
2011	3.0%	10.2%	10.1%	1.2%	5.9%	0.3%	6.3%	0.8%	26.3%	1.8%
Mean	8.9%	17.6%	10.3%	6.0%	5.5%	9.7%	14.3%	6.2%	26.5%	5.7%

从系统仿真模拟结果的误差率来看，有四项参数的平均误差率超过10%，其中最高的是技术引进费用，平均误差率为26.5%，分析原因，技术引进费用中，2002年、2003年、2004年真实数据与仿真数据差异过大，造成平均误差率偏高。此外，企业数量、政府创新投入两项参数的真实数据存在个别差异明显数据，造成平均误差结果偏高。整体而言，SD模型仿真数据平均误差在10%左右，基本能够反映中国电子信息产业各项参数的发展变化情况，验证了SD模型具有较高的合理性和准确性。

7.6 系统发展趋势分析

7.6.1 技术创新子系统

在技术创新子系统中，技术创新投入作为关键参数，由两部分构成，一部分是企业创新投入，一部分是政府创新投入，由模型的仿真结果（图7-3）来看，随着系统的发展，企业创新投入所占比例越来越高，由2001

年的 90% 增长到 2020 的 98%，企业逐渐发展成为创新投入的绝对主体。整个产业的创新投入逐年增长，且增长较为稳定。从增长率分析来看，前期增长率浮动较大，2004 年出现最高值，2005 年出现最低值，总体来看，2012 年前的产业总体创新投入增长率处于一个较高水平，后期逐渐稳定，2012 年以后的增长率具有缓慢降低的趋势。

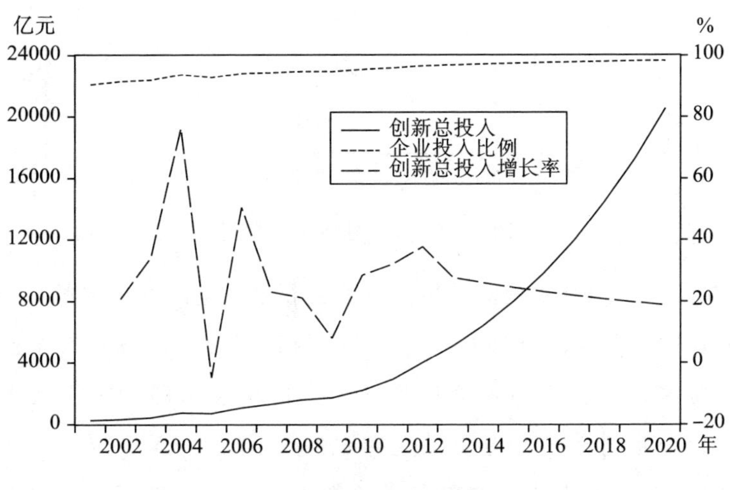

图 7－3　技术创新总投入

从企业技术引进费用的仿真输出来看（图 7－4），随着系统发展，企业用于技术引进的费用逐渐增加，增长率初期不稳定，2004 年出现 76% 的峰值，2005 年出现负增长，2013 年以前总体保持较高的增长率，2013 年以后增长率逐渐减小，增长趋势变缓。从技术引进费用与创新投入之比来看，在产业发展初期，用于技术引进费用与创新投入之比近 40%，随着系统发展，比值逐渐降低，到 2020 年，技术引进费用与创新投入之比低于 10%，说明随着产业规模不断扩大，企业将越来越多的重视自主科技创新，技术引进则逐渐成为辅助手段。

从企业技术创新的仿真模拟结果（图 7－5）来看，企业创新投入随着系统的发展稳步增长，增速在 2011 年之后明显加快，但从增长率来看，2012 年之前波动较大，2012 年之后增长率逐渐放缓。技术创新子系统中企业创新投入的影响由两部分构成，分别为产业规模和金融支持强度，

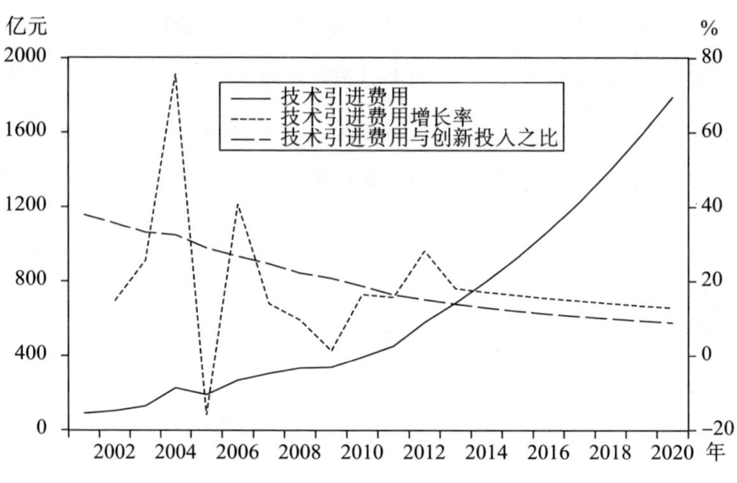

图 7-4 企业技术引进费用

从图 7-6 来看，随着系统的发展，企业创新投入与产业规模的比值逐渐增长，从最初的 0.014 上升到 0.038，说明随着系统不断发展，企业的创新投入占销售收入的比例将逐渐增加，企业将在技术创新中投入更多的资金；另外，企业创新投入与金融支撑强度的比值则逐步减小，从最初的 1.0 左右下降到 0.6 左右，说明随着系统发展，企业创新投入对金融支撑的依赖性逐渐增强。

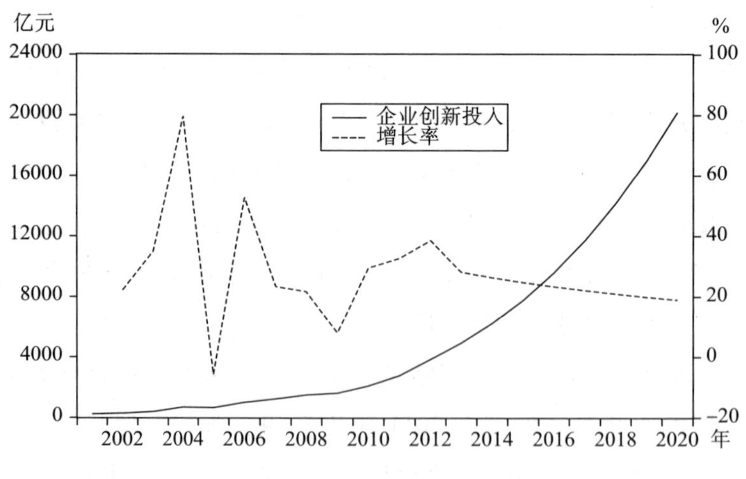

图 7-5 企业创新投入

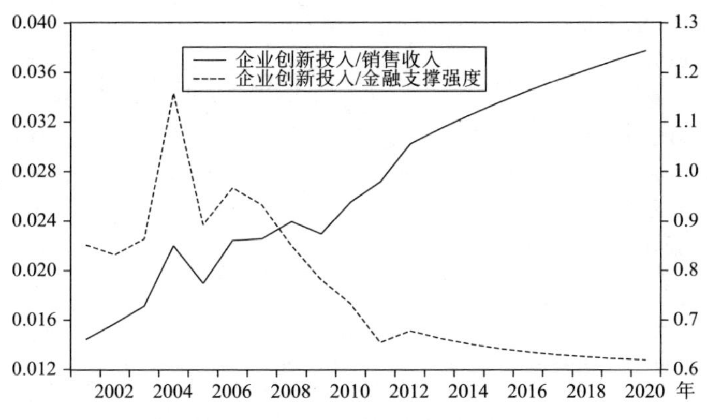

图 7－6　企业创新投入影响因素

由新技术数量的仿真模拟结果（图 7－7）来看，随着系统发展，新技术的数量不断增长，且增速较为稳定，但从增长率来看，2012 年之前波动较大，2012 年之后增长率逐渐放缓，2013 年之后将低于 10%。SD 模型的技术创新子系统中，新技术数量的影响因素有创新总投入和高素质人才，由图 7－8 来看，专利数量与创新总投入比值逐渐降低，且降幅较大，说明随着系统发展，新技术研发所需要资金投入将逐渐增大；而从专利数量与高素质人才数量比值来看，产业发展初期，新技术研发所需要的高素质人才数量较少，但随着产业不断发展，新技术研发所需要的高素质人才数量逐步增长，在 2005 年以后基本稳定在某一水平。

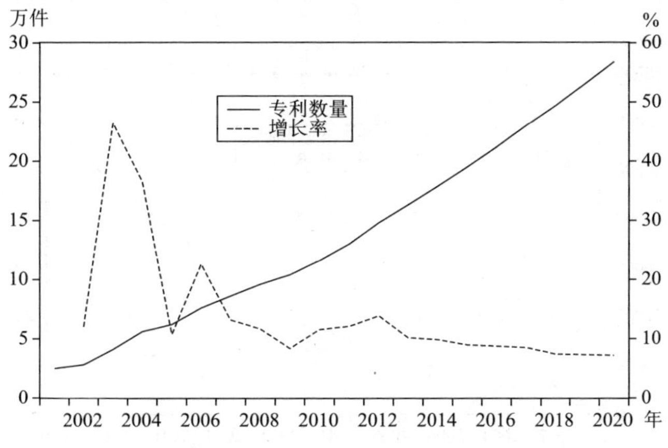

图 7－7　新技术（专利）数量

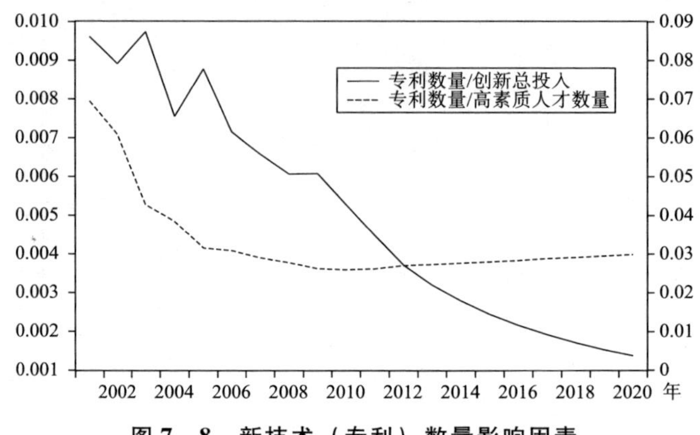

图 7-8 新技术（专利）数量影响因素

由新产品的销售收入仿真模拟结果（图 7-9）来看，新产品销售收入随着系统的发展稳步增长，2009 年后增速较之前稍快，但从增长率来看，2013 年之前波动较大，2003 年出现峰值 65%，2013 年之后增长率逐步放缓，2020 年接近 10%。SD 模型中，新产品销售收入的主要影响因素有新技术数量和技术引进（费用），图 7-10 显示，随着系统发展，新产品销售收入与新技术数量比值稳步增长，这说明，新技术数量对新产品销售收入的影响逐渐增大，新的技术会带来销售收入更高的新产品；另外，新产品销售收入和技术引进比值在 2011 年之前呈现不稳定增长趋势，2011 年之后逐渐降低，这说明新产品销售收入受技术引进的影响在系统发展初期逐渐增大，而随着系统发展，技术引进带来的新产品销售收入逐步降低。

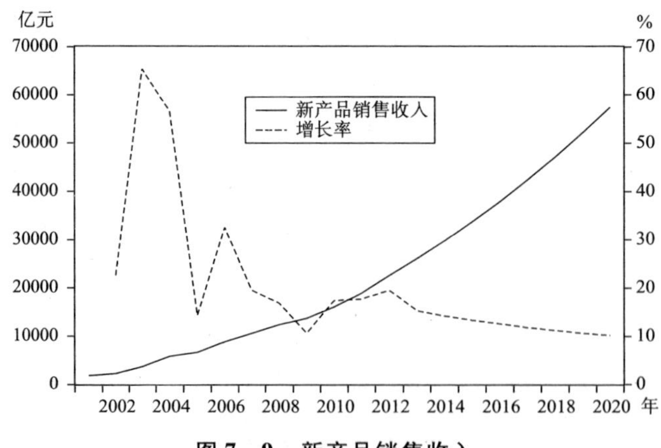

图 7-9 新产品销售收入

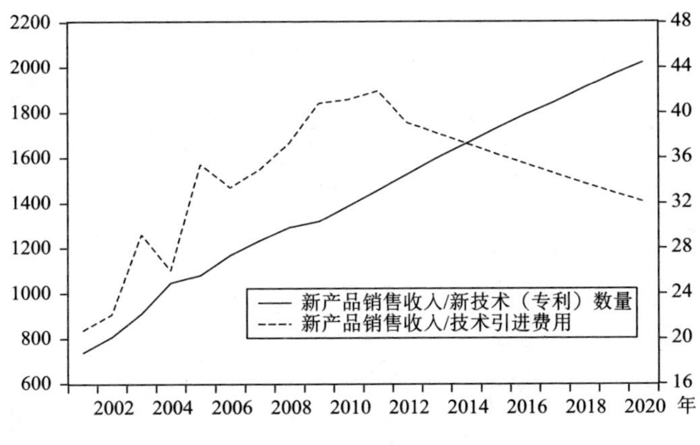

图7-10　新产品销售收入影响因素

7.6.2　政策影响子系统

在政策影响子系统中，金融支撑强度仿真结果如图7-11，随着系统的发展，金融支撑强度逐步增长，2009年之后增速较快，但从增长率来看，2011年之前的增长率极不稳定，2009年出现最低值18%，2011年出现峰值48%，2011年之后的增长率则逐年降低。从金融政策影响仿真结果（图7-12）来看，产业规模与金融支撑强度的比值逐年降低，说明随着系统发展，产业规模增长对金融支撑的依赖性逐渐增强。同时，企业创新投入对金融支撑强度的依赖性也同样随着系统发展逐渐增大。

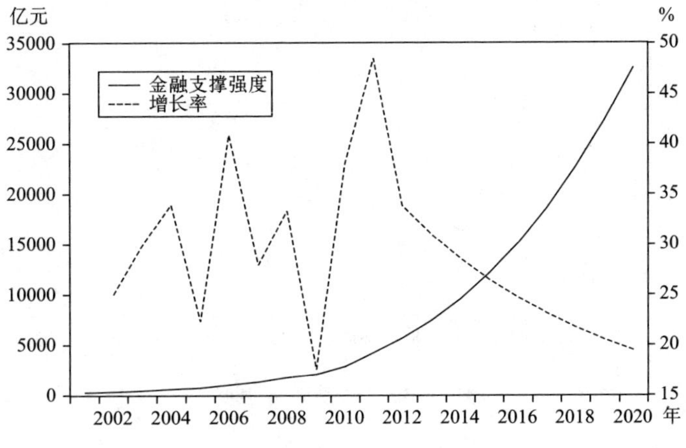

图7-11　金融支撑强度

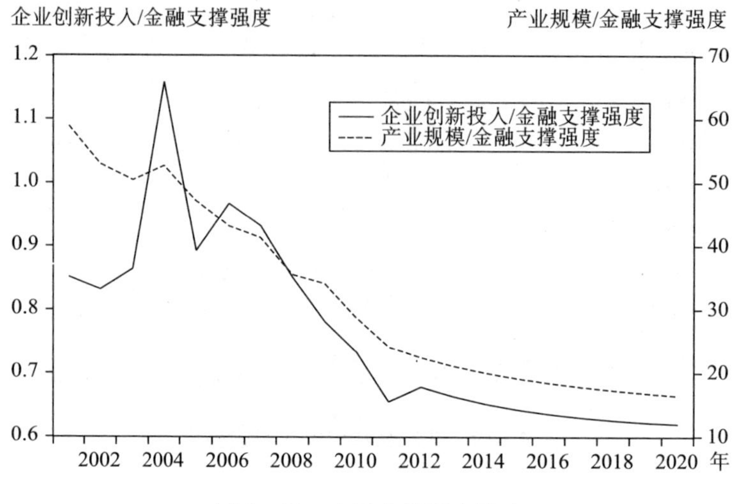

图 7-12 金融支撑强度影响

从财税政策的仿真模拟结果（图 7-13）来看，财税政策强度随着系统的发展逐渐增长，且增长幅度较大。从财税政策强度增长率来看，2011年之前的增长率波动较大，2003 年出现峰值 21%，2011 年之后增长率稳步放缓。产业规模与财税政策的比值（图 7-14）随着系统发展逐渐增大，说明产业规模的增长对财税政策依赖性逐渐减小。

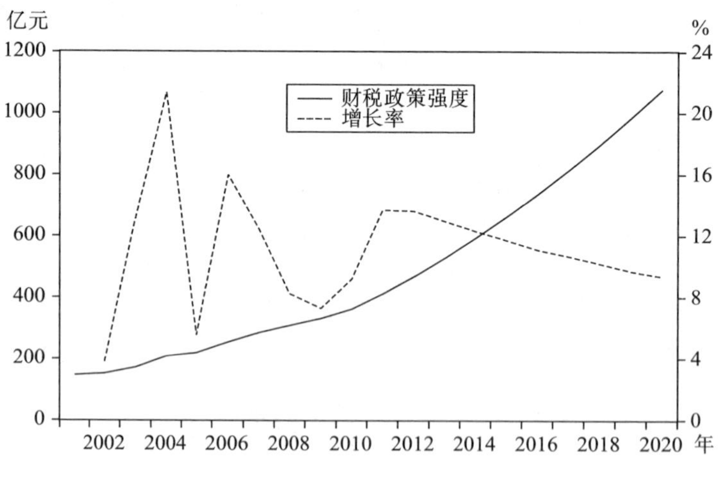

图 7-13 财税政策强度

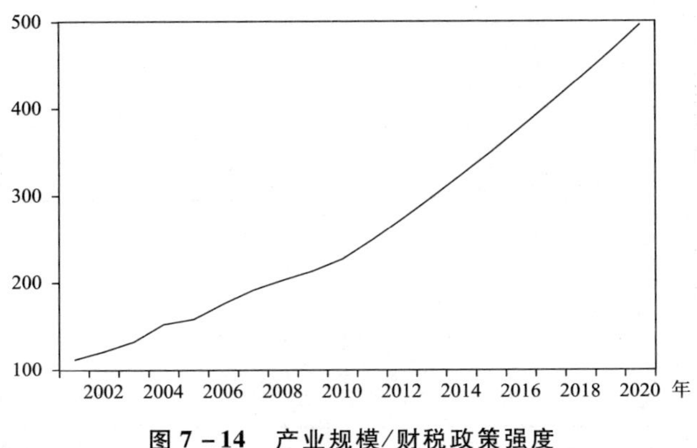

图 7－14　产业规模/财税政策强度

7.6.3　市场结构子系统

在市场结构子系统中，企业数量的系统仿真结果输出如图 7－15 所示，随着系统发展，企业数量稳步增长，从增长率来看，2006 年以前保持较高增长率，2004 年达到峰值 71%，2006 年以后增长率长期稳定在 10% 上下，在 2012 年之后稳步降低。企业数量最主要的影响参数是市场需求。从企业数量与市场需求的比值（图 7－16）来看，2005 年之前企业数量的增长受市场需求增长的影响逐渐增大，2005 年达到峰值后逐步降低，2012 年之后基本稳定在同一水平，说明系统发展初期，市场需求远远超出整个产业的产出，从而引发企业数量激增，震荡后，随着系统发展，当企业数量与市场需求匹配时，市场结构趋于稳定。

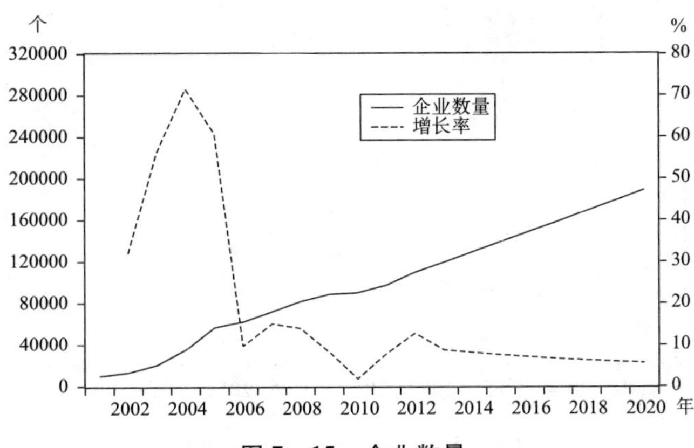

图 7－15　企业数量

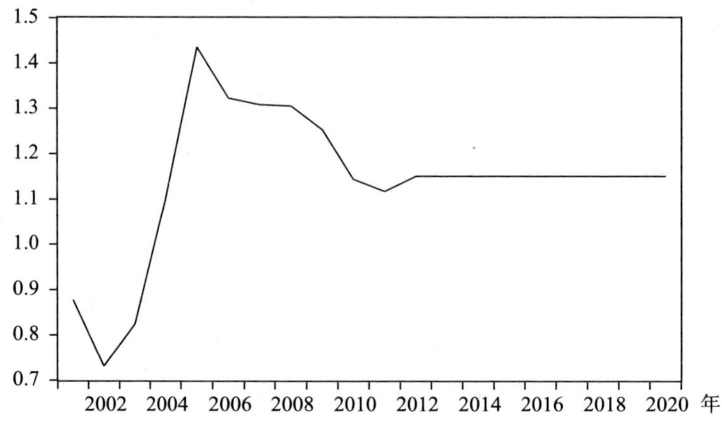

图 7－16 企业数量/市场需求

从技术壁垒和规模壁垒情况（图 7－17）来看，技术壁垒随着系统的发展逐渐提高，2010 年之后的增速较之前稍快，而规模壁垒先降后升，2005 年出现最低值，之后稳步上升。仿真结果显示，技术壁垒和规模壁垒都对企业数量的增长率有着一定关系，随着系统发展，技术壁垒和规模壁垒逐渐提高，当技术壁垒和规模壁垒增长到一定水平时，技术壁垒和规模壁垒对企业数量的影响达到极限，企业数量将和市场需求相匹配，市场结构趋于稳定。

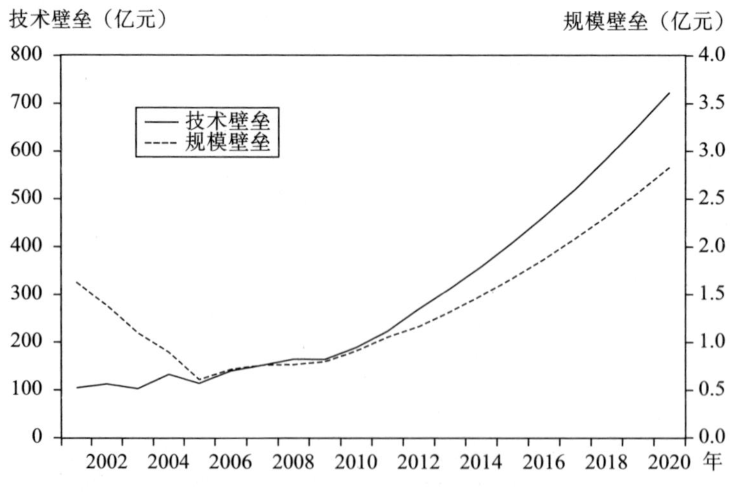

图 7－17 技术壁垒和规模壁垒

7.6.4　产业规模子系统

产业规模的仿真模拟结果如图 7 - 18 所示，随着系统发展，产业规模逐渐增长，并且 2010 年后增速加快。但从增长率分析来看，2010 年之前产业规模增长率波动较大，2004 年出现峰值 39%，随着系统发展，2010 年之后增长率逐渐降低。通过分析产业规模与企业数量的比值（图 7 - 19），发现 2005 年之前，大量新进入市场的企业是产业规模扩大的主要原因，2005 年以后，企业的平均规模扩大是产业规模不断增长的主要原因。

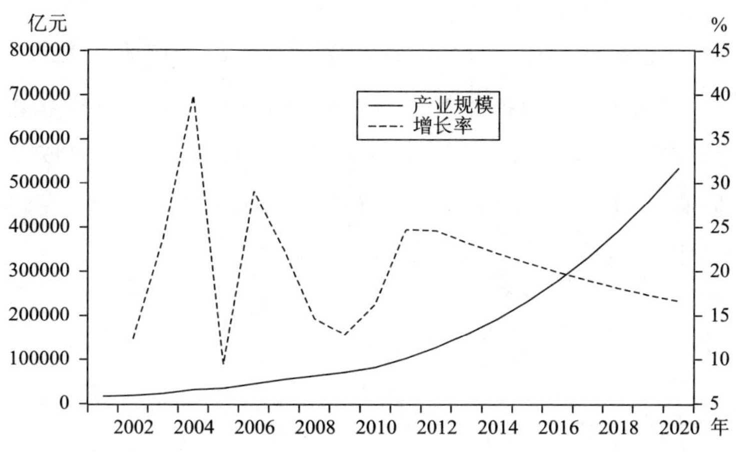

图 7 - 18　产业规模

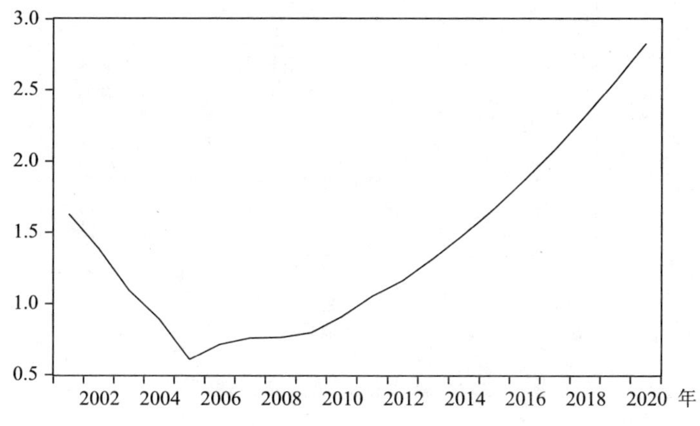

图 7 - 19　产业规模/企业数量

产业规模子系统中其他参数和变量关系的仿真模拟结果已在另外三个子系统中讨论，这里不再重复。

7.7 政策实验

通过系统仿真模拟结果分析，我们选择系统中关键因素进行政策实验，研究促进战略性新兴产业发展的关键影响因素。

7.7.1 技术创新阶段

通过系统模拟仿真结果分析，在技术创新阶段，产业发展的主要任务是鼓励创新，促生更多的新技术（专利），因为只有更多的新技术能够带来更多的新产品（销售收入），从而促进战略性新兴产业完成“关键一跳”。我们通过SD模型的因果关系回馈路径制作树状图（图7-20）分析技术创新阶段的政策选择。

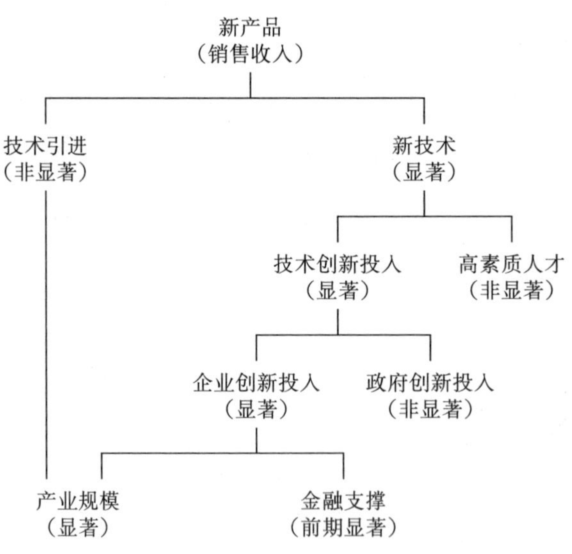

图7-20 技术创新政策路径树状图

通过SD模型的发展趋势分析，将技术创新阶段的参数分为显著和非显著两种，前者表示参数在因果关系中占主导地位，后者表示参数在因果关系中占非主导地位。在图7-20中，根据树形图逐层分析，确定企业创新投入为实验对象进行政策实验。虚拟对企业创新投入分别放大10%和20%，进行新产品销售收入的仿真模拟，结果如图7-21、图7-22所示。

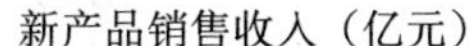

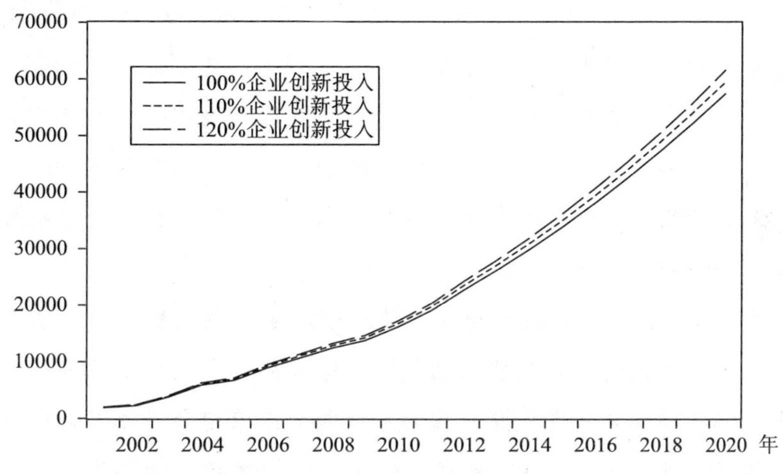

图7-21　企业创新投入政策实验输出

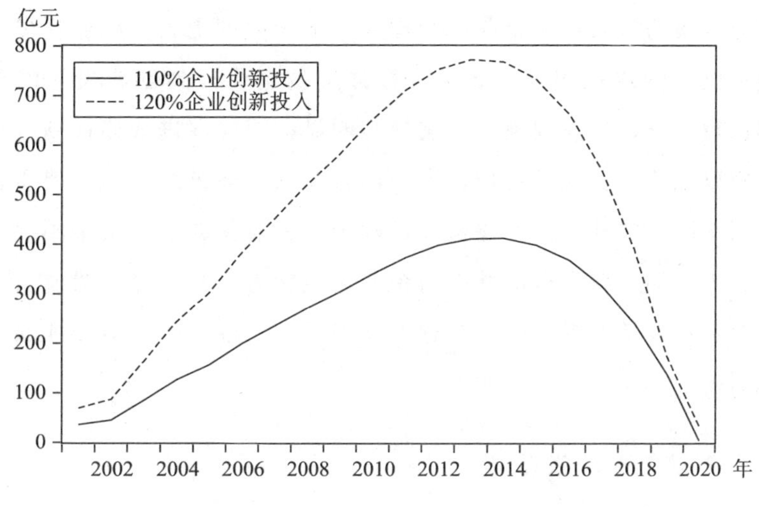

图7-22　增加企业创新投入的收益

图 7－21 显示企业创新投入原始模拟值、增加 10% 的模拟值、增加 20% 的模拟值时新产品销售收入的变化情况，由图 7－21 来看，随着企业创新投入的提高，新产品的销售收入逐渐增长，并且增长幅度逐年扩大，这一实验结果说明，提高企业创新投入对新产品的销售收入具有正向影响，而且这种正向影响随着系统发展将逐渐增大。图 7－22 显示了增加企业创新投入的收益情况，即提高企业创新投入的收入溢出减去提高企业创新投入的成本，图 7－21 中显示，计算结果在 2014 年达到峰值，2014 年以前逐渐增长，2014 年以后快速减少，这一现象的主要原因是随着产业不断发展，新技术的研发成本越来越高，当研发成本高出某一水平时，新技术产生的收入逐渐接近研发成本，造成收益减小。实验结果表明，企业提高创新投入的收益随系统的发展而变化，选择恰当的时机提高企业创新投入能够实现收益最大化。

在 SD 模型中，企业创新投入是技术创新阶段的关键参数，提高企业创新投入有助于促进产业在技术创新阶段的发展，影响企业创新投入的因素分别是产业规模和金融支撑，我们对这两个因素进行政策实验。从实验结果（图 7－23、图 7－24）来看，产业规模的增长和金融支撑强度的增长都能够不同程度地提高企业创新投入，等比例提高参数输入值的情况下，产业规模的增长产生企业创新投入的增长幅度更大。产业规模是企业提高创新投入的内在因素，金融支撑强度是企业提高创新投入的外在影响，相比较而言，产业规模的影响更为明显，因此促进战略性新兴产业技术创新应以加快产业规模增长，提高销售收入，促进系统内部要素良性循环为主要手段。此外，在产业发展过程中，企业创新投入资金不足的情况下，寻求更多的金融支撑能够提高企业创新投入，并且企业研发投入对金融支撑的依赖性随着系统的发展逐渐增强，需要逐步加大对企业研发的金融支撑强度。

7.7.2 产业扩张阶段

SD 模型中，产业规模的影响因素有企业数量、财税政策和金融支撑，

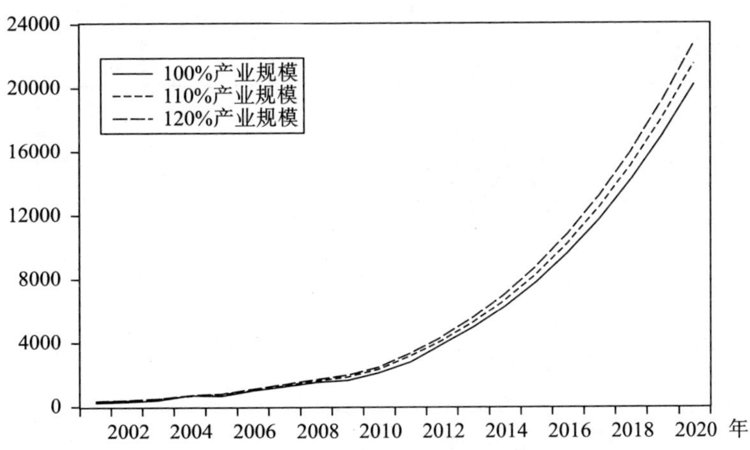

图 7－23　产业规模政策实验结果

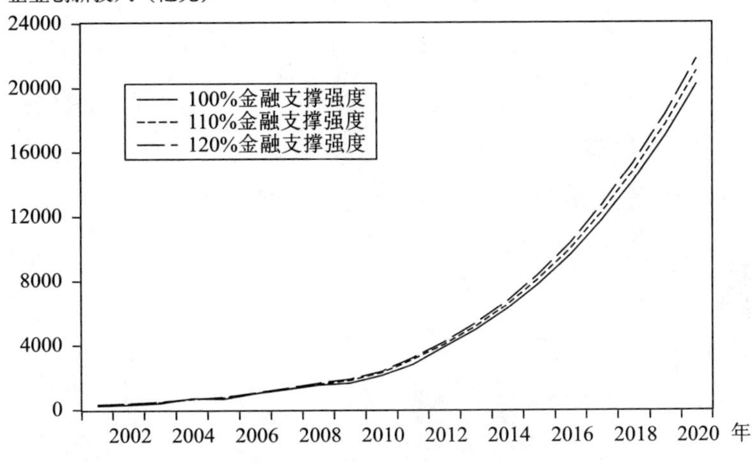

图 7－24　金融支撑强度政策实验结果

我们分别对产业规模与企业数量、财税政策、金融支撑的影响进行政策实验，试验分别以三个影响参数的原始模拟值、放大 10% 模拟值、放大 20% 模拟值进行系统仿真，得到产业规模的模拟值。

企业数量政策实验结果如图 7－25 所示，分别提高企业数量 10% 和 20%，产业规模的增长幅度并不明显。因此政府应该采用合理的产业政策，在系统发展过程中，限制过多的企业进入市场，以避免资源浪费和不良竞争，维持市场结构稳定，促进产业良性发展。

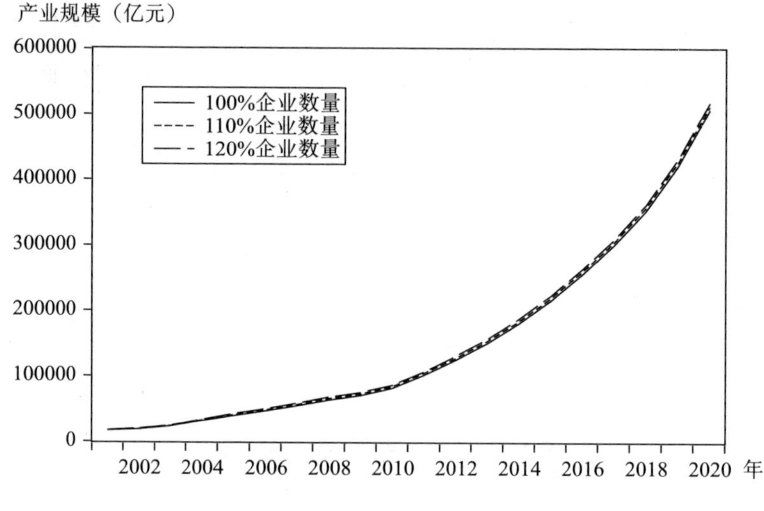

图 7-25 企业数量政策实验结果

金融支撑强度的政策实验结果（图 7-26）表明，当金融支撑强度分别提高 10% 和 20% 时，有效促进产业规模扩大，并且产业规模的扩大的幅度随着系统的发展而逐渐增大。因此在对战略性新兴产业的培育政策上，应该重视金融政策，在产业发展过程中，逐步加大对产业发展的金融支撑强度，能够有效加快产业发展速度。

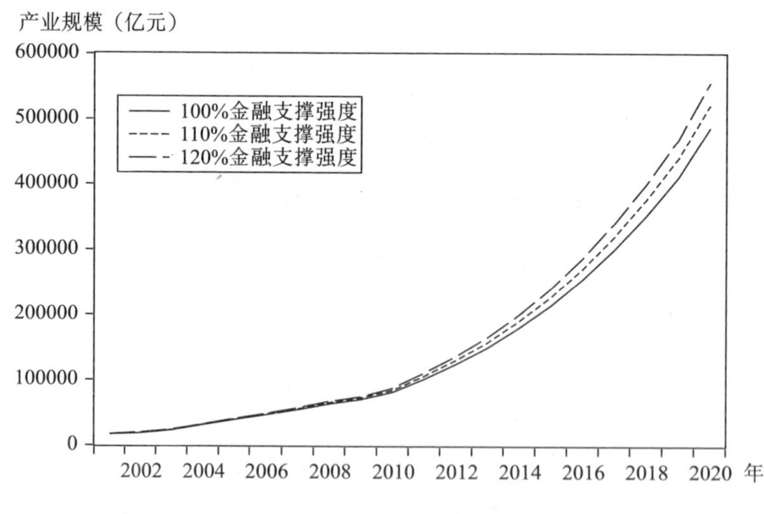

图 7-26 金融支撑强度政策实验结果

从财税政策实验结果（图 7-27）来看，对财税政策强度提高 10% 和 20%，产业规模略有提高，但提高幅度始终不明显，说明积极的财税政策对产业规模的影响十分有限，原因是产业财税政策强度不高，不能为产业发展提供强有力的资金支持，对产业规模扩张的影响也就相对较小。

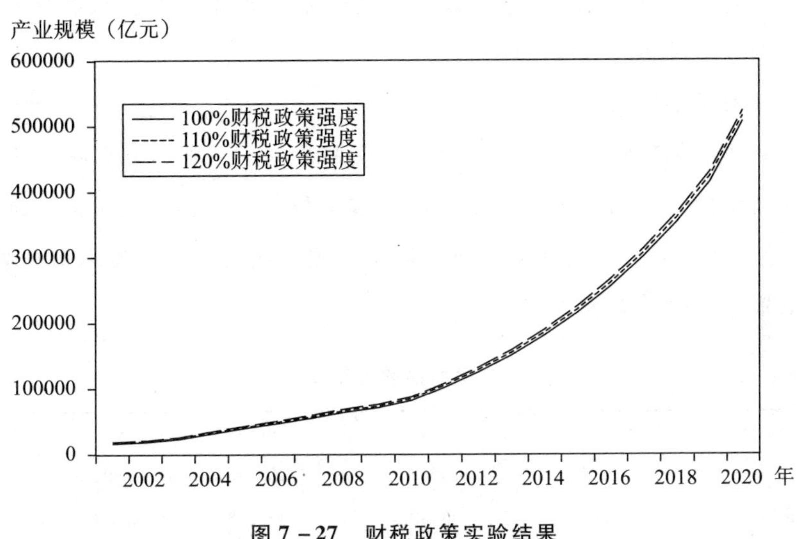

图 7-27　财税政策实验结果

7.8　关键因素检验

从战略性新兴产业发展特征来看，技术创新是战略性新兴产业发展的根本动力，政策实验结果显示，企业自主创新投入对战略性新兴产业系统发展影响更为显著，进一步分析，战略性新兴产业创新发展的影响因素较多，对模型仿真输出的时间序列数据进行回归分析，检验战略性新兴产业创新发展的关键影响因素，从而选择有效的产业创新发展路径。

7.8.1　OLS 估计模型

系统中，战略性新兴产业科技创新的主要评价因素为新产品销售收入，而影响新产品销售收入的主要因素有：人才投入、企业创新资金投入、政府创新资金投入、新技术（专利）的获取、技术引进等。这些因素从三个方面推动了产业科技创新：一是企业自主创新，二是政府鼓励创新，三是技术引进。通过政策实验认为企业自主创新投入影响较大，是战略性新兴产业科技创新发展的重点路径，本节将通过建立最小二乘（OLS）模型（刘振亚，1997），研究战略性新兴产业发展技术创新子系统中各个因素对新产品销售收入的影响情况。

构建 OLS 估计模型：

以新产品创新收入作为因变量，以人才投入、企业创新资金投入、政府创新资金投入、新技术（专利）的获取、技术引进为自变量，数据来源为 SD 模型仿真输出，为了降低方差影响，模型中各变量数据取对数处理。变量的描述性统计如表 7－5 所示。

表 7－5　变量的描述性统计

Variable	Mean	Std. Deviation	Min	Max	Obs
ln*incm*	9.516272	1.120968	7.338888	10.95902	21
ln*ent*	7.71233	1.465439	5.337538	9.912943	21
ln*tal*	5.726417	1.102378	3.218876	6.857514	21
ln*gov*	4.582951	0.9081281	2.772589	5.866468	21
ln*tech*	2.321792	0.805271	0.6931472	3.346389	21
lnint*ro*	6.031542	0.9631099	4.442651	7.489971	21

构建 OLS 估计模型：

$$\ln incm = \beta_0 + \beta_1 \ln ent + \beta_2 \ln tal + \beta_3 \ln gov + \beta_4 \ln tech + \beta_5 \ln intro + \varepsilon$$

式中，β_0 为常数项，ε 为扰动干扰项。

采用 Stata 软件进行 OLS 估计，结果如表 7－6 所示。

估计结果显示，对战略性新兴产业科技创新影响显著的因素有企业创新投入、人才投入、政府创新投入三项，其中企业创新投入作为战略性新兴产业发展的内在因素影响最大，这一点和 SD 模型的政策建议结果基本一致。值得注意的是，人才投入对战略性新兴产业科技创新的影响同样较为明显，这一点在 SD 模型的政策建议中并未体现，说明人才投入在技术

表 7 -6 **OLS 回归结果**

incm	Coef.	Std. Err.	t	P > | t |	[95% Conf.	Interval]
ent	0.5027001	0.0806139	6.24	0.000	0.3308757	0.6745246
tal	0.4511996	0.04674	9.65	0.000	0.3515756	0.5508235
gov	-0.1794125	0.0340254	-5.27	0.000	-0.2519359	-0.1068891
tech	0.1109067	0.2196594	0.50	0.621	-0.3572862	0.5790997
intro	-0.0033295	0.0236769	-0.14	0.890	-0.0537958	0.0471367
_ *cons*	3.74262	0.426953	8.77	0.000	2.832591	4.652649
Prob > F	0.0000					
R - squared	0.0098					

创新子系统中的影响明显。政府创新投入系数出现负值，说明政府创新投入对战略性新兴产业的创新发展造成了负面影响，而 SD 模型政策实验结果显示的是政府创新投入对整个战略性新兴产业发展的影响逐渐减小，原因有可能是过度的政府投入引发了企业创新行为惰性。而技术投入和技术引进两项估计结果并不显著，说明技术投入和技术引进对战略性新兴产业创新发展并不存在明显的协同关系。由 OLS 估计结果看，在战略性新兴产业创新发展过程中，企业创新投入是最为关键的因素，这一结论进一步验证了 SD 模型的政策实验结果。

7.8.2 VAR 模型检验

VAR 模型是处理动态系统多个影响因素与预测的常用模型（肖春来和宋然，2003），用于预测系统中各个因素对系统动态的影响，解释各个变量在动态系统中的因果关系（高铁梅，2006）。由 OLS 模型结果看出，企业创新投入是战略型新兴产业创新发展的关键因素，通过建立 VAR 模型进一步检验企业创新投入与系统创新收入的关系。

1. 单位根检验

首先对企业创新投入及新产品销售收入做单位根检验。在具体检验中，采用 Schwert（1989）建议的最大滞后阶数 $P_{max} = 12 \times \left(\frac{T}{100}\right)^{\frac{1}{4}}$，检验结果如表 7－7 所示。

表 7－7　　单位根检验结果

Test	1% Critical Statistic	5% Critical Value	10% Critical Value	Value
Z（t）	－4.380	－3.600	－2.635	－3.240
MacKinnon approximate p－value for Z（t）＝0.2640				

从含有趋势项的单位根检验来看，*ent*（企业研发）投入不平稳，考虑对其一阶差分。

2. 确立 VAR 系统阶数

将一阶差分的 *ent*（企业投入）与 *incm*（新产品销售收入）建立 VAR 系统，首先估计 VAR 系统的阶数。根据信息准则，所估计的 VAR 系统阶数估计结果如表 7－8 所示。

表 7－8　　VAR 阶数估计

lag	LL	LR	df	p	FPE	AIC	HQIC	SBIC
0	－1.61761				0.00539	0.452201	0.457146	0.548774
1	67.8104	138.86	4	0.000	1.5e－06	－7.7263	－7.71146	－7.43658
2	102.096	68.57	4	0.000	3.6e－08	－11.5119	－11.4872	－11.0291
3	105.079	5.9666	4	0.202	4.4e－08	－11.3849	－11.3502	－10.7088
4	121.561	32.964*	4	0.000	1.1e－08*	－12.9451*	－12.9006*	－12.0759*

VAR 阶数估计结果显示，当 P＝4 时（标＊注明），信息准则最小化。

3. 估计 VAR 模型

根据表 6 确定的 VAR 模型阶数，所估计的 4 阶向量自回归模型如表 7－9 所示。

上述结果表明，企业创新投入滞后 4 阶项与新产品销售收入大多数系数均显著。

4. 各阶系数的联合显著性检验结果（表 7－10）

表 7－9　　VAR 模型

		Coef.	Std. Err.	z	P > | z |	[95% Conf.	Interval]
incm							
	incm						
	L1	－8.028665	2.4649	－3.26	0.001	－12.85978	－3.197551
	L2	12.82959	3.563181	3.60	0.000	5.845884	19.8133
	L3	－2.976746	1.024265	－2.91	0.004	－4.98427	－0.9692231
	L4	－0.9394845	0.1573503	－5.97	0.000	－1.247885	－0.6310836
	d_ ent						
	L1	3.504279	0.9498922	3.69	0.000	1.642525	5.366034
	L2	－1.505461	0.4383971	－3.43	0.001	－2.364704	－0.6462185
	L3	－0.4240164	0.0855452	－4.96	0.000	－0.5916819	－0.2563508
	L4	0.044889	0.0855452	1.25	0.211	－0.0254957	0.1152738
	_ cons	1.454094	0.354678	4.10	0.000	0.7589379	2.14925
d_ ent							
	incm						
	L1	－25.24412	6.734888	－3.75	0.000	－38.44426	－12.04398
	L2	35.3086	9.73574	3.63	0.000	16.2269	54.3903
	L3	－7.961031	2.798618	－2.84	0.004	－13.44622	－2.475841
	L4	－2.388173	0.4299309	－5.55	0.000	－3.230822	－1.545524
	d_ ent						
	L1	9.781618	2.595407	3.77	0.000	4.694714	14.86852
	L2	－3.971379	1.19784	－3.32	0.001	－6.319102	－1.623656
	L3	－1.07597	0.2337366	－4.60	0.000	－1.534086	－0.6178549
	L4	0.1275047	0.098121	1.30	0.194	－0.0648088	0.3198182
	_ cons	3.590696	0.9690928	3.71	0.000	1.691309	5.490083

表 7－10　　VAR 模型各阶系数联合显著性检验结果

	Equation：incm			Equation：d_ ent			Equation：All		
lag	chi2	df	Prob > chi2	chi2	df	Prob > chi2	chi2	df	Prob > chi2
1	71.47457	2	0.000	14.27228	2	0.001	18147.87	4	0.000
2	13.94038	2	0.001	17.3817	2	0.000	398.8948	4	0.000
3	26.25934	2	0.000	23.04714	2	0.000	67.83876	4	0.000
4	35.85287	2	0.000	31.16713	2	0.000	95.35178	4	0.000

VAR 模型各阶系数联合显著性检验结果显示，无论是单一方程，还是两个方程作为整体，各阶系数均高度显著。

5. VAR 系统稳定性检验

做 VAR 系统稳定性检验，结果如图 7－28 所示。

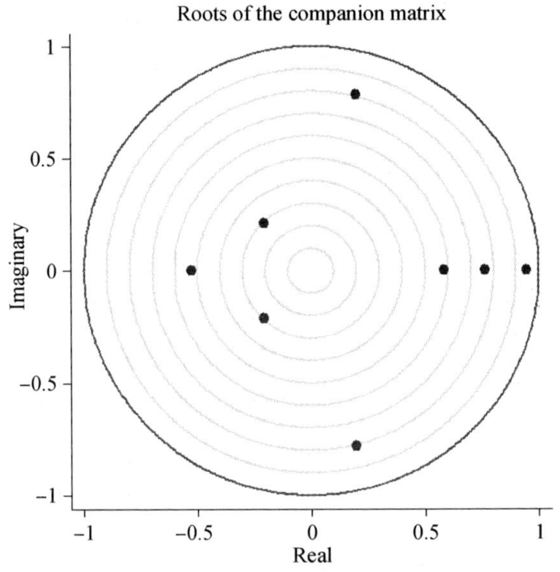

图 7－28　VAR 系统稳定性判别图

结果显示，所有特征值均在单位根之内，由此可见，所估计的 VAR 系统是稳定的。

6. Granger 因果关系检验

对企业创新投入（*ent*）和新产品销售收入（*incm*）做 Granger 因果检验，结果如表 7－11 所示。

表 7－11　Granger 因果关系检验结果

Equation	Excluded	chi2	df	Prob > chi2
incm	d_ ent	31. 418	4	0. 000
incm	ALL	31. 418	4	0. 000
d_ ent	incm	43. 185	4	0. 000
d_ ent	ALL	43. 185	4	0. 000

结果显示，战略性新兴产业创新发展系统中，企业创新投入（*ent*）和新产品销售收入（*incm*）之间存在显著的 Granger 因果关系。一方面，企业创新投入的增加能够有效提高新产品销售收入；另一方面，新产品销售收入的提升反过来也能够带动企业加大创新投入，两者间形成了良性的因果循环关系。

7. 脉冲响应分析

对企业创新投入（*ent*）和新产品销售收入（*incm*）做脉冲响应（impulse response function）分析，结果如图 7－29 所示。

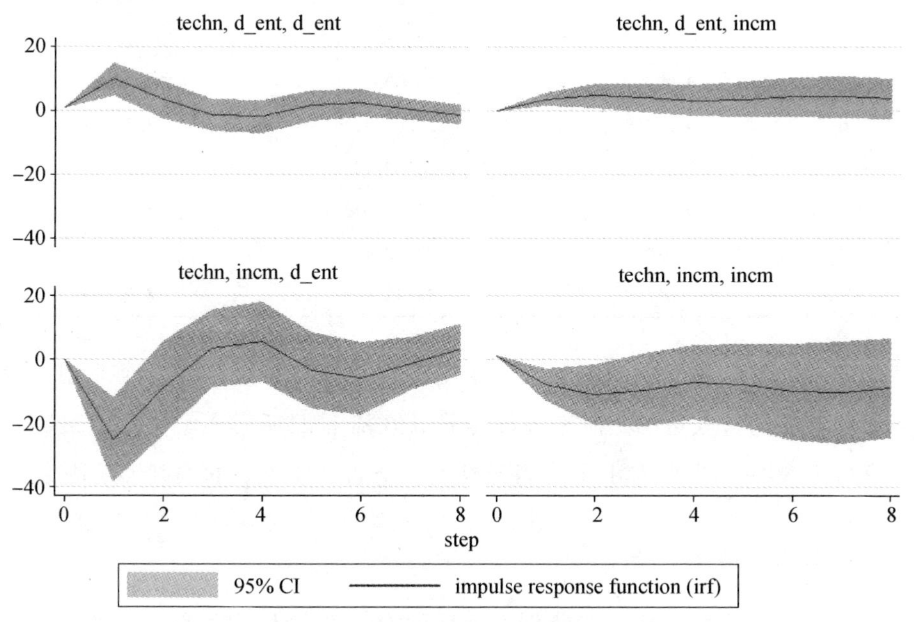

图 7－29 脉冲响应函数

企业创新投入和新产品销售收入之间的脉冲响应函数显示，当期的企业创新投入的增加能够稳定提升新产品销售收入，这在系统发展过程中是长期稳定状态；在当期给新产品销售收入一个正冲击，企业创新投入的差分项在当期下降，一期后则开始增长，随后出现一定波动，但六期后逐渐稳定增长。这一结果验证了企业创新投入对战略性新兴产业创新发展具有显著影响。

8. 方差分解

通过方差分解（Variance Decomposition）分析企业创新投入（*ent*）对新产品销售收入（*incm*）变化的结构性影响程度，结果如表7－12所示。

表7－12　　　　方差分解

Variance Decomposition of LNINCM			
Period	S. E.	LNINCM	LNENT
1	0.007876	100.00000	0.000000
2	0.012274	71.60319	28.39681
3	0.016105	44.58120	55.41880
4	0.019493	30.81877	69.18123
5	0.020993	26.69674	73.30326
6	0.021697	25.60397	74.39603
7	0.022453	25.95822	74.04178
8	0.023374	24.97167	75.02833
9	0.024332	23.12214	76.87786
10	0.025073	21.77700	78.22300

方差分解结果显示，不考虑企业创新收益的自身贡献率，企业创新投入对新产品销售收益的贡献率逐渐增长，在滞后四期后逐渐平稳，最高贡献率接近80%，由此看出企业创新投入是产业创新收益的关键影响因素。

7.8.3　结果分析

通过建立战略性新兴产业创新发展的OLS估计模型发现，企业创新投入、人才投入、政府创新投入都对系统发展具有显著影响，其中，政府创新投入虽然对战略性新兴产业创新发展的影响系数为负，考虑到政府并非直接的创新主体和市场竞争者，因而政府的创新投入有可能偏离产业发展的市场逻辑，造成了企业创新投入的依赖性，反而有可能阻碍战略性新兴产业的创新发展；而技术引进对战略性新兴产业的创新发展影响并不显著，说明技术引进并非战略性新兴产业发展的长久之策，可能短时间内能够提升新产品销售收入，但从系统长远发展来看，并不能起到主要作用；

企业创新投入和人才投入是系统发展的主要影响因素，企业创新投入对系统发张的影响更为明显。结合 VAR 模型结果分析，发现企业创新投入和产业新产品销售收入之间存在显著的 Granger 因果关系，脉冲分析结果显示，提高企业创新投入能够有效提升新产品销售收入，而新产品销售收入的提高也能够刺激企业加大创新投入，两者间的互动正向影响成为系统发展的主要动因。

7.9　小结

本章通过建立系统动力学模型，将战略性新兴产业发展的内在因素、外部影响及其相互关系置于封闭的发展系统中，采用计算机仿真模拟，刻画战略性新兴产业的发展轨迹，定性与定量相结合的分析战略性新兴产业发展内在因素和外部影响对系统发展的推进作用及其相互关系的演进，根据仿真输出进行系统发展趋势分析和政策实验，寻找战略性新兴产业发展关键影响因素。并进一步对战略性新兴产业创新发展系统中的各因素进行 OLS 估计，对战略性新兴产业发展的关键因素进行检验，通过建立企业创新投入与新产品销售收入的 VAR 模型，探究加快战略性新兴产业发展的创新驱动路径。

本章研究得到以下几点结论：一是系统发展过程中，企业的创新投入远远超出政府，是技术创新的绝对主体，也是战略性新兴产业发展的核心要素，加大企业技术创新投入能够有效提高新产品销售收入，从而促进战略性新兴产业的规模扩张；二是随着产业规模不断扩张，企业的创新投入逐渐增长，较财税政策而言，提高金融支撑强度能够为企业扩大技术创新投入带来更为积极的外部影响；三是在其他因素不变的情况下，单纯增加企业数量并不能明显扩大产业规模，说明战略性新兴产业存在一定的规模壁垒；四是通过 VAR 检验发现，企业创新投入与新产品销售收入存在良性的因果循环关系，这是战略性新兴产业创新发展的关键因素。

由此来看，战略性新兴产业发展有其特殊的内在逻辑，培育发展战略性新兴产业应以加快系统内部各要素的协调增长为主，实施外部影响为辅，有效促进企业创新投入与新产品销售收入之间的良性运转，坚持自主创新发展路径，通过不断提高企业创新能力促进战略性新兴产业快速发展。得到的主要启示有：

（1）要明确战略性新兴产业发展的关键内因是技术创新，加快技术创新是培育发展战略性新兴产业的根本路径。核心技术是战略性新兴产业发展的基础，技术创新是战略性新兴产业的生命源动力，各级政府应将技术创新性评价作为培育、发展某个战略性新兴产业的关键。在战略性新兴产业的技术创新子系统中，企业是技术创新的主体，享有技术创新成果，而政府对技术创新的投入相对有限，因此，政府的鼓励创新政策应该以积极引导为主，直接干预为辅。产业规模扩张带动企业收入增长能够为企业加大技术创新投入的提供资金支撑，推进产业技术创新，为战略性新兴产业的发展提供内在动力，政府应安排合理的制度，制定积极的政策，为战略性新兴产业的发展提供良好的市场环境，有力推动企业销售收入增长和产业规模扩张，从而加快战略性新兴产业技术创新的良性循环。此外，由政策实验结果来看，企业加大创新投入的收益呈“先增长，后降低”的趋势，因而企业要把握时机，在最佳时期提高创新投入，实现收益最大化。

（2）政府在制定战略性新兴产业的相关财税政策时，应在不同阶段考虑不同强度的财税政策。产业发展趋势和政策实验结果表明，财税政策对战略性新兴产业发展的影响相对有限，随着产业的发展，产业规模对财税政策的依赖程度逐渐降低，提高财税政策强度并不能有效促进产业规模扩张。在产业发展初期，积极的财税政策对产业发展的影响相对明显，适宜制定强度较大的财税政策，促进产业快速成长；而在产业发展中后期，财税政策的影响力逐渐减小，可逐步取消积极的财税政策，实施平稳的财税政策，培育良好的市场机制促进产业良性发展。

（3）培育发展战略性新兴产业不能一哄而上，有效合理的产业政策能够避免不良竞争，保障战略性新兴产业良性发展。在战略性新兴产业发展过程中，企业数量增长是促进产业规模扩张的主要路径，而企业数量增长最主要的动因是市场需求增长，盲目的增加企业数量并不能有效扩大产业规模，反而有可能引发不竞争从而破坏市场结构平衡。因此，政府在选择、培育战略性新兴产业时，不能盲目求快，单纯追求企业数量优势，要对产业发展自身情况和市场环境进行分析，制定合理的产业政策，在产业发展初期以积极鼓励为主，引导更多积极创新的企业进入市场，在产业发展中后期以限制、保障为主，维护市场秩序促进战略性新兴产业有序发展。

（4）提高金融支撑强度对战略性新兴产业的技术创新和规模扩张影响较为显著，积极的金融政策能够有效加快战略性新兴产业的发展速度。政府一方面要制定长期而有效的金融政策，确保金融市场对战略性新兴产业金融支撑的延续性，并根据产业的发展趋势适时增加金融支撑强度；另一方要培育多种形式的资本市场，构建完善的金融机制，为发展战略性新兴产业提供多角度的金融支撑。政策实验结果表明，提高金融支撑强度对战略性新兴产业发展的积极影响随系统的发展逐渐增强，在产业发展初期，产业规模较小，技术创新投入的资本需求较强，但总量不高，因此政府应鼓励专项贷款、项目基金等中小规模资本对产业发展的支持，考虑到技术创新的风险性，政府要引导风险投资、私募基金对产业发展提供必要的金融支持，这一点美国的经验给予了充分的证明。随着产业不断发展，技术创新投入和规模扩张的资本需求随之增长，对金融支撑强度的需求明显增大，适当提高金融支撑强度能够有效加快产业规模扩张，政府应鼓励银行信贷、股票市场、证券市场等多种大规模资本市场为战略性新兴产业发展提供强有力的金融支撑。

（5）在战略性新兴产业创新发展过程中，企业创新投入是系统发展的关键因素，企业创新投入和新产品销售收入之间的良性循环关系是战略性新兴产业发展的主要动力，只有提高企业的创新自主性和积极性，有效提高企业自主创新投入，才能促进战略性新兴产业的创新发展。从日本、韩国等亚洲发达国家的经验来看，产业发展初期的技术引进短期内能够提升本国产业发展速度，但长期依赖技术进口就只能将产业发展置于危险之地，通过坚持自主创新，日本韩国等国家在一段时间后，实现自主技术创新路径，赢得了产业发展优势。目前我国战略性新兴产业发展过程中遇到最大瓶颈在于关键技术薄弱，一些关键技术长期被西方发达国家垄断，严重阻碍了我国战略性新兴产业发展，而单纯通过技术引进和政府鼓励只能短时间提高产业技术水平，不足以为战略性新兴产业发展提供长久动力，只有坚持自主创新，促进产业创新系统的良性循环，才是加快我国战略性新兴产业发展的最有效路径。

第8章　战略性新兴产业的技术创新效率测算

技术创新是战略性新兴产业发展的核心驱动，而大数据产业是战略性新兴产业创新发展的核心支撑。随着云计算、物联网和互联网等新一代信息技术的创新和应用普及，数据成为和材料、能源一样的国家战略资源。当前，大数据产业发展已引起了各国政府的高度关注，美、英等西方发达国家纷纷提出了本国的大数据战略，以加速推动大数据的产业化和市场化进程。大数据产业所蕴含的商业价值正在全球范围内显现，其已对世界社会经济发展产生了极为深远的影响。联合国发布的《大数据促发展：挑战与机遇》指出，大数据产业将为服务产业带来6000亿美元的潜在年收入，可使制造业设备装配成本减少50%，而零售商利用大数据则可实现运营利润增长60%。实际上，在欧洲大数据产业发展每年能为公共管理带来2500亿欧元的潜在价值，这一数值甚至高于希腊GDP的2倍，在美国每年可为健康产业带来3000亿美元的潜在价值。毫无疑问，大数据产业的发展将成为战略性新兴产业发展的制高点。

“中国制造2025”规划等相关的国家战略中已经涉及大数据技术与发展规划。我国大数据产业也正在迎来前所未有的发展浪潮，据中国经济网统计，近年来，我国的电信、金融、互联网以及政府在大数据领域内的投入超过了50%，预计未来市场投入将突破百亿元，进而形成全球最大的大数据产业群。然而，中国大数据产业尚处于起步阶段，“数量”的快速增长并不代表“质量”的同步提高。较高的大数据产业技术创新效率，不仅关乎大数据产业的成长，而且有助于推动当前经济生产方式由“中国制造”向“中国智造”转变：首先，较高的技术创新效率将提升大数据产业的整体生产水平，促进产业成长，提升产业竞争力；其次，大数据产业具有数据资产化、决策智能化、服务个性化、技术密集化以及成长潜力大、扩散带动作用强等鲜明特征，较高的技术创新效率增长有利于引领带动科技创新，促进产业转型升级，激发新型业态产生，进而推动中国经济增长效率提升，而经济增长效率提升既是实现经济可持续发展的重要因素，又会关系到经济增长方式的转变。本章将以大数据产业为例，测算战略性新兴产业的技术创新效率，分析影响技术创新的外生因素，为加快战略性新兴产业创新驱动提供经验依据。

8.1 研究方法与数据说明

8.1.1 研究方法

DEA 是 Charnes 于 1978 在 Farrell 的相对效率理论基础上提出的，它是一种面板数据的非参数估计方法，用于测评一组具有多投入和多产出的决策单元的相对有效性。DEA 模型不需要预设生产函数和参数估计，也不受投入、产出指标量纲的影响，它主要是根据被评价系统的投入、产出指标，建立相应的评价模型，从而得到每个决策单元的效率评价值。

最广泛使用的 DEA 模型是 *CCR* 和 *BBC* 模型，*CCR* 模型假设决策单元生产规模报酬不变，其技术创新效率值是规模效率和纯技术效率的融合。假设有 m 个决策单位（*MDU*），各 *MDU* 生产 s 种产出 $y_r>0$（$r=1$，$2\cdots$，s），使用 n 种投入 $x_i>0$（$i=1$，$2\cdots$，n），则任一 *MDU* 的效率值可由下列模型求得：

$$\begin{cases} \max E_m = \dfrac{\sum_{r=1}^{s} u_r y_{rj}}{\sum_{i=1}^{n} v_i x_{ij}} \\ s.t. \ \dfrac{\sum_{r=1}^{s} u_r y_{rj}}{\sum_{i=1}^{n} v_i x_{ij}} \leqslant 1 (j = 1,2,\cdots,n) \\ u_r \geqslant 0, r = 1,2,\cdots,s \\ v_i \geqslant 0, i = 1,2,\cdots,n \end{cases} \tag{8.1}$$

式（8－1）中，y_{rj}为第 j 个 *MDU* 的第 r 项产出值，x_{ij}为第 j 个 *MDU* 的第 i 项投入值，u_r和 v_i分别为第 r 个产出项与第 i 个投入项的权重，E_m为第 m 个 *MDU* 的相对效率值。

CCR 模型假定所有决策单元的生产活动都处在最优规模上，而现实中由于各种因素制约导致并非所有决策单元的生产活动都处在最优规模上，Banker 在 1984 提出 *BBC* 模型，将 *CCR* 模型原来固定规模报酬（*CRS*）的假设放宽为可变规模报酬（*VRS*），该模型把技术创新效率分解为纯技术效率和规模效率，具体分解如图 8－1 所示。

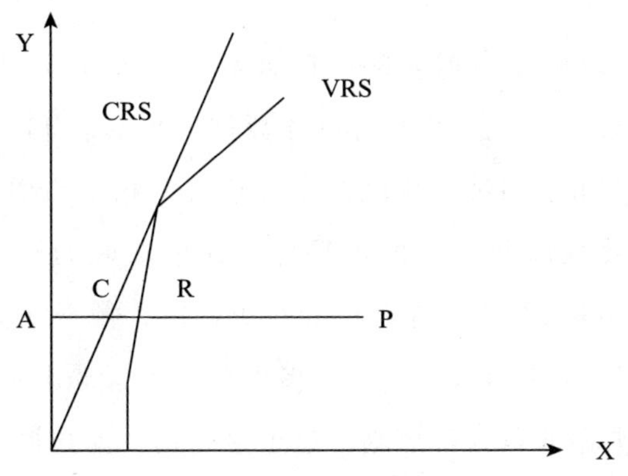

图 8－1　技术创新效率分解

其中，技术创新效率用来反映决策单元整体效率水平情况，规模效率表示决策单元的实际规模与最优生产规模的差距，纯技术效率反映的是决策单元在最优规模情况下投入要素的效率水平，决策单元只有同时满足规模有效和纯技术有效才能达到技术有效。在规模报酬可变的假定下，*BBC* 模型表示如下：

$$\begin{cases} \max E_m = \dfrac{\sum_{r=1}^{s} u_r y_{rj} - u_j}{\sum_{i=1}^{n} v_i x_{ij}} \\ s.t. \sum_{i=1}^{n} v_i x_{ij} = 1, \sum_{r=1}^{s} u_r y_{rj} - \sum_{1=1}^{n} v_i x_{ij} - u_j \leqslant 0 \\ u_r \geqslant 0, r = 1,2,\cdots,s \\ v_i \geqslant 0, i = 1,2,\cdots,n \end{cases} \tag{8.2}$$

根据 *BBC* 模型所计算出来的 u_j，可发现各决策单元规模报酬是处于递增、递减或规模不变状态；$u_j = 0$ 表示该决策单位处在不变规模报酬区；$u_j < 0$表示该决策单元处在规模报酬递减区；$u_j > 0$ 表示该决策单位处在规模报酬递增区。为了分析中国大数据产业的纯技术效率和规模效率值，本书选取规模报酬可变的 *BBC* 模型。

8.1.2 数据说明

本书以 Wind 数据库中披露的中国大数据产业上市公司为研究对象，主要基于以下考虑：一是上市公司财务数据的可靠性和可获性程度较高；二是证券公司对上市公司细分领域及主营业务范畴等有着明确的界定。根据样本选择的有效性以及数据的可得性，这里选取的样本期间为 2008—2013 年。按照 Wind 数据库公布的产业分类标准，截至 2014 年 6 月，中国大数据产业共有 25 家上市公司，综合考虑到投入、产出及影响因素数据的可得性以及指标数据非负性等原则，这里最终选了大数据产业的 24 家上市公司作为研究对象。具体变量设定如下：

产出指标：本书选取营业总收入作为产出指标，相较营业收入指标，营业总收入包括利息收入、营业收入、佣金收入等，能更全面反映企业的产出水平，是衡量企业经营实力和生产效益的有效依据。也有研究选取净利润作为产出指标，但对上市公司而言，上市前净利润容易被“粉饰”，也存在较大波动，不如营业总收入可信度高和稳定性好，以其作为产出指标可能会导致大数据产业技术创新效率的测算出现较大误差。因此，本书选取营业总收入作为产出指标。借鉴针对上市公司效率研究中投入指标选取的有关做法，本书的投入变量包括资本和劳动两个方面，这也是大多数实证研究的惯例，这里选取员工总数和资产总额分别作为劳动要素投入和资本要素投入的替代变量。

8.2　中国大数据产业技术创新效率及其分解

本书选取产出导向的 DEA 模型，以 Wind 数据库中上市公司注册地址所在省市对大数据产业进行区域划分，由于中国大数据上市公司的空间布局存在明显的不均衡现象，主要集中在北上广等经济发达的东部地区，故将大数据产业样本划分为东部地区和中西部地区，并分别计算全国、东部地区和中西部地区大数据产业的技术创新效率值、纯技术效率值和规模效率值。这里使用 DEAP2.1 软件对中国大数据产业技术创新效率及其分解进行计算。

8.2.1　中国大数据产业技术创新效率分析

根据上述方法和数据，本书测算的 2008—2013 年中国大数据产业技术创新效率如表 8 - 1 所示，2008—2013 年全国、东部和中西部地区大数据产业技术创新效率均值的变化趋势如图 8 - 2 所示。

从表 8 - 1 和图 8 - 2 可知，2008—2013 年，中国大数据产业技术创新效率均值为 0.405，东部地区和中西部地区技术创新效率均值分别为 0.438 和 0.180，这表明在不增加劳动力和资本要素投入的前提下，如果各大数据企业同时提高技术创新效率，在现有技术进步条件下，大数据产业的产出还有很大的增长空间，也说明当前中国大数据产业发展的粗放型特征

表 8-1　　2008—2013 年中国大数据产业技术创新效率

决策单元	2008	2009	2010	2011	2012	2013	平均
四海股份	0.176	0.172	0.174	0.102	0.105	0.172	0.150
美利纸业	0.215	0.140	0.141	0.117	0.179	0.140	0.155
紫光股份	1.000	1.000	1.000	1.000	1.000	1.000	1.000
中科云网	0.395	0.436	0.308	0.286	0.414	0.436	0.379
荣之联	0.698	0.406	0.385	0.316	0.323	0.406	0.422
博彦科技	0.815	0.268	0.308	0.286	0.256	0.268	0.367
中科金财	0.664	0.158	0.183	0.172	0.203	0.158	0.256
立思辰	0.745	0.549	0.277	0.310	0.283	0.549	0.452
东方国信	0.873	0.696	0.706	0.265	0.298	0.696	0.589
拓尔思	0.842	0.650	0.453	0.267	0.249	0.650	0.519
银信科技	0.851	0.699	0.514	0.444	0.211	0.699	0.570
同有科技	0.715	0.228	0.247	0.234	0.202	0.228	0.309
华胜天成	0.609	0.464	0.110	0.152	0.219	0.464	0.336
天玑科技	0.619	0.458	0.436	0.097	0.166	0.458	0.372
宝信软件	0.522	0.429	0.404	0.131	0.156	0.429	0.345
东信和平	0.303	0.270	0.242	0.096	0.100	0.270	0.214
天源迪科	0.940	0.590	0.607	0.243	0.337	0.590	0.551
威创股份	0.571	0.454	0.428	0.161	0.201	0.454	0.378
美亚柏科	0.494	0.513	0.476	0.114	0.183	0.513	0.382
科华恒盛	1.000	0.783	0.454	0.403	0.272	0.783	0.616
浪潮信息	0.045	0.065	0.071	0.066	0.081	0.065	0.066
初灵信息	0.625	0.551	0.558	0.484	0.474	0.551	0.541
鹏博士	0.382	0.295	0.190	0.133	0.122	0.295	0.236
荣科科技	0.667	0.548	0.483	0.446	0.466	0.548	0.526
东部均值	0.666	0.486	0.412	0.284	0.290	0.486	0.438
中西部均值	0.258	0.202	0.168	0.117	0.135	0.202	0.180
全国均值	0.615	0.451	0.381	0.264	0.271	0.451	0.405
标准差	0.260	0.226	0.212	0.199	0.188	0.226	—
变异系数	0.423	0.502	0.554	0.757	0.696	0.502	—

明显。从变动趋势看，2008—2013 年中国大数据产业技术创新效率总体呈现波动下降的"U"型演变趋势，波谷为 2011 年的 0.264，从 2008 年的 0.615 下降至 2013 年的 0.451，下降幅度为 26.67%。分时段来看，2008—

2011 年中国大数据产业平均技术创新效率呈现明显的下降趋势，2011—2013 年中国大数据产业技术创新效率迅速上升，这反映了大数据产业技术创新效率的不稳定性。东部地区大数据产业技术创新效率由 2008 年的 0.666 下降为 2013 年的 0.486，下降了 27.03%；中西部地区从 2008 年的 0.258 下降为 2013 年的 0.202，下降了 2.17%。由此可见，东部地区大数据产业技术创新效率下降幅度最高，远高于中西部地区。另外，考察期内所有年份的大数据产业技术创新效率都是东部地区高于全国，全国远高于中西部地区。

大约 58.33% 的企业技术创新效率水平位于平均值以下，技术创新效率年均值最高的是紫光股份，2008—2013 年始终处于生产前沿曲线上，技术创新效率年均值最低的是浪潮信息，仅为 0.066。科华恒盛仅 2008 年在生产前沿面上，从 2009 年开始退出了生产前沿面，其余企业均位于生产前沿面以下且其技术创新效率存在较为明显的增长差异。中科云网、美亚柏科、浪潮信息等企业技术创新效率呈现出了一定的增长态势，其他企业均表现出了一定的下降趋势，但四海股份、东信和平等企业总体仅呈现较为轻微的下降，而博彦科技、中科金财、同有科技等企业则呈现严重的下降态势。另外，中国大数据产业技术创新效率的变异系数呈现倒“U”型的态势，说明大数据产业技术创新效率变动差异有进一步扩大的趋势，且这种差异呈现“先增大后缩小”的演变规律。

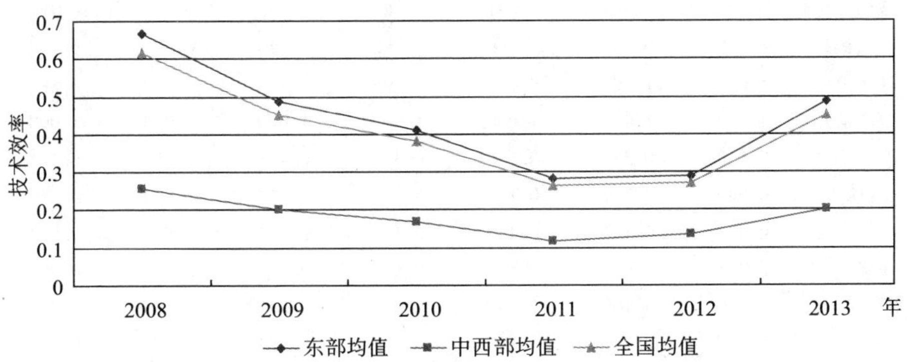

图 8-2　2008—2013 年全国、东部和中西部地区大数据产业技术创新效率均值变化趋势

8.2.2 中国大数据产业纯技术效率分析

中国大数据产业纯技术效率值如表 8-2 所示，2008—2013 年全国、东部和中西部地区大数据产业纯技术效率的变动趋势如图 8-3 所示。

表 8-2　2008—2013 年中国大数据产业纯技术效率

决策单元	2008	2009	2010	2011	2012	2013	平均
四海股份	0.341	0.225	0.263	1.000	1.000	0.225	0.509
美利纸业	0.219	0.143	0.147	0.124	0.185	0.143	0.160
紫光股份	1.000	1.000	1.000	1.000	1.000	1.000	1.000
中科云网	0.398	0.446	0.324	0.300	0.421	0.446	0.389
荣之联	0.725	0.420	0.413	0.339	0.338	0.420	0.443
博彦科技	0.845	0.278	0.328	0.301	0.265	0.278	0.383
中科金财	0.687	0.165	0.206	0.212	0.225	0.165	0.277
立思辰	0.771	0.581	0.303	0.332	0.297	0.581	0.478
东方国信	0.879	0.742	0.813	0.559	0.361	0.742	0.683
拓尔思	0.866	0.711	0.525	0.294	0.264	0.711	0.562
银信科技	0.861	0.766	0.623	0.515	0.272	0.766	0.634
同有科技	0.724	0.358	0.292	0.318	0.328	0.358	0.396
华胜天成	0.624	0.519	0.149	0.179	0.236	0.519	0.371
天玑科技	1.000	0.712	0.702	0.217	0.194	0.712	0.590
宝信软件	0.685	0.638	0.592	0.328	0.271	0.638	0.525
东信和平	0.346	0.335	0.414	0.402	0.375	0.335	0.368
天源迪科	0.948	0.750	1.000	0.971	0.744	0.750	0.861
威创股份	0.595	0.565	0.631	0.384	0.236	0.565	0.496
美亚柏科	1.000	0.941	1.000	0.468	0.320	0.941	0.778
科华恒盛	1.000	1.000	0.752	0.795	0.767	1.000	0.886
浪潮信息	1.000	1.000	1.000	1.000	1.000	1.000	1.000
初灵信息	0.630	0.552	0.558	0.485	0.475	0.552	0.542
鹏博士	0.386	0.299	0.195	0.136	0.123	0.299	0.240
荣科科技	0.682	0.551	0.489	0.451	0.469	0.551	0.532
东部均值	0.775	0.620	0.577	0.469	0.422	0.620	0.581
中西部均值	0.129	0.100	0.065	0.045	0.041	0.100	0.080
全国均值	0.717	0.571	0.530	0.463	0.424	0.571	0.546
标准差	0.239	0.264	0.285	0.282	0.270	0.264	—
变异系数	0.333	0.463	0.538	0.610	0.638	0.463	—

由表8－2和图8－3可以看出，2008—2013年中国大数据产业纯技术效率均值为0.546，低于东部地区的0.581，远高于中西部地区的0.080，东部地区纯技术效率比中西部地区高出86.23%。从变动趋势看，考察期内，中国大数据产业纯技术效率和技术效率总体变动态势较为一致，即亦呈现“U”型演变规律，波谷为2012年的0.424，纯技术效率由2008年的0.717下降至2013年的0.571，下降幅度为20.36%，纯技术效率同样呈现不稳定特征；东部地区纯技术效率变动和全国水平较为一致，由2008年的0.775下降至2013年的0.620，下降幅度为20%，中西部地区纯技术效率由2008年的0.129下降为2013年的0.100，下降幅度为22.48%。可见，中西部地区纯技术效率下降速度高于全国，全国高于东部地区，这和技术效率变动不一致，也折射出中西部地区大数据产业投入要素的效率水平远落后于东部地区。由于纯技术效率水平的高低受到其能否有效地组织和使用投入要素的影响，这和决策单元所处的环境和自身生产积极性有着密切的关系。由于东部地区的经济发展水平较高，大数据企业的技术、组织方式和管理方式比中西部地区先进，因此，其具有较高的纯技术效率。然而，东部地区大数据产业并没有保持该优势，进而使得其纯技术效率出现总体下降趋势。这也说明，中西部地区大数据产业尤其需要在管理创新和制度创新等方面下功夫，以努力缩小其与东部地区大数据产业的纯技术效率差距。

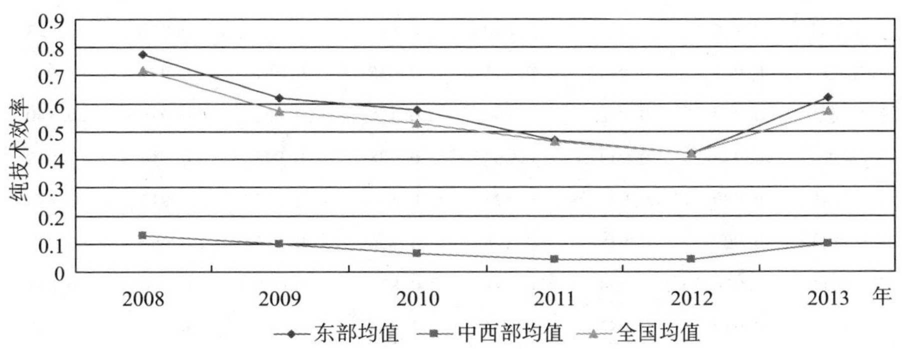

图8－3　2008—2013年全国、东部和中西部地区大数据产业纯技术效率均值变化趋势

纯技术效率年均值最高的大数据企业是紫光股份和浪潮信息，最低的是美利纸业，仅为0.160。大数据产业纯技术效率亦存在较为明显的增长差异：一是仅中科云网的纯技术效率呈现增长态势，紫光股份、浪潮信息和科华恒盛等纯技术效率总体保持不变，其余大数据企业的纯技术效率均出现了下降态势；二是约有62.5%的大数据企业纯技术效率位于全国平均水平以下；三是中国大数据产业纯技术效率的变异系数呈现倒“U”型的上升态势，说明大数据产业纯技术效率的变动差异总体呈现“先增大后缩小”的扩大趋势。

8.2.3 中国大数据产业规模效率分析

中国大数据产业规模效率值如表8－3所示，2008—2013年全国、东部和中西部地区大数据产业规模效率的变动趋势如图8－4所示。

表8－3　2008—2013年中国大数据产业规模效率

决策单元	2008年	2009年	2010年	2011年	2012年	2013年	平均
四海股份	0.517	0.763	0.662	0.102	0.105	0.763	0.485
美利纸业	0.980	0.977	0.954	0.948	0.968	0.977	0.967
紫光股份	1.000	1.000	1.000	1.000	1.000	1.000	1.000
中科云网	0.991	0.978	0.950	0.953	0.983	0.978	0.972
荣之联	0.963	0.968	0.933	0.934	0.956	0.968	0.954
博彦科技	0.965	0.966	0.939	0.953	0.968	0.966	0.960
中科金财	0.966	0.953	0.890	0.811	0.902	0.953	0.913
立思辰	0.967	0.944	0.911	0.935	0.951	0.944	0.942
东方国信	0.993	0.938	0.868	0.475	0.827	0.938	0.840
拓尔思	0.972	0.914	0.862	0.908	0.943	0.914	0.919
银信科技	0.989	0.912	0.825	0.863	0.775	0.912	0.879
同有科技	0.987	0.638	0.846	0.736	0.615	0.638	0.743
华胜天成	0.976	0.894	0.741	0.850	0.929	0.894	0.881
天玑科技	0.619	0.643	0.622	0.449	0.853	0.643	0.638
宝信软件	0.761	0.673	0.683	0.400	0.575	0.673	0.628
东信和平	0.877	0.805	0.583	0.239	0.266	0.805	0.596

续表

决策单元	2008 年	2009 年	2010 年	2011 年	2012 年	2013 年	平均
天源迪科	0.992	0.787	0.607	0.250	0.453	0.787	0.646
威创股份	0.959	0.803	0.678	0.419	0.853	0.803	0.753
美亚柏科	0.494	0.545	0.476	0.242	0.571	0.545	0.479
科华恒盛	1.000	0.783	0.604	0.507	0.355	0.783	0.672
浪潮信息	0.045	0.065	0.071	0.066	0.081	0.065	0.066
初灵信息	0.992	0.998	0.999	0.999	0.998	0.998	0.997
鹏博士	0.990	0.989	0.975	0.976	0.987	0.989	0.984
荣科科技	0.978	0.994	0.988	0.990	0.993	0.994	0.990
东部均值	0.880	0.819	0.766	0.666	0.755	0.819	0.784
中西部均值	0.829	0.910	0.864	0.675	0.687	0.910	0.812
全国均值	0.874	0.830	0.778	0.667	0.746	0.830	0.788
标准差	0.233	0.211	0.218	0.325	0.296	0.211	—
变异系数	0.266	0.254	0.280	0.487	0.397	0.254	—

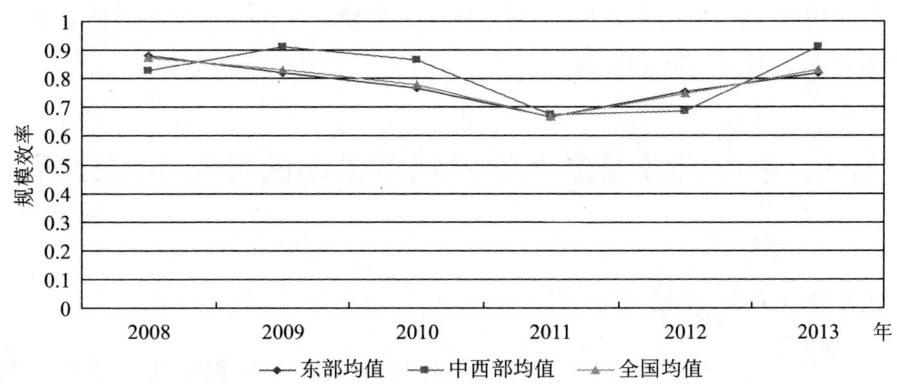

图 8－4 2008—2013 年全国、东部和中西部地区大数据产业规模效率均值变化趋势

从表 8－3 和图 8－4 可以看出，2008—2013 年中国大数据产业规模效率均值为 0.788，略高于东部地区的 0.784，低于中西部地区的 0.812，中西部地区大数据产业规模效率比东部地区高出 3.45%，差距相对较小，可见中西部地区技术创新效率远低于东部地区的主要原因在于中西部地区纯技术效率的增长拖累远远抵消了其规模效率优势。东部地区大数据产业虽然具有较高的纯技术效率，但其规模效率水平相对于中西部地区较低，可能是由于东部地区的大数据产业短期内投资过度深化所至。从变动趋势看，东部地区大数据产业规模效率与全国水平一致，均呈现了一定的“U”型下降趋势，拐点均出现在2011年，而中西部地区大数据产业规模效率总体保持了波动增长态势。综上所述，不难发现，中国大数据产业技术创新效率低下是由于纯技术效率和规模效率共同作用导致的，但纯技术效率低下是技术创新效率损失的首要原因。

规模效率年均值最高的企业是紫光股份，最低的是浪潮信息，仅为0.066。中国大数据产业规模效率表现如下差异特征：一是四海股份、荣之联等八家企业规模效率总体呈现上升态势，紫光股份在考察期内处于规模有效状态，其余企业规模效率均出现了一定的下滑趋势；二是约有41.7%的企业规模效率位于全国平均水平以下；三是大数据产业规模效率变异系数呈现倒“N”型的下降态势，即中国大数据产业规模效率变动差异总体呈现“先减小，后增大，再减小”的缩小趋势，这和技术创新效率、纯技术效率的差异变动是不一致的。

8.3 中国大数据产业技术创新效率的影响因素分析

8.3.1 计量模型建立及检验

由于大数据产业技术创新效率可分解为规模效率和纯技术效率的乘积，这里将直接对规模效率和纯技术效率的影响因素进行分析。盈利水平、收益质量、资本结构、资金运用能力和成长能力等均是影响中国大数据产业纯技术效率和规模效率的重要因素。根据数据的可得性以及研究需要，本书对影响规模效率和纯技术效率的因素指标做如下定义：

（1）盈利水平（*Pro*），选取净资产收益率来衡量，该指标值越高，说明投资带来的收益越高，即盈利水平越高；

（2）收益质量（*Earq*），采用经营活动净收益与利润总额的比值来反映，该指标越大，说明收益质量越高；

（3）资本结构（*Caps*），运用资产负债率来衡量，它是衡量资本结构的可靠指标；

（4）资金运用能力（*Abum*），采用总资产周转率来体现，它反映了资产的管理质量和利用效率；

（5）成长能力（*Grol*），选取每股净资产（相对年初增长率）来衡量，该指标越大，表示成长能力越强。具体构建如下计量模型：

$$VE_{it} = \alpha_0 + \alpha_1 Pro_{it} + \alpha_2 Earq_{it} + \alpha_3 Caps_{it} + \alpha_4 Abum_{it} + \alpha_5 Grol_{it} + \mu_i + \varepsilon_{it} \quad (8.3)$$

$$SE_{it} = \beta_0 + \beta_1 Pro_{it} + \beta_2 Earq_{it} + \beta_3 Caps_{it} + \beta_4 Abum_{it} + \beta_5 Grol_{it} + \mu_i + \varepsilon_{it} \quad (8.4)$$

方程式（8.3）和（8.4）中，i 表示企业，t 表示年度，*VE* 和 *TE* 分别表示各大数据企业的纯技术效率和规模效率，*Pro*、*Earq*、*Caps*、*Abum*、*Grol* 等解释变量均按照上述定义得出。*VE* 和 *TE* 通过 DEA 方法计算得出，其余变量均来自 Wind 数据库。

由于面板计量模型的估计可能存在多重共线性问题，因此这里先对各影响因素变量进行了相关性分析。表 8-4 为包括纯技术效率在内的各主要变量间的相关系数矩阵，表 8-5 展示了包括规模效率在内的各主要变量间的相关系数矩阵。由经验法则可知，当最大的方差膨胀因子 $VIF = \max\{VIF_1, VIF_2, \cdots, VIF_n\} \leqslant 10$，即说明上述模型不存在多重共线性问题。经计算，模型（8.3）和模型（8.4）的平均方差膨胀因子（*VIF*）数值均小于 10，在可接受的范围之内，因此本书构建的纯技术效率和规模效率影响因素模型的解释变量之间没有严重的多重共线性问题，也说明所使用的估计方法不会产生严重的偏差。

表 8-4　纯技术效率影响因素的相关系数矩阵

	VE	*Pro*	*Earq*	*Caps*	*Abum*	*Grol*
VE	1	0.463**	0.069	0.133	0.670**	-0.031
Pro	0.463**	1	0.248**	-0.094	0.434**	0.183*
Earq	0.069	0.248**	1	-0.113	-0.010	0.110

续表

	VE	Pro	Earq	Caps	Abum	Grol
Caps	0.133	-0.094	-0.113	1	0.415**	-0.258**
Abum	0.670**	0.434**	-0.010	0.415**	1	-0.014
Grol	-0.031	0.183*	0.110	-0.258**	-0.014	1

注：** 和 * 分别表示在 0.01 和 0.05 水平上显著相关，下表同。

表 8-5　　　　规模效率影响因素的相关系数矩阵

	SE	Pro	Earq	Caps	Abum	Grol
SE	1	-0.165*	-0.158	0.502**	0.302**	-0.314**
Pro	-0.165*	1	0.248**	-0.094	0.434**	0.183*
Earq	-0.158	0.248**	1	-0.113	-0.010	0.110
Caps	0.502**	-0.094	-0.113	1	0.415**	-0.258**
Abum	0.302**	0.434**	-0.010	0.415**	1	-0.014
Grol	-0.314**	0.183*	0.110	-0.258**	-0.014	1

8.3.2　估计结果及分析

本书在使用 2008—2013 年中国大数据产业面板数据的基础上，对式（8.3）和式（8.4）分别进行了估计，具体结果分别见表 8-6 和表 8-7。模型 1_a 至模型 9_a 均为纯技术效率影响因素的估计结果，其中，模型 1_a 至模型 3_a 分别依次采用混合最小二乘估计（*PLS*）、截面加权回归（*CSW*）、时期加权回归（*EGLS*），其余模型均采取时期貌似不相关回归（*PSUR*）的估计方法；模型 1_b 至模型 9_b 均为规模效率影响因素的估计结果，其中，模型 1_b 至模型 3_b 分别依次采用混合最小二乘估计（*PLS*）、截面加权回归（*CSW*）、时期加权回归（*GLS*），其余模型均采用时期貌似不相关回归（*PSUR*）的估计方法。在模型估计过程中，这里结合 *white-period* 稳健方法以矫正各时期异方差带来的影响。另外，为了增强研究结论的稳健性，这里进行了如下处理：一是分别对纯技术效率和规模效率进行分时段估计，模型 4 为全时段估计，模型 5 的估计区间为 2008—2010 年，模型 6 的估计区间为 2011—2013 年；二是鉴于大数据上市公司主要集聚在东部地

表 8-6　　中国大数据产业纯技术效率影响因素的估计结果

变量	整体估计						东部地区估计		
	模型 1_a	模型 2_a	模型 3_a	模型 4_a	模型 5_a	模型 6_a	模型 7_a	模型 8_a	模型 9_a
C	0.238***	0.182***	0.139***	0.216***	0.006	0.399***	0.157***	-0.023	0.287***
	(4.104)	(6.362)	(3.047)	(4.589)	(0.229)	(8.055)	(3.705)	(-0.918)	(3.587)
Pro	0.285***	0.173**	0.323***	0.188***	0.295***	0.045	0.284***	0.334***	0.010
	(3.646)	(2.357)	(3.698)	(2.928)	(4.078)	(0.435)	(4.889)	(4.832)	(0.104)
Earq	0.012	-0.001	-0.004	-0.006	-0.016***	0.012	-0.006	-0.018***	0.062
	(0.634)	(-0.126)	(-0.290)	(-1.013)	(-3.932)	(0.600)	(-1.086)	(-4.288)	(0.709)
Caps	-0.207**	-0.164***	-0.118*	-0.172**	-0.006	-0.326***	-0.057	-0.045	-0.226
	(-2.422)	(-4.376)	(-1.796)	(-2.354)	(-0.113)	(-3.289)	(-0.779)	(-0.492)	(-1.346)
Abum	0.344***	0.372***	0.401***	0.367***	0.469***	0.246***	0.366***	0.492***	0.276***
	(9.161)	(21.123)	(14.747)	(12.860)	(19.611)	(5.390)	(14.279)	(12.944)	(5.988)
Grol	-0.033***	-0.025***	-0.039***	-0.022***	-0.022**	0.013	-0.021***	-0.019*	0.015
	(-3.797)	(-4.286)	(-3.620)	(-3.304)	(-2.137)	(1.491)	(-3.829)	(-1.827)	(1.611)
R^2	0.504	0.745	0.681	0.663	0.853	0.367	0.766	0.830	0.391
F 值	28.040	80.865	59.055	54.300	76.319	7.639	78.694	55.946	7.314
DW	1.179	1.147	1.068	1.917	1.671	1.878	1.865	1.676	1.968

注：***、** 和 * 分别表示在 1%、5% 和 10% 的水平上显著，括号内为 t 值。

表 8 – 7　中国大数据产业规模效率影响因素的估计结果

变量	整体估计						东部地区估计		
	模型 1	模型 2	模型 3	模型 4	模型 5	模型 6	模型 7	模型 8	模型 9
C	0.651***	0.722***	0.705***	0.708***	0.784***	0.650***	0.723***	0.838***	0.808***
	(8.697)	(14.938)	(12.133)	(18.949)	(15.901)	(12.220)	(19.866)	(22.068)	(7.783)
Pro	−0.255***	−0.243*	−0.278**	−0.114	−0.564***	0.087	−0.282***	−0.613***	−0.084
	(−1.928)	(−1.832)	(−2.643)	(−1.570)	(−5.212)	(1.030)	(−3.125)	(−6.527)	(−0.896)
Earq	−0.019	−0.015	−0.012	−0.019***	−0.003	−0.011	−0.008*	−0.002	−0.151*
	(−0.896)	(−1.157)	(−0.643)	(−3.869)	(−0.372)	(−0.573)	(−1.911)	(−0.270)	(−1.696)
Caps	0.387***	0.276***	0.312***	0.252***	0.232**	0.419***	0.165*	0.295***	0.254
	(2.973)	(3.733)	(3.018)	(3.870)	(2.289)	(4.435)	(1.839)	(1.929)	(1.320)
Abum	0.106**	0.102**	0.088**	0.092***	0.115**	0.054*	0.121***	0.063	0.077
	(2.298)	(2.361)	(2.444)	(3.535)	(2.472)	(1.893)	(3.160)	(1.087)	(1.4593)
Grol	−0.053***	−0.071***	−0.027	−0.046***	−0.011	−0.097***	−0.052***	−0.017	−0.103***
	(−3.103)	(−6.432)	(−1.613)	(−3.681)	(−0.493)	(−6.151)	(−4.340)	(−0.883)	(−6.604)
R^2	0.337	0.489	0.314	0.402	0.375	0.606	0.438	0.462	0.654
F 值	14.049	26.503	12.623	18.535	7.915	20.279	18.697	9.773	21.557
DW	0.741	0.696	0.635	2.022	1.810	1.789	2.069	1.760	1.662

注：***、** 和 * 分别表示在 1%、5% 和 10% 的水平上显著，括号内为 t 值。

区，这里剔除了中西部地区样本进行稳健性检验，同时结合分时段估计方法，模型 7 为东部地区大数据产业全时段估计结果，模型 8 和模型 9 分别为 2008—2010 年、2011—2013 年东部地区大数据产业的估计结果。

由表 8 - 6 估计结果可知，随着所使用的估计方法的改进，基于时期貌似不相关回归的模型序列相关检验 *DW* 值表明，残差的序列相关性已经不存在了，说明模型具有较好的解释力度。可得如下结论：

（1）盈利水平对中国大数据产业纯技术效率起到了显著的促进作用，但这种促进效应主要体现在 2008—2010 年，盈利水平对东部地区纯技术效率的影响情况与全国水平保持一致，较好地佐证了研究结论的可靠性，可见盈利水平的改善有助于提升大数据产业纯技术效率，但这种影响存在一定的时序差异；

（2）收益质量对全国及东部地区大数据产业纯技术效率的影响作用并不显著，但在 2008—2010 年有着明显的抑制作用；

（3）资本结构显著抑制了纯技术效率提升，尤其是 2011—2013 年这一作用更为明显，但资本结构对东部地区大数据产业纯技术效率的抑制作用并不显著；

（4）资金运用能力显著促进了全国与东部地区大数据产业纯技术效率，但随着时间推移，这种促进作用呈现降低趋势；

（5）成长能力对大数据产业纯技术效率起到了一定的抑制作用，东部地区与全国情况一致，但这种状况在 2011—2013 年有了好转，成长能力对纯技术效率产生了不显著的促进作用，说明随着成长能力的提升，大数据产业的技术效率可能会不断得到改善。

由表 8 - 7 同样可知，基于时期貌似不相关回归的模型具有较好的解释力度和可靠性。得出结论如下：

（1）盈利水平对大数据产业规模效率产生了一定的抑制作用，尤其是东部地区这种抑制效应更为明显，说明在盈利水平的驱使下，大数据企业往往注重盲目扩大生产规模和要素投入，可能短期内的过度投资导致了规模不经济现象的出现；

（2）收益质量对大数据产业规模效率产生了轻微的抑制作用，其对东部地区规模效率的抑制作用要小于全国水平和中西部地区；

（3）资本结构显著促进了大数据产业规模效率提升，但其对东部地区的影响效应相对有限；

（4）资金周转能力显著推动了大数据产业规模效率增长，其对东部地区的促进效应大于全国水平，也定高于中西部地区水平；

（5）成长能力不足显著制约了中国大数据产业规模效率的提升，尤其是对东部地区大数据产业规模效率抑制作用更为明显。

经比较发现：

（1）盈利水平有利于纯技术效率的提升，但却阻碍了规模效率改善，这一结果表明，盈利水平提高会促进大数据产业纯技术效率的提升，但是应注重资源的优化配置，以防止其阻碍规模效率水平提高；

（2）收益质量对纯技术效率和规模效率的影响都为负，但是其对考察期内规模效率的影响效应显著，而对纯技术效率影响作用并不显著，规模效率随着收益质量的上升而下降，说明当前中国大数据产业的收益质量获取仍依赖于粗放型的增长方式；

（3）资本结构对纯技术效率有一定的抑制作用，但却显著促进了规模效率提升；

（4）资金运用能力对纯技术效率和规模效率的影响均为正，且均通过1%的显著性检验，说明资金运用能力提升纯技术效率的同时也改善了规模效率；

（5）成长能力不足抑制了大数据产业纯技术效率和规模效率的提升，所以应注重培养成长能力，持续提升生产技术水平，进而不断促进纯技术效率和规模效率的提高。

8.4 小结

本章以大数据产业的微观企业为考察对象，测算战略性新兴产业的技术创新效率，并检验其外生影响因素。实证研究中，利用 DEA 方法对 2008—2013 年中国大数据产业技术创新效率、纯技术效率和规模效率进行了测算和分析，在此基础上建立了计量模型对影响大数据产业纯技术效率和规模效率的因素进行了分析，得出结论如下：第一，中国大数据产业技术创新效率比较低下，尚有较大增长空间，其增长受纯技术效率和规模效率共同制约，但主要原因在于纯技术效率的增长拖累。中西部地区大数据产业规模效率均值高于东部地区，但其纯技术效率远低于东部地区，最终导致其技术创新效率水平和东部地区存在较大差距；第二，从变动趋势来看，2008—2013 年中国大数据产业技术创新效率、纯技术效率和规模效率均呈现较为明显的“U”型下降趋势，东部地区大数据产业技术创新效率下降幅度快于中西部地区，但其纯技术效率下降幅度慢于中西部地区；第三，盈利水平对中国大数据产业纯技术效率起到了显著的促进作用，但阻碍了规模效率的提高；收益质量阻碍了大数据产业规模效率，但对纯技术效率的影响作用并不显著；资本结构显著抑制了大数据产业纯技术效率提升，但有利于规模效率提升；资金运用能力对大数据产业纯技术效率和规模效率都有促进作用；成长能力不足则在一定程度上抑制了大数据产业纯技术效率和规模效率的提升。

由此，本书提出以下政策建议：一是中国大数据产业在提升规模效率的同时，应优先注重纯技术效率提升，尤其是中西部地区应尤其要关注大数据产业的纯技术效率提升，不断通过制度创新和管理创新等手段来缩小与东部地区的纯技术效率差距；二是大数据产业应注重资源的优化配置，逐步改善企业仅仅依靠要素驱动的粗放型发展方式，尤其是东部地区大数据企业应不断优化要素投入结构、提升资源配置能力，进而促进自身规模效率提升；三是大数据企业应充分依靠大数据技术支撑，一方面，通过持续进行技术革新和升级，降低企业运营成本，促进智能企业发展。另一方面，应积极推动大数据技术在产业内和不同产业间的扩散溢出，促使整个经济生产方式从“中国制造”向“中国智造”转变，进而尽早释放大数据产业溢出红利。通过上述手段提升企业盈利能力的同时，也应紧密结合产业发展实际，尽量避免陷入急于进行盲目扩张的陷阱；四是应注重大数据产业核心竞争力培育，持续推动主营业务发展，不断提高产出质量；五是进一步科学优化资本结构，提高资金使用效率，促使产业价值最大化，进而进一步提升大数据产业技术创新效率；六是要注重大数据产业成长能力培育，一方面，政府应通过财政投资、风险共担、税收优惠、技术奖励、招商引资等手段加大对产业的扶持力度，为大数据产业成长提供可靠的政策和资金支持。另一方面，应鼓励企业积极引进先进技术，提升技术消化吸收、自主研发及技术产业化能力，不断提升大数据产业的成长水平，进而不断提升大数据产业技术创新效率。

第 9 章　研发投入对战略性新兴产业的创新溢出效应

战略性新兴产业的演化系统中，技术创新是核心，大力推动战略性新兴产业发展已成为新时代实现经济发展方式由“投资驱动”转向“创新驱动”的重要举措。对于战略性新兴产业而言，其又好又快发展的实质是产业的升级和高端化，而产业升级和高端化目标实现的重要标志是增长绩效水平的不断提升，其根本路径归根结底在于企业创新。毫无疑问，研发活动在战略性新兴产业发展过程中起着举足轻重的作用。然而，研发投入作为一种要素投入也可能存在边际效率递减的规律，当超过某个临界值时研发投入就不会再产生等比例的投资回报，即二者之间可能不仅仅只是简单的线性关联。对于企业和政府来说，只有准确且全面地把握好研发活动对战略性新兴企业发展的影响脉络，相应的科技政策和研发措施才能有的放矢。因此，探究研发投入与战略性新兴企业绩效之间是否存在非线性关联就具有重要的现实意义。

9.1　战略性新兴产业的创新驱动与研发投入的溢出影响

技术创新是战略性新兴产业演化的基本要素。技术创新的溢出效应加剧了市场竞争和技术更替，形成新的产业发展条件，孕育新兴产业；技术创新推动了新产品研发，并在生产过程中逐渐完善，最终实现市场化应用，从而淘汰市场中的原有技术，形成新兴产业，逐渐替代市场中的落后产业，而这种创新周期造成了产业发展的周期性特征（Abernathy 和 Utterback，1994）。Geroski（1995）进一步对创新和新兴产业发展的关系做了经验分析，以计算机网络通信技术带动电子信息产业高速发展为例，提出战略性新兴产业发展和技术升级都是由于新旧技术更替形成的，而技术创新是推动新旧产业更替的重要原因。Kleeper（2002）认为创新驱动战略性新兴产业发展是一个复杂的动态系统，技术创新成果首先推动了产品创新和过程创新，逐步促进战略性新兴产业规模扩张，加剧了新旧产业市场竞争，推动新的产业发展系统形成。

创新驱动是战略性新兴产业发展的动力源泉。战略性新兴产业创新驱动是一个复杂的过程：一是创新能够培育新的产业方向。需求引动是产业发展的源动力，需求引动带来的变化是市场既有产业难以填充的，而创新通过新产品的产业化生产和市场化销售，满足市场的需求引动。二是创新有助于战略性新兴产业链延伸。产业链有效延伸是现代产业扩张的有效途径，通过创新实现技术进步，打破原有产业链，形成新的产业链牵引力，带动上下游产业发展。三是创新促进产业升级。战略性新兴产业发展具有鲜明的技术特征，创新是产业升级的根本动力：通过科技创新实现技术进步，生产技术含量更高的新产品；通过管理创新提高资源配置水平，提高生产效率；通过材料创新能够实现新材料应用，降低生产成本；通过市场创新能够扩大新产品的市场认可度，拓宽战略性新兴产业发展的市场空间。四是创新加快新旧产业更替。伴随着创新在产业发展过程中造成的长期涟漪效应，新技术的产业化和市场化加剧了新旧产业的市场竞争，新技术和新产品不断完善，在市场中逐渐扩大技术优势，对落后产业造成了创造性破坏，加快了新旧产业更替。

创新驱动是战略性新兴产业的核心竞争力。一是科技创新驱动技术进步和新旧产业更替。技术创新是最原始的创新，其根本目的是提高生产效率，降低生产成本，实现更高的利润。科技创新来源于知识积累和技术研发，这个过程较为复杂，是技术进步的关键。通过知识积累和技术研发取得技术进步，实现新技术的产业化和商业化，是战略性新兴产业的主要演化模式。二是需求创新驱动新兴消费市场形成。需求引动是创新的源动力，也是战略性新兴产业发展和经济增长的重要牵引力，旺盛的市场需求能够带动经济快速增长。新兴消费市场已经不单单是简单需求或成本优势所能应对，需要通过新的理念创新、体验创新刺激新的个性化需求，促进新兴消费市场的形成，带动技术创新和产品创新，加快技术进步和战略性新兴产业升级。三是产业创新驱动产业结构升级。随着产业研发投入，技术创新成果的产业化和商业化，刺激了新兴消费市场，实现了新兴技术产业快速发展，提高产业技术竞争力，逐渐替代原有技术落后产业，打破原有市场结构，成为新的产业链核心，并带动关联产业发展，提升产业结构，发挥对经济增长的主导作用。

显而易见，研发投入是战略性新兴产业创新驱动的核心影响因素，对研发投入与企业绩效或效率的关系探讨一直是学术界关注的热点问题，当前对二者之间关系的认识尚存在一定的分歧。总体表现为以下三方面：第一，研发投入有利于企业绩效或效率水平提升。Jefferson（2004）、Hu（2005）等基于中国部分大中型制造企业数据，研究了自主研发与企业生产率之间的关系，均得出自主研发有利于企业生产率提高的结论，Sharma（2012）使用印度 1994—2006 年的制药业企业数据也得出了类似的结论；第二，提高研发投入不利于企业绩效或效率。Lantz 和 Sahut（2005）基于科技公司的数据研究表明，R&D 投资对企业净收入、风险和回报等财务业绩指标有显著的抑制作用。肖利平（2016）研发发现，本地 R&D 资本对全要素生产率的增长产生了阻碍作用。武咸云等（2017）则认为研发投入对企业生产率的影响具有消极作用；第三，研发投入与企业绩效或效率之间的关系还不确定，指出研发投入对企业绩效或效率的影响效应并不明显。Lin（2006）分析发现，研发与企业绩效之间不存在显著的相关关系。Fernandes（2008）指出 R&D 并不一定能够促进企业生产率的提高。由此可见，关于研发投入对企业绩效或效率的影响效应尚需进一步探讨。

另外，针对战略性新兴产业的相关研究才刚刚起步，仅少部分文献涉及其绩效或效率问题（伍健等，2018）。现有研究大多聚集于对产业内涵、现状探析、税收优惠、发展模式及成长路径等方面问题的探讨，旨在从理论分析层面为战略性新兴产业发展提供政策支持，但这方面的研究大多以描述性分析和案例分析为主，缺少定量化的经验研究，尤其是缺乏对战略性新兴产业发展背后的原因进行探析。当前，鲜有研究考察研发投入与战略性新兴企业绩效之间的内在关联，对研发投入与战略性新兴企业绩效之间的非线性关系考察就更为少见，也几乎未有研究基于所有制差异视角对二者之间的关系进行剖析。那么，研发投入对战略性新兴企业绩效的影响是否表现为显著的非线性规律？如果存在，这种非线性规律表现出轨迹特征及所有制差异如何？鉴于此，本章基于中国战略性新兴产业 2011—2015 年上市企业的面板数据，在测算战略性新兴企业绩效水平的基础上，采用面板门槛回归技术，重点探讨研发投入与企业绩效之间的非线性关系及其门槛特征。

9.2 研究变量设置与数据选择

本章研究涉及数据主要从 Wind 咨询金融数据库提取，部分数据来自战略性新兴产业上市企业的年度报告、招股说明书等相关资料。截至 2015 年底，中国共有 550 家战略性新兴上市企业，鉴于数据的可获性及连贯性，尤其是重点考虑到研发投入数据的披露情况，这里在剔除未公开披露年度报告以及研发投入等变量存在缺失的企业样本后，最终选取 Wind 数据库中 155 家战略性新兴上市企业作为研究对象，总共得到了 620 个观测样本。本书基于所有制差异视角揭示研发投入对战略性新兴企业绩效影响的非线性效应及其门槛特征，这里基于所有制差异视角将研究样本分为国有战略性新兴企业、民营战略性新兴企业和公众战略性新兴企业（外资战略性新兴企业由于样本过少，这里予以剔除）共三组。进一步根据我国战略性新兴企业的发展实际，对具体研究变量做如下设定：

（1）企业绩效。本书以战略性新兴企业绩效（*eff*）作为被解释变量，采用柯布—道格拉斯随机前沿生产函数模型对企业绩效水平进行测度。参照樊宏（2007）的做法，这里选取企业主营业务收入作为产出指标，主营业务收入对企业经济效益有着重要的影响，是衡量企业生产效益和经营实力的有效依据。对于投入指标的选取，借鉴大多实证研究的惯例做法，选取从业人数和固定资产分别作为劳动要素和资本要素的投入指标。上述指标确定后，构建如下柯布—道格拉斯随机前沿生产函数模型：

$$\ln Y_{it} = \beta_0 + \beta_1 \ln K_{it} + \beta_2 \ln L_{it} + v_{it} - u_{it}, \varepsilon_{it} = v_{it} - u_{it} \quad (9.1)$$

$$eff_{it} = \exp(-u_{it}) \quad (9.2)$$

式（9.1）中，Y_{it} 表示中国战略性新兴产业 i 企业 t 时期的产出指标；K_{it} 和 L_{it} 分别表示战略性新兴产业 i 企业 t 时期的资本和人力指标；β_0 为截距项，β_1、β_2 为待估参数。误差项 ε_{it} 由两个独立的部分组成，第一部分 $v_{it} \in iid$ 并服从 $N(0,\sigma_v^2)$，第二部分 $u_{it} \in iid$ 并服从截尾正态分布 $N(m_{it}, \sigma_u^2)$，反映那些在第 t 年作用于 i 企业的随机因素。v_{it} 和 u_{it} 之间是相互独立的。式（9.2）中，eff_{it} 表示中国战略性新兴企业绩效水平。这里运用 155 家战略性新兴上市企业 2011—2014 年的面板数据，采用上述测算模型和指标进行测度，即可得到战略性新兴企业绩效水平变量。

（2）研发投入强度。本书的核心解释变量为研发投入强度（*rd*），大多研究通常以企业年研发支出与企业年销售收入的比值来表示研发投入强度，它是衡量企业研发投入时应用最为广泛的指标。与总量指标相比，研发投入强度在不同企业之间更具有可比性，更能反映与企业规模、市场地位等相适应的研发投入情况。因此，这里采用研发投入与主营业务收入的比值来反映核心解释变量，该比值越大，表明研发投入强度越高。

（3）控制变量。为了得到无偏的估计结果，这里对可能影响战略性新兴企业绩效的其他变量进行了控制。包括：①企业规模（*fs*），不同规模的企业具有不同的资源优势，可能会对战略性新兴企业绩效的提升产生重要影响，这里采用总资产的对数来衡量；②资本结构（*caps*），采用总负债与总资产的比值来衡量；③营利能力（*pro*），营利能力是产业中的企业经营活动可持续性的重要衡量指标，这里选取（净利润 + 利息费用 + 所得税）/平均资产总额作为盈利能力的衡量指标，该指标越高，表明营利能力越强；④营运能力（*opc*）选取总资产周转率来体现，该指标能反映企业的运作水平，对企业绩效的提升起到支撑作用；⑤金融支持（*fin*）选取流通股占总股本比例来反映，该指标越大，表示金融支持力度越大；⑥股权集中度（*own*）选取大股东持股比例来体现，旨在揭示股权分布状态对战略性新兴企业绩效的影响。

基于所有制差异视角的企业绩效与研发投入强度的描述性统计结果见表9-1。从企业样本构成来看，国有战略性新兴企业占比为33.55%，民营战略性新兴企业占比为56.13%，公众战略性新兴企业占比为10.32%；从企业绩效水平来看，民营战略性新兴企业绩效水平最低，国有战略性新兴企业绩效水平最高，公众战略性新兴企业绩效水平位于二者之间，这一发现不同于以往关于国有企业效率低下的研究结论，这表明国有企业的产权性质在战略性新兴产业发展初期可能更适合于促进产业增长质量提升；从研发投入强度来看，公众战略性新兴企业水平最高，民营战略性新兴企业水平次之，国有战略性新兴企业水平最低。不难发现，民营企业是我国战略性新兴产业发展的主力军，但民营战略性新兴企业较高的研发投入强度水平并未带来相应合理水平的企业绩效水平，而国有战略性新兴企业虽具有较低的研发投入强度水平，却拥有较高的绩效水平。

表9-1　企业绩效与研发投入强度的描述性统计

企业	指标	个数	极小值	极大值	均值	标准差
国有战略性	企业绩效	208	0.12	1.00	0.3841	0.2447
新兴企业	研发投入强度	208	0.00	0.73	0.0353	0.1034
民营战略性	企业绩效	348	0.08	0.72	0.1872	0.1145
新兴企业	研发投入强度	348	0.00	0.61	0.0457	0.0655
公众战略性	企业绩效	64	0.11	0.83	0.3246	0.2101
新兴企业	研发投入强度	64	0.00	1.24	0.0632	0.1647

9.3 计量模型

面板数据的描述性统计结果表明，研发投入强度与战略性新兴企业绩效之间可能并不是简单的线性关系，而是存在较为复杂的非线性关系。另外，战略性新兴企业的研发投入强度、绩效水平均存在明显的所有制差异。为了考察研发投入强度对不同所有制类型企业绩效影响的非线性效应，本书在控制企业规模（*fs*）、资本结构（*caps*）、营利能力（*pro*）、营运能力（*opc*）、金融支持（*fin*）、股权集中度（*own*）等因素的情况下，基于 Hansen（1999）提出的面板门槛数据模型（Threshold Panel Data Model），基于所有制差异的视角将上述三个样本组划分为多个区间，进一步分别对各个区间内研发投入强度与战略新新兴企业绩效之间的非线性关系进行估计。为此建立如下计量方程：

$$eff_{it}=\alpha_0+\alpha_1 rd_{it}\cdot I(rd_{it}\leqslant\gamma_1)+\alpha_2 rd_{it}\cdot I(rd_{it}>\gamma_1)+\cdots+\alpha_n rd_{it}\cdot I(rd_{it}\leqslant\gamma_n)+\alpha_{n+1}rd_{it}\cdot I(rd_{it}>\gamma_n)+\theta x_{it}+\varepsilon_{it} \tag{9.3}$$

其中，t 为年份，i 表示不同所有制分类下的企业个体。$I(*)$ 是一个指示函数（indicator function），当括号内的条件满足时，取值为1，否则为0，rd 为门槛变量，γ 为门槛值，x 表示控制变量集合，包括了企业规模、资本结构、盈利能力、营运能力、金融支持、股权集中度等。

这里对模型（9.3）进行了简化，可以矩阵形式表示如下：

$$eff_{it}=X(\gamma)\alpha+\varepsilon \tag{9.4}$$

给定任意 γ，系数的最小二乘估计量（$\hat{\alpha}$）为：

$$\hat{\alpha}=[X^*(\gamma)'X^*(\gamma)]^{-1}X^*(\gamma)'\cdot eff \tag{9.5}$$

相应地，回归方程的残差平方和为：

$$SSE_1(\gamma)=\hat{\varepsilon}(\gamma)'\hat{\varepsilon}(\gamma)=eff'(1-eff(\gamma)'(X^*(\gamma)'X^*(\gamma)]^{-1}X^*(\gamma)')\cdot eff \tag{9.6}$$

门槛值的估计量为：

$$\hat{\gamma}=\mathrm{argmin}SSE_1(\gamma) \tag{9.7}$$

$$\hat{\sigma}^2(\hat{\gamma})=\frac{1}{n(T-1)}\hat{e^*}'(\hat{\gamma})\hat{e^*}(\hat{\gamma})=\frac{1}{n(T-1)}SSE_1(\gamma) \tag{9.8}$$

至此，能够得到上述所有参数的估计量。可通过以下两个检验验证门槛模型使用的合理性：一是通过检验门槛效应是否显著来验证门槛是否存在；二是考察门槛的估计值是否与真实值相等，门槛效应存在性检验的原假设 H_0为 $\alpha_1 = \alpha_2$，备择假设 H_1为：$\alpha_1 \neq \alpha_2$。构建的统计量为：

$$F_1 = \frac{SSE_0(\gamma) - SSE_1(\hat{\gamma})}{\hat{\sigma}^2} \tag{9.9}$$

其中，SSE_0 是在门槛存在性检验的原假设下，模型估计得到的残差平方和。Hansen 通过自抽样方法获得了 F 统计量的渐进分布，得到拒绝原假设的概率值，构建的似然比统计量为：

$$LR_1(\gamma) = \frac{SSE_1(\gamma) - SSE_1(\hat{\gamma})}{\hat{\sigma}^2} \tag{9.10}$$

LR 统计量的分布是非标准的，其渐进分布满足 $c(\alpha) = -2\ln(1-\sqrt{\alpha})$ 时，当 $LR_1 \leqslant c(\alpha)$ 时，就可以拒绝原假设，从而得到门槛估计量的置信区间。

由于本书构建的计量模型中涉及了较多的解释变量，在模型估计前，需要分别检验不同面板数据组的多重共线性问题。为此，我们计算了不同所有制样本下的所有解释变量间的相关系数矩阵。这里分别以上述矩阵为依据进行了多重共线性诊断，采用方差膨胀因子（VIF）方法的诊断结果表明，VIF 值都小于 10，可以拒绝存在多重共线性的问题，这保证了下面即将展开的计量回归方程不存在严重的共线性问题。

9.4 实证结果与分析

基于所有制差异视角分别对研发投入强度与国有战略性新兴企业、民营战略性新兴企业以及公众战略性新兴企业绩效之间的关系进行了门槛检验。在使用面板门槛数据模型估计前，首先需要对研究样本是否存在门槛效应进行检验，以便确定门槛的个数以及模型的形式。这里利用 Hansen 提出的“自举法（Bootstrap）”，通过重叠模拟似然比检验统计量 2000 次，估计出 bootstrap *P* 值。表 9－2 列示了所有制差异视角下研发投入强度对战略性新兴企业绩效的门槛效应检验结果。由检验结果可知，不同面板的研发投入强度门槛变量都在 1% 或 5% 的显著性水平下通过了单门槛、双门槛和三门槛检验，表明国有战略性新兴企业、民营战略性新兴企业以及公众战略性新兴企业研发投入强度均存在三个门槛值。其中，国有战略性新兴企业研发投入强度的三个门槛值分别是 0.0003、0.0021 和 0.0315，民营战略性新兴企业研发投入强度的三个门槛值分别是 0.0018、0.0403 和 0.1205，公众战略性新兴企业研发投入强度的三个门槛值分别是 0.0058、0.0061 和 0.1120，表明所有制差异视角下研发投入强度与战略性新兴企业绩效之间均呈现复杂的非线性关系。

表 9 - 2　　门槛值的检验

检验	模型	估计值	F 值	P 值	BS 次数
国有战略性新兴企业	单一门槛	0.0003	9.2892***	0.0020	2000
	双重门槛	0.0021	9.1864***	0.0025	2000
	三重门槛	0.0315	5.0754**	0.0240	2000
民营战略性新兴企业	单一门槛	0.0018	19.0836***	0.0000	2000
	双重门槛	0.0403	8.2604***	0.0020	2000
	三重门槛	0.1205	6.0453**	0.0135	2000
公众战略性新兴企业	单一门槛	0.0058	4.6214**	0.0350	2000
	双重门槛	0.0061	22.5599***	0.0000	2000
	三重门槛	0.1120	9.2959***	0.0050	2000

注：**、*** 分别表示在 5%、1% 的显著水平上拒绝原假设。

为了消除异方差的影响，这里分别以国有战略性新兴企业、民营战略性新兴企业、公众战略性新兴企业作为研究样本进行了稳健标准差检验，结果如表 9 - 3 所示。由估计结果表 9 - 3 可知：

（1）对于国有战略性新兴企业而言，当研发投入强度低于 0.0003 时，影响力度为正，且通过了 1% 的显著性检验，说明此门槛区间内研发投入对国有战略性新兴企业绩效具有显著的促进作用；当研发投入强度介于 0.0003 与 0.0021 时，影响系数为 1.1089，也通过了 1% 的显著性水平检验，表明在此门槛区间内研发投入对国有战略性新兴企业绩效的影响仍为正向效应，但影响力度有所减弱；当研发投入强度位于 0.0021 与 0.0315

时，影响力度为0.0757，且在1%的显著性水平下通过检验，说明研发投入对国有战略性新兴企业绩效的影响在第三门槛区间内仍为正向效应，但影响强度进一步减弱；而当研发投入强度水平高于0.0315时，此门槛区间内的影响效应开始转变为负值，其系数为-0.0025，亦在1%的显著性水平下通过检验。可见，当研发投入强度水平低于0.0315时，研发投入才会促进国有战略性新兴企业绩效水平提升，且这种促进效应呈现明显的边际效率递减效应，但当研发投入强度水平高于0.0315时，研发投入则会对国有战略性新兴企业绩效产生一定的抑制作用，即只有适度的研发投入水平才会促进国有战略性新兴企业绩效，而过度的研发投入强度并不利于其绩效水平提升。

表9-3　所有制差异视角下的门槛效应检验

变量	国有战略性新兴企业	民营战略性新兴企业	公众战略性新兴企业
fs	0.0043*** (8.6187)	0.0038*** (8.5969)	0.0161*** (8.4409)
caps	-0.0047* (-1.9775)	0.0041*** (3.4768)	-0.0346*** (-6.2182)
pro	-0.0178*** (-3.5537)	-0.0016 (-0.6964)	-0.0087* (-1.7183)
opc	-0.0031*** (-3.3476)	0.0002 (0.2009)	-0.0069*** (-5.7954)
fin	0.0051*** (7.2630)	0.0063*** (11.0358)	0.0096*** (4.4214)
own	-0.0203*** (-4.6856)	-0.0018 (-0.6833)	0.0010 (0.2156)
*rd*_1	12.6821*** (4.2986)	1.1911*** (3.4703)	0.5376*** (3.6695)
*rd*_2	1.1089*** (2.8394)	0.0525*** (5.8962)	1.9520*** (6.4719)
*rd*_3	0.0757*** (3.7603)	0.0241*** (5.7820)	0.0547*** (3.5827)
*rd*_4	-0.0083*** (-5.0588)	0.0041*** (2.6347)	0.0025*** (2.7206)

注：***、*分别表示系数通过1%、10%的显著水平，括号内为修正异方差后的t统计量，*rd*_1到*rd*_4为不同门槛区间研发投入强度（*rd*）变量的系数。

（2）对于民营战略性新兴企业而言，当研发投入强度低于第一门槛值时，研发投入对民营战略性新兴企业绩效具有显著的促进作用；当研发投入强度跨过第一门槛且小于第二门槛值时，研发投入对民营战略性新兴企业绩效仍具有显著的促进作用，但影响系数减小为0.0525。当研发投入强度跨过第二门槛且小于第三门槛值时，其对民营战略性新兴企业绩效的作用亦显著为正，但影响系数减小为 0.0241。当研发投入强度跨过第三门槛时，其对民营战略性新兴企业绩效的作用仍为正，其值进一步减小为 0.0041，且通过了 1% 的显著性水平检验。可见，研发投入强度对民营战略性新兴企业绩效的影响呈现复杂的正向非线性效应，且这种效应存在明显的边际效率递减规律。

（3）对于公众战略性新兴企业而言，当研发投入强度低于第一门槛值时，研发投入显著促进了公众战略性新兴企业绩效；当研发投入强度跨过第一门槛值且小于第二门槛值时，研发投入对公众战略性新兴企业绩效仍具有显著的促进作用，但影响系数明显增大，说明促进效应有所增强。当研发投入强度跨过第二门槛值且小于第三门槛值时，其对公众战略性新兴企业绩效的促进作用明显减小。当研发投入强度跨过第三门槛值时，其对公众战略性新兴企业绩效的作用仍为正，其值进一步减小为 0.0025，且通过了 1% 的显著性水平检验。不难发现，研发投入强度对公众战略性新兴企业绩效的影响表现出显著的倒“U”型非线性效应。

表 9-4　样本门槛分布规律

研发投入强度	国有战略性新兴企业	民营战略性新兴企业	公众战略性新兴企业
第一门槛区间	11.54%	5.75%	31.25%
第二门槛区间	16.67%	62.07%	6.25%
第三门槛区间	53.85%	24.14%	43.75%
第四门槛区间	17.31%	8.04%	18.75%

根据三个门槛值可以分别将所有制差异视角下的三组样本均划分为四种类型，即高研发投入强度、中高研发投入强度、中低研发投入强度以及低研发投入强度。表 9-4 为 2014 年不同所有制战略性新兴企业在不同门槛水平下的样本分布情况。可以看出，第一，国有战略性新兴企业样本主要集聚于第三门槛区间内，占比达 53.85%，位于前三门槛区间内的企业占比达 82.06%，表明当前研发投入强度对绝大多数国有战略性新兴企业绩效具有促进作用，而在 2014 年研发投入强度低于第三门槛值的企业中有

85.71%的企业研发投入强度尚处于0.020以下，远低于第三门槛值0.0315，充分表明不断提高研发投入强度仍可能是国有战略性新兴企业科技活动的重要目标；第二，民营战略性新兴企业样本主要位于第二门槛区间，其次是第三门槛区间，这两个门槛区间内企业占比超过80%，且这些企业主要表现出中低研发投入强度和中高投入研发投入强度特征；第三，公众战略性新兴企业样本主要聚集于第三门槛区间和第一门槛区间，这两个门槛区间内样本占比分别为43.75%和31.25%，即多数样本主要表现为中高研发投入强度和低研发投入强度特征。

由控制变量可知，企业规模系数都在1%的显著性水平下为正，但企业规模对公众战略性新兴企业绩效的促进效应最大，对国有战略性新兴企业绩效的促进效应次之，对民营战略性新兴企业绩效的促进作用最小；资本结构不利于国有战略性新兴企业和公众战略性新兴企业绩效提升，且其对公众战略性新兴企业绩效的抑制作用大于国有战略性新兴企业，但资本结构显著促进了民营战略性新兴企业绩效改善；营利能力、营运能力对国有战略性新兴企业和公众战略性新兴企业绩效均产生了显著的抑制作用，而对民营战略性新兴企业绩效的影响作用并不明显；金融支持对公众战略性新兴企业绩效的促进作用最大，对民营战略性新兴企业绩效的促进作用次之，而对国有战略性新兴企业绩效的促进效应最小；股权过度集中不利于国有战略性新兴企业绩效水平提升，而对民营战略性新兴企业和公众战略性新兴企业绩效的影响效应并不明显。这充分表明，所有制差异视角下，战略性新兴企业绩效提升的原因表现出明显差异，也反映了战略性新兴企业绩效提升的差异是受到研发投入强度、企业规模、资本结构等诸多共同作用而形成的。

9.5 小结

所有制差异视角下研发投入强度与战略性新兴企业绩效之间存在显著的异质非线性关系：第一，研发投入强度对不同所有制企业绩效的门槛效应不同，反映了不同所有制企业研发投入强度的优化标准不一致；第二，对于国有战略性新兴企业，只有适度的研发投入水平才会促进其绩效水平提升，而过度的研发投入并不利于其绩效水平提升；第三，对于民营战略性新兴企业，研发投入强度对其绩效的影响呈现复杂的正向非线性效应，且这种效应存在明显的边际效率递减规律；第四，对于公众战略性新兴企业，研发投入强度对其绩效的影响表现出显著的倒“U”型正向非线性效应。另外，在所有制差异视角下，企业规模、金融支持、资本结构等因素均对战略性新兴企业绩效产生了显著的异质影响。

从上述研究结论中，我们可以得到如下启示：首先，对于国有战略性新兴企业，只有适度的研发投入强度水平才会促进企业绩效水平提升，而过高的研发投入强度反而不利于企业绩效改善。然而，从现实情况来看，由于大多数企业研发投入强度水平远低于第三门槛值，因此，提高研发投入强度仍可能是国有战略性新兴企业未来较长一段时间内科技活动的重要目标。对于民营战略性新兴企业和公众战略性新兴企业，在进行研发投入的同时，应更关注其对研发资源的管理能力，因为研发资源的投入效果是由企业对研发资源的投入能力和对研发资源的管理能力两方面共同决定的，只有有效协调和整合研发、信息、人力等众多资源，不断提升企业对研发资源的管理能力，才能更好地提升企业对研发资源的使用效率；其次，战略性新兴企业科技活动要充分注重研发资源的优化配置，应重点在核心技术和关键技术上进行资源聚焦投入，同时适当减少对通用技术和一般技术等非核心技术的研发资源投入；再次，政府应根据所有制差异视角下战略性新兴企业研发投入强度的异质门槛水平，实施差异化的研发补贴政策和税收优惠政策，科学合理的引导和支持企业开展科技创新活动；最后，战略性新兴企业绩效的提升并非单纯地取决于它的研发投入强度，还受到企业规模、金融支持、资本结构等诸多因素的共同影响，只有当研发投入与这些因素有效地结合起来时，才能更有效促进企业生产水平的提升，但同样应关注到上述诸多因素共同作用于战略性新兴企业绩效时所存在的所有制差异事实。

第10章　非线性生命周期视角下的政策启示

通过研究发现，战略性新兴产业的演化有着特殊的内在逻辑和外部特征，创新驱动是战略性新兴产业发展的核心，技术创新通过解放生产关系对原有的制度造成冲击，迫使制度随之改变，适应新的生产关系，约束保护新的产业技术，以自然辩证角度来看，战略性新兴产业技术创新和制度改革创新相互突破渗透，进而相互制约适应，形成一种螺旋上升的耦合关系，推动产业发展和经济增长。在技术创新阶段，科学有效的制度改革创新有利于加快技术研发培育，系统来看，技术创新是一个复杂的动态过程，经历知识积累、基础科研、产研结合、试错检验等不同阶段，最终实现技术创新产业化，每个环节进化都有其不确定性，因而需要有效的制度保障，根据不同阶段的耦合需要，实施差异化的制度安排，提高战略性新兴产业技术创新的成功率。在技术创新产业化扩张和市场竞争阶段，合理宽松的制度弹性有利于润滑生产关系变化，提高资源配置效率，降低技术升级和产业替代的摩擦影响，促进战略性新兴创新驱动。因此，产业技术创新和制度创新呈现出螺旋式的交互影响关系，本章以战略性新兴产业发展的非平衡生命周期为脉络，从产业发展的孕育期、成长期和成熟期三个阶段构建战略性新兴产业发展的政策支撑体系，为战略性新兴产业创新驱动提供相应启示。

10.1　孕育期

孕育期的战略性新兴产业发展处于萌芽阶段，产业发展各方面条件还不成熟，从知识积累到技术创新成果转化是这一阶段主要发展任务，因而这一时期的战略性新兴产业发展政策设计应以鼓励创新为主要目的。

（1）科技创新政策。积极的创新政策对产业发展有正向影响（Nelson，1993），科技创新是战略性新兴产业孕育期的主要特征，从政府投入、官产学研结合、人才培育、技术引进、法律法规五个方面设计战略性新兴产业发展孕育期的科技创新政策。一是加大政府科技创新投入的倾斜力度，激励战略新兴产业自主创新。提高战略性新兴产业的政府创新投入，以间接鼓励引导为主，直接干预为辅，加大对高质量创新活动的资金配比，提高战略性新兴产业自主创新能力。二是加强官产学研结合，集中优势资源加快战略性新兴产业科技创新。积极鼓励战略性新兴企业和高校、研究院所的创新联动，借助高校、科研院所等科研机构的创新资源和知识优势，加强创新合作，丰富战略性新兴产业的科技创新渠道。三是加大战略性新兴产业创新人才培育力度。为战略性新兴产业创新人才培育提供资金补贴和环境支持，鼓励企业改进用人制度，强化薪酬体制改革，建立多种形式的人才进入机制，实现个人价值和创新能力相统一，提高创新人才的工作积极性。四是鼓励企业间的技术引进与合作创新，加快战略性新兴产业技术提升。我国战略性新兴产业发展时间不长，一些关键技术落后于西方发达国家，在短时间内要加快战略性新兴产业科技创新步伐，需要借鉴发达国家和先进企业的科技创新经验，技术引进与合作创新能够短时间内提升我国战略性新兴产业科技创新水平。五是不断完善科技创新相关法律法规，加强对知识产权的法律保护，提倡企业通过自主创新获取合法收益，为战略性新兴产业创新发展提供公平有利的环境保障。

（2）产业组织政策。战略性新兴产业在发展孕育期往往缺乏规制，科学合理的产业组织政策有助于培育公平有效的产业发展外部环境。首先，科学制定战略性新兴产业评价标准，完善战略性新兴产业目录，细化战略性新兴产业行业分类。在培育对象选择上，依照战略性新兴产业评价标准，选择发展潜力大、科技创新水平高、新兴特征显著的行业作为培育对象。其次，以地方战略性新兴产业发展条件的竞争优势为基础，构建科学合理的战略性新兴产业空间布局。集中资源加快优势明显地区的战略性新兴产业培育，合理限制条件不成熟地区的战略性新兴产业重复选择和盲目发展，避免造成资源浪费和恶性竞争。再次，制定宽松的产业准入政策。一方面要鼓励有技术创新能力的企业进入市场，创造积极开放的产业发展环境；另一方面，构建公平合理的市场准入制度，打破大型企业垄断，维护公平竞争环境，尽可能让中小企业和大型企业共同分享战略性新兴产业发展机遇。最后，对孕育阶段的战略性新兴产业实施必要的产业保护。我国战略性新兴产业发展多处于起步阶段，受到传统产业和国外先进产业的双重挤压，要充分考虑到产业发展的幼稚性特征，加强产业保护，提高同类产品的进口成本，严格限制技术垄断，培育积极宽松的产业发展环境。

（3）财税政策。战略性新兴产业在技术孵化期的自身造血功能还不健全，而创新投入往往较高，产业发展对财税政策有一定的依赖性。第一，实施积极的财税政策有助于提升企业创新积极性。在产业发展孕育阶段，创新活动往往成本较高，而创新收益存在滞后性，造成了产业创新发展的资金压力，我国税收制度缺乏针对性，有必要实施积极的财税政策，合理减免企业创新活动税负，给予一定的创新补贴，提高企业创新积极性。第二，加大中小企业税收优惠倾斜，鼓励公平活跃的发展环境。中小企业由于技术集中、创新灵活，是战略性新兴产业创新培育的主体力量；但由于规模小，资金少，掌握的创新资源十分有限，自身营利能力不足，中小企业往往发展缓慢。要从增值税、所得税、营业税、高科技免税、出口退税等多个方面加强税制改革，加大对中小战略性新兴企业的税收优惠和财政补贴，提高中小企业创新发展水平。第三，加快增值税转型，减轻企业科研创新负担。将增值税从“生产缴税”逐步向“消费缴税”过度，以减轻战略性新兴企业的创新研发和产业化过程中的税负；加大增值税的抵扣范围，对于技术引进、专利购买等科技创新行为，应酌情抵扣增值税；对新技术产业化过程中的中间产品生产减免增值税，降低产品研发的中间成本。

（4）金融支撑政策。战略性新兴产业在孕育期的资金需求往往较高，加之技术创新具有一定的风险性，因而对金融支撑具有明显的依赖性。一是通过政府引导提高金融机构对战略性新兴产业创新发展的金融支撑力度。一方面，制定政策性信贷政策，为战略性新兴产业发展提供必要的信贷支撑；另一方面，提高战略性新兴产业的授信评估水平，降低产业融资成本，通过财政贴息、政府担保等间接性干预政策，引导金融机构加大战略性新兴产业信贷强度。二是完善知识产权等无形资产的抵押担保制度，提高技术贷款积极性。在发展孕育期，科技创新和技术研发是战略性新兴企业的主要活动，因而难以通过传统的信贷评估获得商业贷款。技术和专利包含了较高的知识成本，有巨大的商业价值潜力，可鼓励战略性新兴企业通过技术专利、知识产权等无形资产作为信贷抵押，从银行获取技术抵押贷款。三是优化资本市场运行机制，丰富融资渠道。战略性新兴产业的技术创新存在一定的风险性，因而传统的商业银行往往难以提供高技术风险类的信贷，可借鉴美国、欧洲等发达国家地区经验，通过风险投资、天使投资、股权投资等多种渠道的投资方式，降低融资风险，为战略性新兴产业创新发展提供了多角度的金融支撑。

10.2　成长期

成长期的战略性新兴产业逐步从新产品产业化和商业化向产业规模扩张转变，这个阶段应加强市场培育，以合理有效的产业组织政策维护公平有效的市场机制，实施科学的财税政策和金融支撑，注重提高战略性新兴产业自主发展能力。

（1）市场培育政策。市场需求是战略性新兴产业发展的直接动因，新技术和新产品被市场接受往往需要一个过程，市场培育对战略性新兴产业成长尤为重要。首先，加强战略性新兴产业市场宣传力度，提升产业市场认可度。战略性新兴产业市场发展时间较短，一些新兴行业如节能环保产业市场认知较少，要加强政府引导，以企业为主体，加大战略性新兴产业的市场宣传力度，丰富市场宣传渠道，提高战略性新兴产业的市场认可度。其次，制定战略性新兴产业政府采购政策，拉动产业快速成长。通过预算控制、采购招投标等方式，鼓励政府部门及公共单位加强战略性新兴产业产品的采购力度，提高战略性新兴产业生产积极性。最后，以政府间接干预为手段，刺激战略性新兴产业产品购买积极性。由于高额的研发成本和生产成本，战略性新兴产业产品价格往往较高，缺乏市场竞争力。政府应对战略性新兴产业产品实施价格补贴或消费税减免，降低战略性新兴产业的市场流通成本和消费成本，鼓励战略性新兴产业产品消费。

（2）产业组织政策。战略性新兴产业在成长阶段发展较快，科学合理的产业组织政策能够为战略性新兴产业成长创造积极有序的发展环境。一是提升市场准入标准，提升产业发展质量。在战略新兴产业成长阶段，战略性新兴产业已经取得了初步技术优势，市场结构初步形成，这一阶段的主要发展重心转向生产效率和商业化水平提升，因而要逐步提高市场准入门槛，限制技术追随者的搭便车行为，避免资源浪费和恶性竞争，促进战略性新兴产业高效有序发展。二是加快要素市场从传统产业向战略性新兴产业倾斜。随着战略性新兴产业不断成长，逐步体现出技术优势，对传统落后产业造成挤压，这一阶段要鼓励资源、人才、资金从传统产业向战略性新兴产业转移，优化要素市场结构，加快新旧产业更替。三是加强产业垄断管制，平衡市场结构。战略性新兴企业在成长期实现规模快速扩张，大型企业依托技术创新实力，逐渐占据市场主导地位，这时要加强垄断行为管制，防止市场被个别企业控制，为中小企业提供发展空间，保持市场结构平衡。

（3）财税政策。在战略性新兴产业成长期，针对产业发展的快节奏，要继续深化财税制度改革，推动战略性新兴产业健康发展。第一，加大增值税改革力度，将增值税的征缴重心从生产阶段转移至市场销售环节。增值税征缴包括了企业生产、消费、销售的整个企业活动，其中一些环节存在重复征税问题，成长期的战略性新兴产业固定资产投资速度较快，设备更新频繁，应减免先进设备引进、无形资产转让、厂房建设等不动产的增值税，鼓励战略性新兴产业投资扩张。第二，深化企业所得税改革，提升战略性新兴产业的盈利能力。放宽加速折旧年限，过于严格的折旧年限制度不适用于战略性新兴产业的长远发展；实行再投资抵免和退税政策，对战略性新兴产业的研发投入和生产扩大再投资给予一定程度的所得税减免；将战略性新兴企业的销售收入或营业收入的所得税直接在所得税征缴时减免，并允许战略性新兴企业使用准备金，减小企业资金压力；对于战略性新兴产业的风险投资收益的所得税适当减免，提高战略性新兴产业的投资积极性。第三，改进个人所得税征收机制，提升战略性新兴产业人才工作积极性。对研发人员通过技术创新成果转让获得的收入免征个人所得税；对技术所有人以技术入股取得的股权收益减免个人所得税，以调动技术人员的工作积极性，避免了技术流失风险；针对高素质人员从事战略性新兴产业的研发、生产管理或销售工作，从个人所得税中减免一定的教育经费，鼓励从业人员积极参加在职培训，提升创新能力。第四，逐步取消财税补贴，鼓励战略性新兴产业自主发展。随着产业化和市场化不断完善，成长期的战略性新兴产业具备了一定造血功能，财税政策对产业发展影响逐渐降低，过度的财税补贴可能造成产业发展的依赖性，因而要逐步取消财税政策，提高战略性新兴产业自主发展能力。

（4）金融支撑政策。战略性新兴产业在成长阶段，由于固定资产投入和生产再投入资金需求量明显上升，因而对金融资本的依赖性依然存在，积极的金融支撑能够有效加快战略性新兴产业成长。首先，推动信贷制度创新，提高商业银行信投资战略性新兴产业积极性。战略性新兴产业成长期具有发展速度快、投资量大、回报高的特点，要在信贷制度上有所创新，简化银行信贷评估程序，激发商业银行对战略性新兴产业的投资积极性。其次，鼓励战略性新兴产业走向债券市场，构建以资本市场为主体的金融支撑体系。随着我国金融资本市场不断扩充，逐步发展了以主板、中小企业板、创业板、新三板为框架的多层次债券市场金融体系，应鼓励战略性新兴产业走向资本市场，通过上市融资，提高金融资本的有效利用率。最后，不断深化资本市场改革，构建多元化金融支撑体系。引导信托、基金等传统金融资本对战略性新兴产业的投资，为战略性新兴产业成长提供资金保障；引入私募股权（PE）、风险投资（VC）等金融投资渠道，为战略性新兴产业提供更为灵活的金融服务；逐步放宽民间资本市场，鼓励民间资本投资战略性新兴产业，分享战略性新兴产业发展红利。

10.3 成熟期

战略主导性是战略性新兴产业成熟期的主要特征，这时的政策设计的重点是推动产业结构升级和经济发展方式转变。

（1）产业组织政策。成熟期的产业组织政策以激发产业战略主导性为主，提升战略性新兴产业发展质量，促进产业结构升级。第一，根据战略性新兴产业的产业关联特性，制定积极的产业联动政策，加强战略性新兴产业与上下游产业之间的联动关系，带动上下游产业发展，形成以战略性新兴产业为核心的产业链，逐步完善以战略性新兴产业为主导的产业结构。第二，随着战略性新兴产业发展不断成熟，其技术先进性和产业优势得以体现，呈现出对传统产业的替代趋势，这一时期的产业组织政策要以市场逻辑为出发点，鼓励与战略性新兴产业相关的高技术产业及现代服务业发展，促进战略性新兴产业链不断完善，合理控制落后产业，加快新旧产业更替，优化产业结构。第三，制定科学合理的企业并购政策，维护公平高效的市场逻辑，鼓励企业通过公平竞争，合理并购其他企业，不断吸纳新鲜血液，提高企业竞争力，培育具有世界影响力的龙头企业。第四，制定科学合理的产业集群政策，强调知识集聚、技术集聚、人才集聚、资本积聚，提高资源利用率，扩大战略性新兴产业的技术溢出效应，激发战略性新兴产业发展的集群优势。

（2）节能环保政策。随着战略性新兴产业逐渐成熟，传统高耗能和高污染产业逐渐被淘汰，节能环保政策有力推动了产业结构升级和经济增长方式转变：一是提高装备制造业、电子信息产业等耗能较高产业的节能减排标准，加快了产业节能技术提升；通过合同能源管理等有效方式，实现了能耗精细化管理，逐步降低产业污染排放水平。二是加快新能源产业、新能源汽车产业等产业市场扩张，实现能源产业技术提升和结构转型，逐步加大新能源发电和可循环利用能源的利用率，形成以新能源为主的产业体系。三是提高工业排放限定标准，加大可循环材料和无污染材料等新型材料的使用率，通过提高环境保护规制强度促进产业结构升级。

（3）贸易扩展政策。在战略性新兴产业成熟期，战略性新兴产业产业优势明显，以产业发展的雁行模式为参照，通过积极贸易扩展政策，鼓励战略性新兴产业参与经济全球化，加强与其他国家和地区之间的产业合作，提高我国战略性新兴产业影响力。首先，在欠发达国家和地区，工业基础往往较为薄弱，战略性新兴产业发展起步较晚，因而在与这些国家的贸易中，可以扩大战略性新兴产业产品出口，一方面为这些国家和地区提供了更好的工业产品和服务；另一方面扩大了我国战略性新兴产业的销售市场空间。其次，发展中国家和地区的工业发展水平还不够高，技术学习和设备引入是发展中国家和地区战略性新兴产业发展的阶段性需求，在与发展中国家和地区的战略性新兴产业贸易中，要鼓励技术输出和设备出口，扩大战略性新兴产业技术影响。最后，西方发达国家战略性新兴产业发展技术优势较为明显，要加强与发达国家和地区的战略性新兴产业技术交流，不断提升我国战略性新兴产业技术水平，鼓励国内战略性新兴企业与发达国家先进企业加强合作，协同发展，加快我国战略性新兴产业的国际化步伐。

10.4 小结

战略性新兴产业有着不同于传统产业的特性和发展轨迹，因而在战略性新兴产业发展政策支撑体系构建时，要充分考虑到战略性新兴产业发展的内在逻辑和外部特征。本章结合战略性新兴产业的非线性发展周期，提出战略性新兴产业发展政策支撑体系（表10-1），为战略性新兴产业发展提供政策保障：一是全面激励，差异化的政策影响贯穿产业发展的整个生命周期，加快战略性新兴产业的技术创新，提高战略性新兴产业发展速度，扩大战略性新兴产业的战略主导影响；二是协调整合，加强战略性新兴产业发展系统内各要素之间的关联，协调各要素按照系统运行逻辑互动发展，减少资源浪费，避免了政策脱节对战略性新兴产业发展造成的障碍；三是引导控制，引导战略性新兴产业按照市场逻辑和系统运行规律科学发展，合理控制发展系统中的各要素配置，提高资源有效利用率。四是功能耦合，通过打破战略性新兴产业发展系统中各要素的物理分割，实现各类影响因素在时间和空间上与系统发展逻辑相吻合，形成资源互补、政策支持、要素调节、互相促进的政策功能耦合，实现政策价值最大化。

表10-1　　战略性新兴产业发展政策支撑体系

发展阶段	发展特征	政策类型	政策内容
孕育期	科技创新特性显著 产业选择模糊 创新风险较高 自主发能力较弱 创新周期较长	科技创新政策	促进科技创新投入 加强官产学研结合 加大人才培育力度 鼓励技术交流和引进 完善相关法律法规
		产业组织政策	科学评价标准 合理选择布局 宽松的市场准入政策 幼稚产业保护
		财税政策	税收减免 中小企业财税补贴 增值税转型
		金融政策	政策性贷款 无形资产抵押制度 丰富融资渠道

续表

发展阶段	发展特征	政策类型	政策内容
成长期	产业规模增长较快 技术竞争激烈 市场规模快速扩张 产业化水平不断提升 产业结构趋于稳定 扩大化再生产投资	市场培育政策	加大市场宣传 政府购买拉动 降低流通、消费成本
		产业组织政策	提升市场准入标准 加快要素市场转变 加强垄断管制
		财税政策	增值税重心向消费领域转移 深化企业所得税改革 适当减免个人所得税 逐步取消财税补贴
		金融政策	信贷制度创新 提高债券市场融资水平 多元化金融支撑
成熟期	产业关联性 战略主导性 技术优势明显 新的产业结构形成 技术溢出特性显著 对外扩张性	产业组织政策	鼓励上下游产业发展 加快产业更替 企业并购政策 产业集群政策
		节能环保政策	节能技术提升 新能源体系建设 节能材料应用
		贸易扩展政策	与欠发达地区的产品贸易 与发展中国家的技术输出和设备出口 与发达国家的技术合作

注：战略性新兴产业的衰退期并不明显，因而这里不再特别研究。

引导加速战略性新兴产业的创新驱动，首先，要注重基础学科提升和知识积累，以国家为主导，提升整体教育水平，引导中国高等教育向科研方向转变。一方面继续提高公共教育投入力度，加快提升国民受教育水平，兴教重学是科技强国之本。另一方面，扭转高等教育“重应用，轻基础”的现状：一是适当向基础学科倾斜，加大数学、物理、化学、生物等基础学科经费支持力度，在一流高校扩大基础学科招生比例，为知识积累和基础科研提供大量人才储备；二是鼓励基础学科学生积极走出去，提供更多的公派留学机会，引入国外基础学科优秀专家学者参与中国学科建设和人才培养，通过与国际一流大学双向交流，汲取基础学科先进知识和研究经验，逆向提升国内知识积累水平和基础研究能力；三是引导不同层次教育中的学科交叉培养，在一些应用型专业的硕士研究生、博士研究生招生计划中增加基础学科学生比例，鼓励科研院所加大基础学科人才引进力度，深化基础学科与应用专业之间的知识融合，以基础学科人才充实应用专业科研团队。

其次，建立国家、机构紧密结合的科研机制。中国现有基础科研主体以高校和科研院所为主，一方面长期依靠国家投入，容易产生惰性依赖；另一方面，科研方向与市场应用严重脱节，缺乏竞争，所形成的知识产权市场价值有限。新时代下，要建立国家、机构紧密合作的科研机制，由国家引导，引入高校、科研院所和创新研发企业等各类机构，竞争申请科研方向和定向课题，由国家优选合适的研发机构共同合作，政府提供资金和资源支持，机构承担科研活动的主体责任，研发成果形成后，国家和机构共同拥有知识产权，推向市场交易，以市场价值评判科研成果含金量，分享创新收益，实现国家科研资金投入的循环使用。同时，要改变过去科研创新的“大赶快上”现象，充分尊重科学研究的长期性和不确定性，鼓励创新试错精神，以容量扩充和时间积累汇聚更多优质科研成果，为战略性新兴产业创新驱动提供养料。

再次，培育公平高效的自主产研融合环境。中国战略性新兴产业发展缺乏自主技术研发支撑，核心技术和关键设备大量依靠逆向模仿和国外引进，甚至出现一些知识侵权和技术盗用现象，严重破坏了自主创新积极性。产研融合是实现自主创新发展的“关键一跃”，第一，要建立公平高效的产研融合环境，一方面制定严格的知识产权保护的相关法律法规，加大自主创新保护，严惩知识侵权搭便车现象；另一方面发展知识产权交易市场，鼓励创新技术转化，以公允交易提升技术创新的应用价值。第二，去外兴内，提高技术引进壁垒，改变“拿来主义”引发的短期逐利，避免陷入长期技术引进依赖，鼓励中国企业采购自主知识产权技术，或与研发机构联合技术创新，引导自主创新驱动的产业升级强国之路。第三，大量引入风险投资基金、创业投资基金等社会资本，为知识产权交易和技术并购提供资金润滑，推动技术创新和知识产权资本化，加快技术创新向战略性新兴产业应用转化。

最后，以技术竞争矫正战略性新兴产业创新转化。创新产业化作为金字塔尖，实现创新迭代回报，体现的是整个创新体系的竞争优势。中国战略性新兴产业创新过程中，主要核心技术依赖引进模仿，企业发展需要国家补贴，产业繁荣依靠市场保护，缺乏技术创新竞争。要以自主创新培育核心技术，以技术竞争带动创新产业化：一是强调核心技术的知识产权自主率，借助关税调节，适当控制技术引进和设备进口，引导企业回归自主研发或内部技术嫁接，提高技术选择和创新发展的自主能动性，加快“中国制造”向“中国创造”转变；二是逐步取消各类产业层面的技术补贴政策，鼓励企业依靠技术优势，通过市场竞争优胜劣汰，强化自身造血功能，培育更多像华为一样具有自主核心技术优势的中国企业；三是适当放宽新兴技术产业进入门槛，通过引入国外先进企业提高技术创新竞争强度，倒逼国内企业摆脱因长期占据庞大消费市场而产生的创新惰性，激励战略性新兴产业创新升级。

第11章　研究结论与展望

11.1　研究结论

本书依据文献研究总结战略性新兴产业研究的基本问题，梳理战略性新兴产业发展的相关理论，通过分析战略性新兴产业发展现状指出我国战略性新兴产业发展的整体特征和发展瓶颈。通过剖析国家、地方与战略性新兴产业发展的逻辑关系，构建从国家到地方，再到产业和企业的战略性新兴产业发展研究理论分析框架，立足国家层级构建时空双维度战略性新兴产业评价体系，立足地方层级研究战略性新兴产业选择布局，立足产业层面研究战略性新兴产业发展的创新驱动逻辑，以非线性面板模型检验研发投入对战略性新兴企业发展的创新驱动影响。最后构建基于非线性生命周期特征的战略性新兴产业发展政策支撑体系。研究得到以下主要核心结论：

（1）战略性新兴产业发展是国家、地方与产业三者间之间互动影响的系统演进过程。首先，战略性新兴产业评价标准充分体现了国家产业发展的战略意图；其次，地方政府是国家中央集权下的分权行政主体，是战略性新兴产业选择的主导力量，地方战略性新兴产业选择培育要充分考虑地方产业发展基础与地区间产业发展竞争优势对比；最后，从战略性新兴产业发展的内在逻辑来看，战略性新兴产业发展受到多重因素影响，既包括产业发展的外部影响，也存在产业内部组织活动，战略性新兴产业从孕育到成长，再到成熟，是一个多因素交织演化的动态过程。由此本书认为，战略性新兴产业发展是一个多主体、多要素相互影响的系统融合过程。

（2）评价战略性新兴产业要突出产业发展的科技创新特质，结合“战略性”和“新兴性”的双维度评价标准。从战略性新兴产业的内涵解读及特性分析来看，科技创新是战略性新兴产业的本质特征，也是“战略性”和“新兴性”的根源，战略性新兴产业的衍生过程就是产业科技创新的涟漪效应。而“战略性”是战略性新兴产业的空间属性，代表了国家产业发展的技术创新能力、产业主导性和战略安全性；“新兴性”是战略性新兴产业的时间属性，指战略性新兴产业具有较大发展空间，处于高速发展阶段，评价战略性新兴产业要兼顾二者，缺一不可。由此看来，一些地方在战略性新兴产业发展过程中，单纯以产业优势和产业主导性作为战略性新兴产业的评价标准有失偏颇，甚至有地方以缺乏技术含量的成熟产业作为战略性新兴产业培育，偏离了战略性新兴产业发展的国家意志，失去了产业发展意义。

（3）战略性新兴产业选择布局要统筹考虑地方基础条件和竞争优势。从资源禀赋条件、科技创新能力、产业基础、市场需求潜力、政策支撑强度五个维度构建战略性新兴产业地方选择测评指标体系，构建选择耦合度测度模型，合理规划战略性新兴产业布局。在选择耦合度较高、产业发展优势较为明显的地区集中优势，发挥战略性新兴产业的带头作用；选择耦合度适中的地区可作为战略性新兴产业发展的储备力量；选择耦合度较低、现实基础较为薄弱的地区，需进一步夯实基础，切忌盲目发展和重复选择。以新能源汽车产业为例，一些缺乏汽车产业基础的西部地区发展新能源汽车产业难度较大，技术创新瓶颈和产业基础壁垒短时间难以突破，单纯依靠政策鼓励大干快上并非战略性新兴产业发展的捷径，反而有可能适得其反，造成资源浪费，阻碍战略性新兴产业有序发展。

（4）战略性新兴产业发展是一个多因素影响下的创新驱动体系，加快战略性新兴产业发展要以促进系统内部影响因素协调发展为主，外部政策影响为辅。以战略性新兴产业发展的系统动力学模型输出来看，技术创新投入、人才投入、市场需求、企业数量等系统等内部因素对产业发展的影响更为明显，而政府创新投入、技术引进、财税政策等外部因素的影响相对有限，由此认为，加快战略性新兴产业发展的有效途径是加强系统内部因素耦合，以提高系统运行效率为主，同时施以合理的外部政策影响为辅。内部影响因素中，技术创新投入对产业发展的影响最为明显，是战略性新兴产业发展的关键因素。外部影响因素中，金融支撑对战略性新兴产业发展的促进作用较为明显。目前一些地区在发展战略性新兴产业过程中，单纯依靠政策鼓励和资金补贴等方式加快战略性新兴产业培育，忽略了战略性新兴产业发展的内在逻辑，容易造成虚假繁荣，不利于战略性新兴产业长期健康发展。

（5）坚持自主创新是加快战略性新兴产业发展的最有效路径。从战略性新兴产业发展的政策实验结果来看，技术引进和政府创新投入在系统演进过程中对产业规模增长的影响逐渐减弱，而企业自主创新投入对系统的影响则不断加强。通过 VAR 模型检验发现，企业自主创新投入与新产品销售收入之间存在正向 Granger 因果关系，验证了政策实验的结果。这一结论充分说明了坚持自主创新是加快战略性新兴产业发展的最佳路径，技术引进和技术模仿只能短时间内提高产业发展速度，但并不能帮助产业跨越技术鸿沟，一旦陷入技术引进和技术模仿陷阱，就会丧失产业自主发展能力，阻碍战略性新兴产业健康发展。从我国电子信息产业发展经验来看，解决关键技术缺乏、产品技术含量低、自主创新能力薄弱、产业结构失衡等问题的关键在于提升技术创新水平，突破雁行模式的初级阶段，加快实现创新驱动发展模式。

（6）战略性新兴产业发展的核心驱动来源于技术创新，实证研究中国大数据产业技术创新效率、纯技术效率和规模效率，结果发现：第一，中国大数据产业技术创新效率比较低下，尚有较大增长空间，其增长受纯技术效率和规模效率共同制约，但主要原因在于纯技术效率的增长拖累。中西部地区大数据产业规模效率均值高于东部地区，但其纯技术效率远低于东部地区，最终导致其技术创新效率水平和东部地区存在较大差距；第二，从变动趋势来看，中国大数据产业技术创新效率、纯技术效率和规模效率均呈现较为明显的"U"型下降趋势，东部地区大数据产业技术创新效率下降幅度快于中西部地区，但其纯技术效率下降幅度慢于中西部地区；第三，盈利水平对中国大数据产业纯技术效率起到了显著的促进作用，但阻碍了规模效率的提高；收益质量阻碍了大数据产业规模效率，但对纯技术效率的影响作用并不显著；资本结构显著抑制了大数据产业纯技术效率提升，但有利于规模效率提升；资金运用能力对大数据产业纯技术效率和规模效率都有促进作用；成长能力不足则在一定程度上抑制了大数据产业纯技术效率和规模效率的提升。

（7）适度的研发投入强度水平才会促进战略性新兴企业提高绩效水平，而过高的研发投入强度反而不利于企业绩效改善。然而，从现实情况来看，由于大多数企业研发投入强度水平远低于第三门槛值，因此，提高研发投入强度仍可能是国有战略性新兴企业未来较长一段时间内科技活动的重要目标。对于民营战略性新兴企业和公众战略性新兴企业，在进行研发投入的同时，应更关注其对研发资源的管理能力，因为研发资源的投入效果是由企业对研发资源的投入能力和对研发资源的管理能力两方面共同决定的，只有有效协调和整合研发、信息、人力等众多资源，不断提升企业对研发资源的管理能力，才能更好地提升企业对研发资源的使用效率；其次，战略性新兴企业科技活动要充分注重研发资源的优化配置，应重点在核心技术和关键技术上进行资源聚焦投入，同时适当减少对通用技术和一般技术等非核心技术的研发资源投入；再次，政府应根据所有制差异视角下战略性新兴企业研发投入强度的异质门槛水平，实施差异化的研发补贴政策和税收优惠政策，科学合理地引导和支持企业开展科技创新活动；最后，战略性新兴企业绩效的提升并非单纯地取决于它的研发投入强度，还受到企业规模、金融支持、资本结构等诸多因素的共同影响，只有当研发投入与这些因素有效结合起来时，才能更有效促进企业生产水平的提升，但同样应关注到上述诸多因素共同作用于战略性新兴企业绩效时所存在的所有制差异事实。

（8）战略性新兴产业政策设计要以产业发展的内在逻辑和外部特征为

依据。战略性新兴产业发展过程中体现出了非线性生命周期特征，每个阶段都有不同的产业演进形态，因而构建战略性新兴产业政策支撑体系时要充分考虑到各个阶段的差异性特征。在产业孕育期和技术创新期，以创新鼓励政策为主，迅速提升产业技术水平，实施有利的财税政策，提高战略性新兴产业创新发展积极性。在产业成长期，一方面需要制定宽松的金融政策，给予战略性新兴产业更有力的融资支撑；一方面逐步取消财税补贴，培育战略性新兴产业的自主发展能力；同时加强产业政策的引导，控制市场结构，培育公平有序的产业发展环境。在产业成熟期，通过合理有效的产业组织政策激发战略性新兴产业的主导影响力，促进产业结构升级，以能耗约束、环境保护等政策推动经济增长方式转变。

11.2 研究展望

战略性新兴产业发展是一个长久课题，所涉及研究领域不断拓宽，鉴于研究水平和研究条件限制，本书难免存在较多疏漏，一些问题有待进一步深入研究。

第一，从战略性新兴产业发展现状分析发现，从中央到地方颁布了名目繁多的战略性新兴产业扶持政策，一些企业从发展初期以来，长期依赖政府补贴和政府采购，缺乏自身造血功能，这种政策溺爱对战略性新兴产业发展造成了严重的破坏。但这种分析还停留在表象层面，有必要深入研究检验这一论点。

第二，在战略性新兴产业发展轨迹研究中，通过政策实验发现企业自主创新投入是系统发展的重要推动力，而技术引进则随着系统发展影响逐渐减弱。在日本、韩国等亚洲发达国家工业发展过程中，技术引进和技术模仿曾经是其新兴产业发展的重要途径，但后期则逐步转向了自主创新，最终建立了产业技术优势。那么战略性新兴产业发展过程中，技术引进效益是否小于自主创新，或者说，技术引进是否存在收益递减，是什么样的原因促进了自主创新逐渐替代了技术引进，有待进一步分析。

第三，在战略性新兴产业发展过程中，个别产业出现了产能过剩现象，战略性新兴产业发展的根本动力是市场逻辑，那么产能过剩是否是由于产业发展偏离了市场逻辑，或者说产业发展受到了市场空间的局限。然而战略性新兴产业发展应该具有广阔的市场空间和发展潜力，市场空间局限可能是个假象，是市场需求不足还是产业发展结构的不平衡造成了产能过剩问题，或者说是产业本身缺乏市场竞争力，问题的根源值得深思。

第四，战略性新兴产业高速发展说明，中国拥有全球最好的产业化条件，西方发达国家的先进技术也大多选择在中国产业化，但要清醒地认识到，中国制造国际占有率虽然不断攀升，但技术含量依然有限；中国已经实现大飞机自主生产，但发动机等核心部件依然长期依赖进口；中国手机产量占全球 80% 的份额，但芯片多由国外厂商供给，中国生产的医药治愈了全球 20% 的人口，自主研发配方却只有不到一成。这些问题值得警惕，中国特色社会主义进入新时代，战略性新兴产业发展面临更为复杂的国际环境，内生经济转型压力较大，必须坚持以创新塔基建设驱动中国战略性新兴产业升级，以创新产业化回报反哺技术创新，稳步提升中国战略性新兴产业的技术创新竞争力。

参考文献

[1] A Rai, P Pavlou, G Im, S Du. IT Capability Profiles and Communications for Cocreating Relational Value: Evidence from the Logistics Industry [J]. MIS Quarterly, 2012 (1): 233 -262.

[2] Agarwal Rajshree, Gort Michael. The Evolution of Markets and Entry, Exit and Survival of Firms [J]. Review of Economics and Statistics, 1996 (3): 489 -498.

[3] Akamatsu Knamae. A Theory of Unbalanced Growth in the world Economy [J]. Weltwirtsehaftliches Archiv, 1961 (7): 196 -215.

[4] Albert O. Hirschman. The Strategy of Economic Development [M]. New Haven: Yale University Press. 1958.

[5] Alessandra C, Stoneman P. Financial Constraints to Innovation in the UK: Evidence from CIS2 and CIS3 [J]. Oxford Economic Papers, 2008 (4): 711 -730.

[6] Baumol W. J. The Free Market Innovation Machine Analyzing the Growth Miracle of Capitalism [M]. Boston: Princeton University Press. 2004.

[7] Bleaney M. , Vargas L. C. Real Exchange Rates, Valuation Effects and Growth in Emerging Markets [J]. Open Economies Review, 2009 (5): 631 -643.

[8] Bradford D. J. , Lawrenee H. S. Equipment Investment and Economic Growth [J]. The Quarterly Journal of Economics, 1991 (2): 445 -502.

[9] Buch -Hansen, Hubert, Wigger, Angela. Revisiting 50 Years of Mar-

ket – Making: The Neo – liberal Transformation of European Competition Policy [J]. Review of International Political Economy, 2010 (1): 20 – 44.

[10] C. Freeman. The National System of Innovation in Historical Perspective [J]. Cambridge Journal of Economic, 1995 (19): 78 – 82.

[11] Caballero R. J. Macroeconomics After the Crisis: Time to Deal with the Pretense – of – knowledge Syndrome [J]. Journal of Economic Perspectives, 2010 (4): 85 – 102.

[12] Caballero R. J., Farhi E., Gourinchas P. An Equilibrium Model of Global Imbalances and Low Interest Rates [J]. American Economic Review, 2008 (1): 358 – 393.

[13] Carlota Perez. The Double Bubble at the Turn of the Century: Technological Roots and Structural Implications [J]. Cambridge Journal of Economics, 2009 (4): 779 – 805.

[14] Caroline Lanciano – Morandat, Eric Verdier. Higher Education Systems and Industrial Innovation [J]. the European Journal of Social Science Research, 2006 (19): 33 – 41.

[15] Caves Richard. Industrial Organization and New Findings on the Turnover and Mobility of Firms [J]. Journal of Economic Literature, 1998 (12): 1947 – 1982.

[16] Chenglin Miao, Debin Fang, Liyan Sun, Qiaoling Luo, Qian Yu. Driving effect of technology innovation on energy utilization efficiency in strategic emerging industries [J]. Journal of Cleaner Production, 2018, 170 (11): 1177 – 1184.

[17] Coe D, Helpman E. International R&D Spillovers [J]. European Economic Review, 1995 (5): 859 – 887.

[18] Cristiano Antonelli. Knowledge exhaustibility public support to business R&D and the additionality constraint [J]. The Journal of Technology Transfer, 2020, 45 (1): 649 – 663.

[19] Dani Rodrik. Industrial Policy for the Twenty – first Century, One Economics, Many Recipes: Globalization, Institutions and Economic Growth [M]. Boston: Princeton University Press, 2007.

[20] Daniel L. J. Leveraging Bioindustry Knowledge: Clusters of Globally Competitive Knowledge and Innovation [J]. International Journal of Globalisation and Small Business, 2012 (4): 221 – 241.

[21] Dinlersoz E, MacMillan G. The Industry Life Cycle of the Size Distribution of Firms [J]. Review of Economic Dynamics, 2009 (12): 648 – 667.

[22] Donard Games, Ranggi Putri Rendi. The effects of knowledge management and risk taking on SME financial performance in creative industries in an emerging market: the mediating effect of innovation outcomes [J]. Journal of Global Entrepreneurship Research, 2019, 9 (1): 1 – 14.

[23] Duysters G, Hagedoorn J. Technological Convergence in the IT Industry: The Role of Strategic Technology Alliances and Technological Competencies [J]. International Journal of the Economics of Business, 1998 (3): 355 – 368.

[24] Edward J. B., Brian R. H., Philip Manidis. Inducing Hi – Tech: Principles of Designing support systems for the Formation and Attraction of Advanced Technology Firms [J]. Interactional Journal of Technology Management. 1987 (2): 337 – 351.

[25] Emily Bacon, Michael D. Williams, Gareth Davies. Coopetition in innovation ecosystems: A comparative analysis of knowledge transfer configurations [J]. Journal of Business Research, 2020, 115 (9): 307 – 16.

[26] Eric Knight, Vikas Kumar, Dariusz Wójcik, Phillip O'Neill. The competitive advantage of regions: economic geography and strategic management intersections [J]. Regional Studies, 2020, 54 (5): 591 – 595.

[27] F. Malerba. Innovation and the Evolution of Industries [J]. Journal of Evolutionary Economics, 2006 (16): 3 – 23.

[28] Feldman Maryann, Lendel Iryna. The Geographic Context of Emerging Industries [C]. Organizations of Science and Innovation, 2009.

[29] Fernandes, A. M. Firm Productivity in Bangladesh Manufacturing Industries [J]. World Development, 2008, 36 (10): 1725 -1744.

[30] Forrester J W. System dynamics and the lessons of 35years [R]. Sloan School of Management, MIT: Systemic Basis of Policy Making in the 1990s, 1991: 1 -35.

[31] Foster R. N. Innovation: The Attacker's Advantage [M]. New York: Summit Books, 1986.

[32] Fuente A, Marin J. Innovation, Bank Monitoring and Endogenous Financial Development [J]. Journal of Monetary Economics, 1996 (2): 269 -301.

[33] Fukui Y. A More Powerful Method for Triangulation Input - output matrices and the Similarity of Production Structures [J]. Economitrica, 1986 (54): 1425 -1433.

[34] Garud W, Alfred Karne. Design patent map: An innovative measure for corporative design strategies [J]. Engineering Management Journal, 2007 (19): 14 -30.

[35] Gassmann O. Opening Up the Innovation Process: Towards An Agenda [J]. R&D Management, 2006 (3): 18 -27.

[36] George A. E., Brad R. W. Emerging Industries: Looking Beyond the Usual Suspects [R]. 2007.

[37] Gereffi G. International trade and Industrial upgrading in the Apparel commodity chain [J]. Journal of International Economies, 1999 (48): 37 -70.

[38] Geroski P A. What do We Know about Entry [J]. International Journal of Industrial Organization, 1995 (13): 421 -440.

[39] Giovanni Dosi. Technological Paradigms and Technological Trajecto-

ries: A suggested Interpretation of the Determinants and Directions of Technical Change [J]. Research Policy, 1982 (3): 147 - 162.

[40] Glass A, Saggi K. International Technology Transfer and the Technology Gap [J]. Development Economic, 1998 (2): 369 - 398.

[41] Gort Michael, Klepper Steven. Time Paths in the Diffusion of Product Innovation [J]. The Economic Journal, 1982 (9): 630 - 653.

[42] Guellec D, Pottelsberghe B. The Impact of Public R&D Expenditure on Business R&D [C]. Paris: DSTI Working Paper, 2000.

[43] Guellec, Pottelsberghe. Competitive Advantage in SMES [C]. Organizing for Innovation and Change, 2003.

[44] Hall R. E. Why does the Economy Fall to Piecesafter A Financial Crisis [J]. Journal of Economic Perspectives, 2010 (4) : 3 - 20.

[45] Hill E. , Brennan J. A Methodology for Identifying the Drivers of Industrial Clusters: The Foundation of Regional Competitive Advantage [J]. Economic Development Quarterly, 2000 (1): 65 - 96.

[46] Hirschman A. O. The Strategy of Economic Development [M]. New Haven: Yale University Press, 1958.

[47] Holman, Sleuwaegen. Innovation Expenditures and the Role of Government Belgium [J]. Research Policy, 1988 (17): 117 - 129.

[48] Hu, Albert, G. Z. , Jefferson, G. H. and Qian Jinchang. R&D and Technology Transfer: Firm - Level Evidence from Chinese Industry [J]. Review of Economics and Statistics, 2005, 87 (4): 780 - 786.

[49] Jai S. M. Industrial Policy and Economic Development: Korea's Experience [J]. Journal of Economic Issues, 2007 (1): 77 - 92.

[50] James B. Research, Technological Change and Financial Liberalization in South Korea [J]. Journal of Macroeconomics, 2010 (32): 457 - 468.

[51] Jefferson G. H. , Baih, Guan X. J, et al. R&D performance in Chinese industry [J]. Economics of Innovation and New Technology, 2004 (4 -

5): 345 -366.

[52] Jin Hyo Joseph Yun, Dong Kyu Won, Kyung Bae Park, EuiSeob Jeong, Xiaofei Zhao. The role of a business model in market growth: The difference between the converted industry and the emerging industry [J]. Technological Forecasting & Social Change, 2019, 146 (4): 534 -562.

[53] John Humphrey, Hubert Schmitza. How does Insertion in Global Value Chains Affect Upgrading in Industrial Clusters [J]. Regional Studies, 2002 (9): 1017 -1027.

[54] Jorge A. Heredia Pérez, Martin H. Kunc, Susanne Durst, Alejandro Flores, Cristian Geldes. Impact of competition from unregistered firms on R&D investment by industrial sectors in emerging economies [J]. Technological Forecasting & amp; Social Change, 2018, 133 (3): 179 -189.

[55] Joseph A. Schumpeter. The Creative Response in Economic History [J]. The Journal of Economic History, 1947 (11): 149 -159.

[56] Joseph Schumpeter. The Theory of Economic Development [M]. New York: Magdeburger Allee, 2003.

[57] Joyce P., Nabar M. Sudden Stops, Banking Crises and Investment Collapses in Emerging Markets [J]. Journal of Development Economics, 2009 (2): 314 -322.

[58] Juan Lafont, Felipe Ruiz, Hermenegildo Gil - Gómez, Raul Oltra - Badenes. Value creation in listed companies: A bibliometric approach [J]. Journal of Business Research, 2020, 115 (6): 428 -434.

[59] Kauffman J. R. Mapping the Multitier Impacts on the Growth of IT Industries in India: A Combined Scale - and - scope Externalities Perspective [J]. Information Technology for Development, 2008 (3): 45 -51.

[60] Kim L. Imitation to Innovation: The Dynamics of Korea's Technological Learning [M]. Boston: Harvard Business School Press, 1997.

[61] Kim S. Expansion of Markets and the Geographic Distribution of Eco-

nomic Activities: The Trends in U. S. Regional Manufacturing Structure 1860—1987 [J]. Quarterly Journal of Economics, 1995 (4): 881 - 908.

[62] King R. G., Levine R. Finance and Growth: Schumper Might Be Right [J]. Quarterly Journal of Economics, 1993 (108): 717 - 738.

[63] Kleeper S. Firm Survival and the Evolution of Oligopoly [J]. RAND Journal of Economics, 2002 (1): 37 - 61.

[64] Kojima, Kiyoshi: The "Flying Geese" Model of Asian Economic Development: Origin, Theoretical Extensions, and Regional Policy Implications [J]. Journal of Asian Economics, 2000 (4): 375 - 401.

[65] Kokko A, Blomstrm M. Policiesto Encourage Inflows of Technology through Foreign Multinationals [J]. World Development, 1995 (3): 459 - 468.

[66] Krugman P. Development, Geography and Economic Theory [M]. Cambridge: MIT Press, 1995.

[67] Krugman P. Increasing Returns and Economic Geography [J]. Journal of Political Economy. 1991 (99): 483 - 499.

[68] Krugman Paul. A Model of Innovation, Technology Transfer, and the World Distribution of Income [J]. Journal of Political Economy, 1979 (2): 57 - 59.

[69] Lange D, Boivie S, Henderson A. The Parenting Paradox: How Multi - business Diversifiers Endorse Disruptive Technologies while Their Corporate Children Struggle [J]. Academy of Management Journal, 2009 (2): 179 - 198.

[70] Lantz, J. S. and J. M. Sahut. R&D Investment and the Financial Performance of Technological Firms [J]. International Journal of Business, 2005, 10 (3): 251 - 270.

[71] Lee K, Lim C. Technological Regimes, Catching - up and Leap Frogging: Findings from Korea Industries [J]. Research Policy, 2001 (3): 459

－483.

［72］ Leo Baas. Industrial Symbiosis in the Rotterdam Harbour and Industry Complex：Reflections on the Interconnection of the Techno－sphere with the Social System ［J］. Business Strategy and the Environment，2008 （5）：330－340.

［73］ Leontief，Wassily，Strout. Multiregional Input－Output Analysis in Tibor Barnaed，Structural Interdependence and Economic Development ［M］. New York：St. Martin s Press，1963.

［74］ Levine R. Stock markets，growth，and tax policy ［J］. The Journal of Finance，1991 （4）：1445－1465.

［75］ Lin B，Lee Y，Hung S. R&D Intensity and Commercialization Orientation Effects on Financial Performance ［J］. Journal of Business Research，2006 （59）：679－685.

［76］ Li－yan Sun，Cheng－lin Miao，Li Yang. Ecological－economic efficiency evaluation of green technology innovation in strategic emerging industries based on entropy weighted TOPSIS method ［J］. Ecological Indicators，2017，73 （11）：554－558.

［77］ Luigi B，Fabio S，Alessandro S. Banks and Innovation：Micro－econometric Evidence on Italian Firms ［J］. Journal of Financial Economics，2008 （2）：197－217.

［78］ Mansfield E，Romelo A. Technology Transfer to Overseas Subsidiaries by US－base Firms ［J］. Quarterly Journal of Economics，1980 （6）：737－750.

［79］ Marco Da Rin，Thomas Hellmann. Banks as Catalysts for Industrialization ［J］. Journal of Financial Intermediation，2002 （4）：366－397.

［80］ Mckinnon，R. I. Money and Capital in Economic Development ［M］. Washington D. C. ：Brookings Institution，1973.

［81］ Mendoza，E. G. Financial Globalization Financial Crises and Contagion [J]. Journal of Monetary Economics, 2010 (1): 24 – 39.

[82] Meng Bo, Qu Chao. Application of the Input – Output Decomposition Technique to China's Regional Economics [C]. The 16th International Input – Output Conference, 2007 (1): 1 – 11.

[83] Michael Porter. Clusters and the New Economics of Competition [J]. Harvard Business Review, 1998 (6): 77 – 90.

[84] Michael Porter. Location, Completion and Economic Development: Location Cluster in Global Economy [J]. Economic Development Quarterly, 2000 (14): 15 – 20.

[85] Michael Porter. The Competitive Advantage of Nations [M]. New York: Free Press, 1990.

[86] Nelson R. National System of Innovation: A Comparative Study [M]. Oxford: Oxford University Press, 1993.

[87] Nelson Winter. Growth Theory from an Evolutionary Perspective Differential Productivity Puzzle [J]. American Economic Reviews, 1975 (65): 338 – 344.

[88] Nemet G. F. Demand – pull, Technology – push, and Government – led Incentives for Non – incremental Technical Change [J]. Research Policy, 2009 (38): 700 – 709.

[89] Nicola Cetorelli, Michele Gambera. Banking Market Structure, Financial Dependence and Growth: International Evidence from Industry Data [J]. The Journal of Finance, 2001 (2): 617 – 648.

[90] Nicole Pohl. Industrial Revitalization in Japan: The Role of the Government vs the Market [J]. Asian Business & Management, 2005 (4): 45 – 65.

[91] Olsen J. A. Input – Output Models, Directed Graphs and Flows in Networks, Economic Modeling, 1992 (9): 365 – 384.

[92] Osaka, T. Regional Economic Development: Case Studies in the US

and Comparative Finland [C]. IEEE International Engineering Management Conference, UK Cambridge, 2002.

[93] Ozawa, Terutomo. The Hidden Side of the Flying – geese Catch – up Model: Japan's Digital Institutional Setup and A Deepening Financial Morass [J]. Journal of Asian Economics, 2001 (4): 471 –491.

[94] Rajan R, Zingales L. Financial Dependence and Growth [J]. American Economic Review, 1998 (88): 561 –575.

[95] Ramachandran V. Contractual Arrangement for The Transfer of Technology: Evidence from India in the 1970s [J]. Development Policy Review, 1994 (3): 301 –317.

[96] Raymond Vernon. International Investment and International Trade in the Product Cycle [J]. The Quarterly Journal of Economics, 1966 (2): 190 –207.

[97] Ricard Hausmann, Rani Rodrik. Doomed to Choose: Industrial Policy as Predicament [R]. 2009.

[98] Richardson H. W. The state of regional economics [J]. International Regional Science Review, 1978 (3): 1 –48.

[99] Rioja F, Valev N. Does One Size Fit All: A Reexamination of the Finance and Growth Relationship [J]. Journal of Development Economics, 2004 (2): 429 –447.

[100] Romer P. Endogenous Technological Change [J]. Journal of Political Economy, 1990 (5): 71 –102.

[101] Ronald M. E., Blair P. D. Input – Output Analysis: Foundations and Extensions [M]. UK: Cambridge University Press, 1985.

[102] Rostow W. W. The Past Quarter Century as Economic History and the Tasks of International Economic Organization [J]. The Journal of Economic History, 1970 (1): 152 –157.

[103] Saaty T. L. New Concepts and Applications of AHP in the Internet

Era [J]. Journal of Multi - Criteria Decision Analysis, 2012 (1): 1 -2.

[104] Saaty T. L., Vargas L. G. An Innovative Orders - of - Magnitude Approach to AHP - Based Multicriteria Decision Making: Prioritizing Divergent Intangible Humane Acts [M]. Springer US, New York: 2013.

[105] Santos F, Eisenhardt K. Constructing Markets and Shaping Boundaries: Entrepreneurial Power in Nascent Fields [J]. Academy of Management Journal, 2009 (7): 643 -671.

[106] Schmenner R W. Making business location decisions [M]. Englewood Cliffs, NJ: Prentice Hall. 1982.

[107] Schumpeter Joseph. The Theory of Economic Development [M]. Cambridge, MA: Harvard University Press, 1921.

[108] Sharma C. R&D and Firm Performance: Evidence from the Indian Pharmaceutical Industry [J]. Journal of the Asia Pacific Economy, 2012, 17 (2): 332 -342.

[109] Shaw. Financial Deepening in Economic Development [M]. Oxford University Press, 1973.

[110] Solow R. Contribution to the theory of economic growth [J]. Quarterly Journal of Economics, 1986 (8): 33 -35.

[111] Spencer J. W., Murtha T. P., Lenway S. A. How Governments Matter to New Industry Creation [J]. Academy of Management Review, 2005 (2): 321 -337.

[112] Sterman J. D. Business Dynamics: Systems Thinking and Modeling for A Complex World [M]. New York: McGraw Hill, 2000.

[113] Steven Casper. Institutional adaptiveness, Technology Policy, and the Diffusion of New Business Models: the Case of German biotechnology [J]. Organization Studies, 2000 (5): 887 -891.

[114] Steven Klepper, Elizabeth Graddy. The Evolution of New Industries and the Determinants of Market Structure [J]. Rand Journal of Economics, 1990

(1): 27 -44.

[115] Steven Klepper. Firm Survival and the Evolution of Oligopoly [J]. Journal of Economies, 2002 (1): 37 -61.

[116] Sutton John. Gibrat's Legacy [J]. Journal of Economic Literature, 1997 (3): 40 -59.

[117] Teece D. J. Technology Transfer by Multinational Firms: The Resource Cost of Transferring Technological Know - how [J]. Economic Journal, 1977 (6): 242 -261.

[118] United States Congress. American Recovery and Reinvestment Act of 2009 [P]. 2009.

[119] Utterback J. M., Abernathy W. J. A Dynamics Model of Products and Process Innovation [J]. Omega, 1975 (12): 639 -656.

[120] Uttethack J. M. Mastering the Dynamics of Innovation [M]. Boston, MA: Harvard Business School Press, 1994.

[121] Yamazawa Lppei. On Pacific Economic Integration [J]. Economic Journal, 1992 (102): 1519 -1529.

[122] 埃兹拉·沃格尔. 日本的成功与美国的复兴——再论日本名列第一 [M]. 韩铁英译, 上海: 三联书店, 1985.

[123] 安虎森, 蒋涛. 块状世界的经济学——空间经济学点评 [J]. 南开经济研究, 2006 (5): 92—103.

[124] 巴尼, 王俊杰等译. 获得与保持竞争优势 [M]. 北京: 清华大学出版社, 2003.

[125] 蔡昉. 人口转变、人口红利与刘易斯转折点 [J]. 经济研究, 2010 (4): 4—13.

[126] 曹勇, 蒋振宇, 孙合林, 阮茜. 知识溢出效应、创新意愿与创新能力——来自战略性新兴产业企业的实证研究 [J]. 科学学研究, 2016, 34 (1): 89—98.

[127] 陈才. 区域经济地理学 [M]. 北京: 科学出版社, 2001.

［128］陈大雄．高新技术产业评价及发展研究［D］．中南大学，2004.

［129］陈华友．组合预测方法有效性理论及其应用［M］．北京：科学出版社，2007.

［130］陈纪文．关于我国发展新能源产业的思考［J］．生产力研究，2011（9）：140—141.

［131］陈建勋．中国新材料产业成长与发展路径研究［M］．上海：上海人民出版社，2009.

［132］陈锦其，徐明华．实验室经济及其对发展战略性新兴产业的启示［J］．科学管理研究，2012（5）：61—64.

［133］陈柳钦．关于我国发展战略性新兴产业的几点思考［J］．四川行政学院学报，2011（1）：83—88.

［134］陈柳钦．国内外新能源产业发展动态［J］．河北经贸大学学报，2011（5）：5—13.

［135］陈文锋，刘薇．区域战略性新兴产业发展质量评价指标体系的构建［J］．统计与决策，2016（2）：29—33.

［136］陈文锋，刘薇．战略性新兴产业发展的国际经验与我国的对策［J］．经济纵横，2010（9）：63—66.

［137］陈瑜，谢富纪，于晓宇，贾友．战略性新兴产业生态位演化的影响因素及路径选择［J］．系统管理学报，2018，27（3）：414—421，451.

［138］储德银，杨姗，宋根苗．财政补贴、税收优惠与战略性新兴产业创新投入［J］．财贸研究，2016，27（5）：83—89.

［139］邓聚龙．灰色系统基本方法［M］．武汉：华中科技大学出版社，2005.

［140］董爱军．信息产业链创新的模式研究［D］．武汉：武汉理工大学，2011.

［141］杜栋，庞庆华，吴炎．现代综合评价方法与案例精选［M］．北京：清华大学出版社，2008.

［142］恩格斯．集权与自由［M］．马克思恩格斯全集（第 41 卷），中共中央马克思、恩格斯、列宁、斯大林著作编译局译，北京：人民出版社，1982.

［143］樊宏．中国钢铁、汽车、房地产行业运行效率研究（2000～2004）——基于 33 家上市公司面板数据的 DEA 实证分析［J］．数量经济技术经济研究，2007（2）：54—63.

［144］范剑平，郝彦菲．新能源产业有望成为经济新增长点［J］．财经界，2011（3）：50—53.

［145］范鹏飞，焦裕乘，黄卫东．物联网业务形态研究［J］．中国软科学，2011（6）：31—36.

［146］冯赫．关于战略性新兴产业发展的若干思考［J］．经济研究参考，2010（43）：62—68.

［147］傅明明．基于系统动力学的港口——区域经济系统研究［D］．大连：大连海事大学，2010.

［148］高常水．战略性新兴产业创新平台研究——以“核高基”产业为例［D］．天津：天津大学，2011.

［149］高铁梅．计量经济分析方法与建模［M］．北京：清华大学出版社，2006.

［150］龚恩华．促进战略性新兴产业发展的税收政策研究［J］．经济研究导刊，2011（32）：100—104.

［151］谷依露．我国太阳能产业发展现状与发展路径研究［J］．发展研究，2011（5）：71—73.

［152］桂黄宝．战略性新兴产业成长动力机制分析——以我国新能源汽车为例［J］．科学管理研究，2012（4）：48—51.

［153］郭熙保，胡汉昌．技术模仿还是制度模仿——评杨小凯、林毅夫关于后发优势与劣势之争［J］．学术月刊，2004（4）：29—36.

［154］韩凤晶，石春生．新兴产业企业动态核心能力构成因素的实证分析——基于中国高端装备制造业上市公司的数据［J］．中国软科学，

2010（12）：166—175.

[155] 何继业．我国战略性新兴产业金融支持体系构建论略［J］．山东社会科学，2016（11）：160—164.

[156] 贺正楚，吴艳．战略性新兴产业的评价与选择［J］．科学学研究，2011（5）：678—683.

[157] 胡大立，伍亮．技术势力、市场势力与战略性新兴产业高端化发展研究［J］．科技进步与对策，2016，33（22）：50—55.

[158] 胡吉亚．外源融资模式与战略性新兴产业经营绩效实证研究——基于120家战略性新兴产业上市公司的面板数据［J］．学海，2020（1）：141—149.

[159] 胡荣涛，张许颖，苏明吾．产业结构调整中的地区利益与博奕行为分析［J］．经济评论，2002（4）：99—102.

[160] 黄晓普，郑自立．后金融危机时期我国新材料产业的困境与对策［J］．求索，2012（10）：51—52.

[161] 黄幸婷，杨煜．后危机时代战略性新兴产业发展研究——基于核心技术联盟知识创造过程的视角［J］．中国科技论坛，2010（8）：36—80.

[162] 黄永春，郑江淮，谭洪波，杨以文．后发地区发展战略性新兴产业的时机选择与赶超路径——以平板显示技术的赶超实践为例［J］．科学学研究，2012（7）：1031—1038.

[163] 霍国庆，李捷，王少永．我国战略性新兴产业战略效应的实证研究［J］．中国软科学，2017（1）：127—138.

[164] 姜大鹏，顾新．我国战略性新兴产业的现状分析［J］．科技进步与对策，2010（9）：32—34.

[165] 姜江．世界战略性新兴产业发展的动态与趋势［J］．中国科技产业，2010（7）：22—24.

[166] 姜晓婧，苏美丽．资产专用性视角下战略性新兴产业并购创新绩效［J］．首都经济贸易大学学报，2019，21（6）：56—67.

［167］靳光辉，刘志远，花贵如．政策不确定性、投资者情绪与企业投资——基于战略性新兴产业的实证研究［J］．中央财经大学学报，2016（5）：60—69.

［168］剧锦文，战略性新兴产业的发展“变量”：政府与市场分工［J］．改革，2011（3）：31—37.

［169］孔维臻，郭明晶，陈萌，陈宁．基于模糊 AHP 的浅层地热能适宜性分区评价方法研究［J］．中国矿业，2013（2）：107—110.

［170］来亚红．对战略性新兴产业几个关键问题的探讨［J］．中国产业，2011（6）：46—46.

［171］黎春秋，熊勇清．传统产业优化升级模式研究：基于战略性新兴产业培育外部效应的分析［J］．中国科技论坛，2011（5）：32—37.

［172］李碧浩，卞佳颖．基于 SCP 范式的节能环保市场比较研究［J］．中国环保产业，2012（4）：34—38.

［173］李春林等．区域产业竞争力——理论与实证研究［M］．北京：冶金工业出版社，2005.

［174］李东霖，田丽．战略性新兴产业协同发展的产业政策研究［J］．技术经济与管理研究，2016（12）：104—111.

［175］李刚．基于熵值修正 G1 组合赋权的科技评价模型及实证［J］．软科学，2010（5）：31—35.

［176］李捷，霍国庆．我国战略性新兴产业技术创新模式初探［J］．科技管理研究，2017，37（23）：31—39.

［177］李靖华、郭耀煌．国外产业生命周期理论的演变［J］．人文杂志，2001（6）：62—67.

［178］李林玥．促进我国战略性新兴产业国际化发展研究的新思路［J］．管理世界，2018，34（9）：180—181.

［179］李萌，包瑞．风险投资支持战略性新兴产业发展分析［J］．宏观经济研究，2016（8）：123—128.

［180］李明中．区域产业核心竞争力研究［D］．武汉：武汉理工大

学, 2003.

[181] 李香菊, 杨欢. 财税激励政策、外部环境与企业研发投入——基于中国战略性新兴产业A股上市公司的实证研究 [J]. 当代财经, 2019 (3): 25—36.

[182] 李向阳. 国际金融危机与国际贸易、国际金融秩序的发展方向 [J]. 经济研究, 2009 (11): 47—54.

[183] 李晓, 张建平. 东亚产业关联的研究方法与现状——一个国际/国家间投入产出模型的综述 [J]. 经济研究, 2010 (4): 147—160.

[184] 李彦宏, 路漫. 中国新能源产业的新机遇 [J]. 中国经贸, 2011 (11): 72—73.

[185] 林风霞. 推动中国装备制造业从传统向高端跃升的思考 [J]. 中州学刊, 2011 (6): 48—51.

[186] 林学军. 战略性新兴产业的发展与形成模式研究 [J]. 中国软科学, 2012 (2): 26—34.

[187] 林毅夫, 蔡昉, 李周. 中国的奇迹: 发展战略与经济改革 [M]. 上海: 上海三联书店, 上海人民出版社, 1994.

[188] 凌江怀, 胡雯蓉. 企业规模、融资结构与经营绩效——基于战略性新兴产业和传统产业对比的研究 [J]. 财贸经济, 2012 (12): 71—77.

[189] 刘澄, 顾强, 董瑞青. 产业政策在战略性新兴产业发展中的作用 [J]. 经济社会体制比较, 2011 (1): 196—203.

[190] 刘洪昌. 中国战略性新兴产业的选择原则及培育政策取向研究 [J]. 科学学与科学技术管理, 2011 (3): 87—92.

[191] 刘华军, 王耀辉, 雷名雨. 中国战略性新兴产业的空间集聚及其演变 [J]. 数量经济技术经济研究, 2019, 36 (7): 99—116.

[192] 刘辉锋. 自主创新与我国战略性新兴产业发展的“机会窗口” [J]. 中国科技论坛, 2011 (9): 27—31.

[193] 刘吉昀. 核能在我国的战略地位及可持续发展初探 [J]. 中国

电力教育，2013（5）：211—212.

［194］刘家庆．促进战略性新兴产业发展的财政政策研究——以甘肃省为例［J］．财政研究，2011（4）：31—34.

［195］刘思峰，党耀国，方志耕等．灰色系统理论及其应用［M］．北京：科学出版社，2004.

［196］刘斯康，王水嫩．用产业集群理论来规划新的产业布局［J］．当代财经，2003（7）：118—119.

［197］刘勇．区域经济发展与地区主导产业［M］．北京：商务印书馆，2006.

［198］刘振亚．计量经济学教程［M］．北京：中国人民大学出版社，1997.

［199］刘志阳，程海狮．战略性新兴产业的集群培育与网络特征［J］．改革，2010（5）：36—42.

［200］刘志阳，苏东水．战略性新兴产业集群与第三类金融中心的协同演进机理［J］．学术月刊，2010（12）：68—75.

［201］陆添超，康凯．熵值法和层次分析法在权重确定中的应用［J］．电脑编程技巧与维护，2009（22）：19—20.

［202］逯东，朱丽．市场化程度、战略性新兴产业政策与企业创新［J］．产业经济研究，2018（2）：65—77.

［203］栾春娟．战略性新兴产业共性技术测度指标研究［J］．科学学与科学技术管理，2012（2）：11—16.

［204］迈克尔·波特，竹内弘高．日本的竞争战略［M］．日本：钻石出版社，2001.

［205］米青，杨延军，于欢．加快新一代信息技术产业发展的策略研究［J］．科技风，2011（21）：31.

［206］欧阳峣，生延超．战略性新兴产业研究述评［J］．湖南社会科学，2010（5）：111—115.

［207］乔玉婷，曾立．战略性新兴产业的军民融合式发展模式研究

[J]. 预测, 2011 (5): 1—5.

[208] 桥本寿郎. 日本经济论——20 世纪体系和日本经济 [M]. 上海: 上海财经大学出版社, 1997.

[209] 秦志勇. 新能源汽车产业发展问题浅析 [J]. 经济研究导刊, 2012 (3): 220—221.

[210] 任春华. 我国发展高端装备制造业存在的问题、成因与关键环节 [J]. 学术交流, 2012 (5): 60—63.

[211] 邵云飞, 穆荣平, 李刚磊. 我国战略性新兴产业创新能力评价及政策研究 [J]. 科技进步与对策, 2020, 37 (2): 66—73.

[212] 盛朝迅. 战略性新兴产业政策转型方向和重点 [J]. 经济纵横, 2018 (3): 58—66.

[213] 石奇, 孔群喜. 实施基于比较优势要素和比较优势环节的新式产业政策 [J]. 中国工业经济, 2012 (12): 70—82.

[214] 史菁. 基于财政政策的我国新一代信息技术产业发展研究 [J]. 中国集体经济. 2012 (12): 29—30.

[215] 宋河发, 万劲波, 任中保. 我国战略性新兴产业内涵特征、产业选择与发展政策研究 [J]. 科技促进发展, 2010 (9): 8—12.

[216] 孙棣华, 刘卫宁. 基于相对熵的决策属性均衡性评价模型 [J]. 系统工程理论与实践, 2001 (6): 83—95.

[217] 孙景新. 我国高端装备制造企业的技术研发投入及其效益分析 [D]. 青岛: 中国海洋大学, 2012.

[218] 孙军, 高彦彦. 产业结构演变的逻辑及其比较优势——基于传统产业升级与战略性新兴产业互动的视角 [J]. 经济学动态, 2012 (7): 70—76.

[219] 孙利娟, 邢小军, 周德群. 熵值赋权法的改进 [J]. 统计与决策, 2010 (21): 153—154.

[220] 孙早, 肖利平. 融资结构与企业自主创新——来自中国战略性新兴产业 A 股上市公司的经验证据 [J]. 经济理论与经济管理, 2016 (3):

45—58.

［221］孙早，张敏，刘文璨．后危机时代的大国产业战略与新兴战略产业的发展［J］．经济学家，2010（9）：84—95.

［222］孙兆斌．股权集中、股权制衡与上市公司的技术效率［J］．管理世界，2006（7）：115—12.

［223］涂正革，肖耿．环境约束下的中国工业增长模式研究［J］．世界经济．2009（11）：41—54.

［224］万钢．把握全球产业调整机遇，培育和发展战略性新兴产业［J］．求是，2010（1）：28—30.

［225］汪峰，徐俊华．我国新材料产业：现状、困局及升级［J］．新材料产业，2011（2）：76—79.

［226］汪海粟，胡立君，石军伟，王玉燕．我国战略性新兴产业发展研究——中国工业经济学会 2011 年年会学术观点综述［J］．中国工业经济，2012（4）：31—36.

［227］汪世银．区域产业结构调整与主导产业结构研究［M］．上海：上海三联书店，2003.

［228］王光辉．我国移动通信产业发展对我国发展战略性新兴产业的启示［J］．中国科技论坛，2011（1）：28—32.

［229］王辑慈．别树一帜的国家竞争优势理论［J］．管理世界，1992（1）：213—214.

［230］王劲峰．“十二五”节能环保产业的机遇与对策［J］．宏观经济管理，2011（8）：51—52.

［231］王雷，赖玉霜．金融创新、资本配置与企业技术创新——来自战略性新兴产业上市公司的实证［J］．科技进步与对策，2017，34（10）：69—75.

［232］王利政．我国战略性新兴产业发展模式分析［J］．中国科技论坛，2011（1）：12—24.

［233］王其藩．高级系统动力学［M］．北京：清华大学出版社，1995.

［234］王水莲．战略性新兴产业商业模式创新系统框架［J］．中国科技论坛，2017（2）：164—170.

［235］王小强．信息革命与全球化背景下的中国战略产业重组［J］．战略与管理，1997（5）：1—14.

［236］王续琨，刘洋，侯剑华．论战略性新兴技术［J］．科学学研究，2011（11）：1061—1066.

［237］王学东，冯姗，胡春．基于块资源模型的战略性新兴产业共性化信息需求机理研究［J］．情报学报，2020，39（2）：208—216.

［238］王艳芳，孙艳．新材料产业化影响因素及优化路径［J］．经济体制改革，2011（5）：174—176.

［239］王钊，王良虎，马雅恬．产业协调发展的经济增长效应——基于战略性新兴产业与传统产业耦联的实证分析［J］．西南大学学报（社会科学版，2020，46（3）：69—78.

［240］王志电．当代中国产业布局北京［M］．北京：中国城市经济社会出版社，1990.

［241］王忠宏，石光．发展战略性新兴产业推进产业结构调整［J］．中国发展观察，2010（01）：12—14.

［242］魏伟，张绪坤，祝树森，马怡光．生物质能开发利用的概况及展望［J］．农机化研究，2013（3）：7—11.

［243］吴敬琏．中国改革成就是和经济学的进展分不开的［J］．中国经贸导刊，2002（18）：7—8.

［244］伍健，田志龙，龙晓枫，熊琪．战略性新兴产业中政府补贴对企业创新的影响［J］．科学学研究，2018，36（1）：158—166.

［245］伍业锋，刘建平．生物产业的界定及统计制度方法初探［J］．统计与决策，2011（20）：35—37.

［246］武咸云，陈艳，李秀兰，李作奎．战略性新兴产业研发投入、政府补助与企业价值［J］科研管理，2017，38（9）：30—34.

［247］肖春来，宋然．VAR 理论及其应用研究［J］．数理统计与管

理，2003（3）：6—10.

［248］肖利平．公司治理如何影响企业研发投入？——来自中国战略性新兴产业的经验考察［J］．产业经济研究，2016（1）：60—70.

［249］肖曙光．战略性新兴产业组织的劳资分配［J］．中国工业经济，2011（1）：100—109.

［250］肖兴志．战略性新兴产业政府创新基金投向：传统转型企业还是新生企业［J］．中国工业经济，2013（1）：128—140.

［251］肖兴志．中国战略性新兴产业发展研究［M］．北京：科学出版社，2011.

［252］筱原三代平．产业结构论［M］．北京：中国人民大学出版社，1990.

［253］筱原三代平．产业结构与投资分配［J］．一桥大学经济研究，1957（6）：72—81.

［254］辛琳，张萌．企业吸收能力、资本结构与企业价值——以长江经济带战略性新兴产业上市公司为例［J］．会计研究，2018（9）：47—55.

［255］邢志强，金世哲．关于发展节能环保产业的几点思考［J］．应用能源技术，2010（10）：1—3.

［256］熊正德，詹斌，林雪．基于DEA和Logit模型的战略性新兴产业金融支持效率［J］．系统工程，2011（6）：35—41.

［257］许晔．战略性新兴产业与信息技术发展［J］．中国科技论坛，2011（6）：19—22.

［258］薛继亮，邬浩，于莉．战略性新兴产业与传统产业耦合发展及对就业的影响研究［J］．工业技术经济，2020，39（1）：152—160.

［259］杨全发，韩樱．知识产权保护与跨国公司对外直接投资策略［J］．经济研究，2006（4）：28—34.

［260］姚林香，冷讷敏．财税政策对战略性新兴产业创新效率的激励效应分析［J］．华东经济管理，2018，32（12）：94—100.

［261］姚威，胡顺顺．知识转化视角下战略性新兴产业自主创新能力

演化机制研究［J］. 科技进步与对策，2020，37（4）：62—69.

［262］袁健红，张亮．基于破坏性创新视角的中国新能源汽车产业发展路径研究［J］. 中国科技论坛，2010（8）：41—46.

［263］云洁．我国新能源汽车产业概况及问题与思考［J］. 上海节能，2012（2）：25—28.

［264］曾昭宁，魏珍．日本、芬兰、美国发展战略性新兴产业的经验及启示［J］. 商业时代，2011（11）：121—123.

［265］张敬文，王丹，于深．联盟组合开放度、非正式独占性机制与开放式创新绩效——基于战略性新兴产业数据的实证分析［J］. 宏观经济研究，2020（1）：69—80.

［266］张静，李威．基于灰色关联分析的甘肃省居民消费与经济增长关系研究［J］. 中国科技论坛，2012（6）：120—125.

［267］张雷，黄园淅．中国产业结构节能潜力分析［J］. 中国软科学，2008（5）：27—54.

［268］张领先，李伟书，白京羽，傅泽田．基于 AHP 的我国生物产业国际竞争力评价［J］. 科技管理研究，2010（10）：32—34.

［269］张其仔．比较优势的演化与中国产业升级路径的选择［J］. 中国工业经济，2008（9）：58—68.

［270］张少春．中国战略性新兴产业发展与财政政策［M］. 北京：经济科学出版社，2010.

［271］张烁，程家瑜．我国战略性新兴产业发展阶段研究［J］. 中国科技论坛，2011（6）：15—18.

［272］张翔．国内新能源汽车知识产权的概况［J］. 上海汽车，2011（1）：46—48.

［273］赵静．数学建模与数学实验［M］. 北京：高等教育出版社，2000.

［274］赵黎明，宋瑶，殷建立．战略性新兴产业、传统产业与政府合作策略研究［J］. 系统工程理论与实践，2017，37（3）：642—663.

[275] 赵天宇，修静．政府补贴与战略性新兴产业资本配置——来自上市公司样本的实证研究［J］．经济经纬，2017，34（6）：87—92.

[276] 郑刚，姜春林．区域产业国际竞争力评价指标体系研究［J］．科学管理研究，2001（6）：24—27.

[277] 中国经济增长与宏观稳定课题组．全球失衡、金融危机与中国经济的复苏［J］．经济研究，2009（5）：4—20.

[278] 中国汽车工业协会．2012 中国新能源汽车产业发展报告［R］．2013.

[279] 中国人民大学区域经济研究所．产业布局学原理［M］．北京：中国人民大学出版社，1996.

[280] 周城雄，李美桂，林慧，李培楠，洪志生．战略性新兴产业：从政策工具、功能到政策评估［J］．科学学研究，2017，35（3）：346—353.

[281] 周绍东．战略性新兴产业创新系统研究述评［J］．科学管理研究，2012（4）：40—42.

[282] 周新生等．产业分析与产业策划方法及应用［M］．北京：经济管理出版社，2005.

[283] 周亚虹，贺小丹，沈瑶．中国工业企业自主创新的影响因素和产出绩效研究［J］．经济研究，2012（5）：107—119.

[284] 周元，孙新章．以节能和新能源产业为主导推进战略性新兴产业发展［J］．中国人口资源与环境，2010（12）：31—34.

[285] 朱瑞博．中国战略性新兴产业培育及其政策取向［J］．改革，2010（3）：19—25.

作者简介

李勃昕，1982年生，男，陕西定边人，武汉大学本科、硕士研究生毕业，获工学学士、工学硕士学位；西北大学博士研究生毕业，获经济学博士学位。现任西安财经大学副教授，硕士研究生导师，西安交通大学应用经济学博士后流动站科研博士后，园区管理与创新发展研究中心科研学者，主要研究方向为技术创新与产业升级。兼任陕西省文化产业金融服务中心咨询专家、银川市创新发展智库专家等社会工作。主持国家社会科学基金项目1项，参与国家自然科学基金项目1项，主持或参与省部级研究课题十余项，以第一作者在《中国软科学》《统计研究》《财政研究》等权威期刊与核心期刊发表学术论文10余篇。主要撰写本书第1章至第7章、第10章和第11章内容（共计18万字）。

韩先锋，1984年生，男，陕西商洛人，西北大学博士研究生毕业，获经济学博士学位，现任西安理工大学经济与管理学院讲师。主要从事产业经济、技术创新相关领域研究工作。在《中国工业经济》《数量经济技术经济研究》等权威期刊、核心期刊发表学术论文90余篇，被《新华文摘》《中国社会科学文摘》《人大复印资料》《中国社会科学网》等权威媒体机构转载10余次。获省部级科学技术奖1次，主持或参与国家自科基金项目、国家社科基金项目及教育部项目10余项。主要撰写本书第8章和第9章内容（共3万字）。